Ensemble

Littérature

An Integrated Approach to French

SECOND EDITION

Raymond F. Comeau
Harvard University

Francine L. Bustin
Milton Academy

Normand J. Lamoureux
College of the Holy Cross

Holt, Rinehart and Winston

New York   Chicago   Philadelphia   San Francisco   Montreal   Toronto

London   Sydney   Tokyo   Mexico City   Rio de Janeiro   Madrid

Acknowledgments for the use of reading selections appear on page 232.

Illustration credits (by page number):

Helena Kolda: 1, 38, 58, 107, 140; Beryl Goldberg: 5, 118, 130; Mark Antman: 8, 42, 49; Dorka Raynor: 12, 18, 76; H. Roger-Viollet: 16, 65, 93; New York Public Library Picture Collection: 21, 67, 86, 88, 103; Photographie Giradoun, *Souper au Tuileries en 1867* by C. Baron—collection, Château de Compiègne: 26; Agence de Presse Bernand: 34; Holt, Rinehart and Winston: 40, 102, 123, 160; Services Culturels de la Ambassade de France: 52; Photo Studio Henri-Saint-Brice: 71; French Government Tourist Office: 83; Almay, La Documentation Française: 94; Éditions Hachette: 105; Henri de Chatillon, Kay Reese and Associates: 125; Paul Conklin, Monkmeyer Press Photo Service: 127; French Cultural Services: 143, 176; Irene Bayer, Monkmeyer Press Photo Service: 184; Etienne George: 187.

Library of Congress Cataloging in Publication Data

Comeau, Raymond F.
  Ensemble, littérature.

  Chiefly French, some English.
   1. French language—Readers. I. Bustin, Francine L.
II. Lamoureux, Normand J. III. Title.
PC2117.C69 1982   448.6'421   81-20180
ISBN 0-03-060086-3 AACR2

CBS COLLEGE PUBLISHING
Holt, Rinehart and Winston
The Dryden Press
Saunders College Publishing

Contents

11: **Chanson et cinéma**

Preface

ENSEMBLE is an integrated approach to the study of French language, literature, and culture. It has been designed as a complete Intermediate French course, although it may profitably be used in more advanced courses as well. In concrete terms, *Ensemble* consists of three texts: a review grammar (with accompanying language laboratory manual), a literary reader, and a cultural reader. Although the three texts have been thematically and linguistically coordinated with one another, each text may be used independently of the other two.

ENSEMBLE: LITTÉRATURE is comprised of eleven chapters, each containing several reading selections. Each chapter is divided into the following parts:

The introduction presents the essential facts concerning the authors and their works, providing the necessary background to properly situate the literary text. This preliminary matter is presented in English to enable students to quickly grasp the useful prerequisites and to immediately focus their attention on the literary text itself.

The literary selections—there are usually three in each chapter—have been carefully chosen for their thematic content and appropriate level of difficulty. Every effort has been made to provide a representative cross-section of French literature with respect to periods, genres, and authors.

The *Vocabulaire* contains numerous items designed to assist students in their understanding of the French selection. Such items are printed in italics in the text for easy reference.

The *Intelligence du texte* consists of questions bearing directly on the French text and intended to measure the students' literal understanding of what they have read.

The *Appréciation du texte,* on the other hand, introduces students to basic notions of literary criticism through questions that go beyond literal interpretation to matters of language and style.

The *Exercices de grammaire* review and reinforce the points of grammar studied in the corresponding chapter of the grammar book. Words and sentences used in the exercises are in most cases drawn directly from the literary selections.

The *Vocabulaire satellite* assembles useful words and expressions relating to the theme of the chapter. Its purpose is to provide students with the terms needed for full participation in oral and written discussion.

The *Pratique de la langue* topics are intended as opportunities for broader treatment of the chapter's theme. Having become conversant with this theme through the readings, students are able to elaborate on the subject and develop their oral fluency.

The *Sujets de discussion ou de composition* suggest topics for the broadest possible development of aspects relating to the theme. Such questions may be prepared in greater detail for formal discussion or for written presentation.

In addition to the features found in each chapter, the literary reader also provides:

An *Index littéraire,* which defines the major literary terms used in the book. Items listed in the Index are marked by the superscript [L] in the text.

A *French/English vocabulary,* which contains almost all of the French words and expressions found in the book.

NOTE TO THE SECOND EDITION   Although the basic format of *Ensemble: Littérature,* proven successful in classroom use, remains unchanged in the second edition, our improvements are significant. Based on the results of a survey of users of the first edition, two chapters have been completely revised, introducing new themes. In Part III (*Institutions et influences*), Chapter 7 now deals with *Images de la France.* In Part IV (*Vie culturelle*), the original theme (*La langue*) has been expanded to *La communication.* All other chapters have been revised and updated in order to reflect changes in literary perspective and philosophy as well as to provide students with more current information on trends in writing and style. Among the new readings to be found in the second edition are selections from Jean Anouilh, Simone de Beauvoir, Pierre Daninos, Victor Hugo, La Rochefoucauld, François Truffaut, and Paul Verlaine. We hope that these additions will enhance the variety of offerings and make the second edition of *Littérature* even more useful and enjoyable.

N.J.L.

A word about ENSEMBLE: AN INTEGRATED APPROACH TO FRENCH: The three books—the review grammar, the cultural reader, and the literary reader—which comprise the *Ensemble* series are each designed to stand alone; but, more importantly, they fit together to form an "ensemble." The review grammar and the laboratory manual that accompanies it integrate grammar and theme by incorporating thematic vocabulary in examples and exercises. The two readers, in turn, contain grammar exercises drawn directly from the literary and cultural readings.

A single program composed of three separate yet integrated texts offers distinct advantages. First of all, it provides greater opportunity for reading and exercises, thereby allowing for a more comprehensive, mature, and articulate treatment of the subject. In addition, the recurrence of the same thematic vocabulary and grammar points in all three different texts provides continuous vocabulary and grammar reinforcement. The unique comprehensive and integrated nature of *Ensemble* will encourage, we believe, more lively and meaningful student participation.

For most intermediate classes it is recommended that instruction begin with a chapter in the grammar and proceed to the same chapter in either of the readers. Instructors may wish to vary the reading selections within a given chapter by alternating between the literary and the cultural reader. An instructor teaching an advanced course may wish to assign the grammar as outside work and spend class time with readings and oral reports. Since the three texts are thematically and grammatically coordinated, a lesson may even begin with the readings and end with a rapid grammar review.

Acknowledgments

We wish to express our appreciation to the staff of Holt, Rinehart and Winston and, in particular, to Marilyn Hofer and Art Morgan for their ready availability and professional assistance. We want to acknowledge, too, the important contributions of our copy editor, Clifford Browder, whose stimulating suggestions helped enliven and tighten the final draft. Finally, we owe a very special debt of gratitude to our spouses—Jean Comeau, Edouard Bustin, and Priscilla Lamoureux—without whose unfailing support the three texts comprising this program could not have come to fruition.

R.F.C. / F.L.B. / N.J.L.

1ère Partie:
Vie sociale

1 : Les jeunes

Marcel Pagnol

After an early career in teaching, Marcel Pagnol (1895–1974) turned to the theater while still in his twenties, and soon assured his reputation as a playwright with two rapid successes, *Topaze* (1928) and *Marius* (1929). In Pagnol's writings one finds a well-observed portrait of everyday existence, a world inhabited by real characters who express themselves simply and directly, without affectation. The scenes are warm with life and movement, with vivid dialogue incorporating the spoken language of the people, and touches of easy humor. Pagnol also wrote several novels, translated Vergil's *Bucolics* and Shakespeare's *Hamlet*, and produced a good number of films, several of which were adapted from his fiction (e.g., his first film, *Marius*, 1931).

The following selection from *Le Temps des amours* was published posthumously in 1977. It is part of the series entitled *Souvenirs d'enfance*, in which Pagnol relives his youth while drawing on memory, imagination, humor, and poetic instinct. The author's personal experience in teaching enables him to understand the problems that beset the adolescent in his workaday world and to appreciate the ingenious ploys which allow the student to occasionally gain the upper hand.

La vie au lycée

C'est en *quatrième A2*, que notre professeur principal fut M. Galeazzi, plus connu sous le nom de Zizi.

Il était grand, maigre, légèrement *voûté*, et portait une barbe pointue, déjà blanchissante. Son nez *aquilin* n'était pas petit; son regard *gris bleuté* sortait toujours tout droit de ses yeux immobiles, des yeux de *verre:* pour regarder à droite ou à gauche, c'était sa tête qui pivotait, comme celle d'un *phare.* Sa voix était faible, mais *nette,* et son articulation détachait sévèrement chaque syllabe.

Je ne dirai pas qu'il nous faisait peur: il nous inquiétait, comme un lézard ou une *méduse,* et j'étais sûr qu'il avait la peau froide des pieds à la tête.

Son autorité était grande: il nous la montra dès le premier jour, en expédiant les *jumeaux* à la *permanence.*

Ces deux *farceurs* étaient des Grecs d'une grande famille marseillaise. Beaux comme des statues, et le *teint doré*, on ne pouvait les distinguer l'un de l'autre et ils portaient des vêtements rigoureusement *semblables*. L'un répondait modestement au prénom de Périclès, l'autre c'était Aristote.

On les *avait* déjà *mis à la porte* de plusieurs *pensionnats*, où ils avaient abusé de leur ressemblance pour compliquer l'existence d'infortunés professeurs, et ils nous avaient promis de nous régaler par quelques *tours de leur façon*. Mais ils n'en *eurent* pas le temps.

Périclès s'était installé au premier rang, près de la porte, tandis qu'Aristote s'exilait là-haut, dans la dernière *travée*, devant la fenêtre qui s'ouvrait sur la cour de l'*internat*.

Zizi fut d'abord stupéfait de voir le même élève en deux endroits différents, et il lui fallut trois «aller-retour» de sa tête pivotante pour s'assurer qu'il ne rêvait pas: une fois trouvée la certitude, il leur demanda leurs prénoms, dont l'*énoncé* fit éclater de rire toute la classe.

Alors, sans le moindre respect pour leurs augustes *parrains*, Zizi déclara que cette parfaite ressemblance le troublait, et qu'il ne se croyait pas capable de supporter la présence d'un élève double.

Il les *avertit* donc qu'il ne les recevrait pas dans sa classe l'après-midi s'ils ne se présentaient pas avec des cravates de couleurs différentes; *en attendant*, il pria le *philosophe* et le *général* d'aller passer la matinée à la permanence, et d'y traduire, ensemble ou séparément, le premier chapitre de César.

L'après-midi, Aristote revint avec une cravate rouge, tandis que celle de Périclès était *gorge-de-pigeon*.

Zizi les installa au tout premier rang, côte à côte, devant la *chaire*. Ainsi différenciés par la couleur et la contiguïté, les jumeaux ne perdirent pas courage. De temps à autre—et souvent deux fois dans la même journée—ils échangeaient leurs prénoms et leurs cravates, et ils semblaient tirer de cette petite imposture de grandes satisfactions personnelles.

Zizi, qui devina certainement leur *manège*, ne consentit jamais à s'en apercevoir. Instruit à la rude école des stoïciens, il *se borna* à punir ou à récompenser, selon leur mérite, chacune des deux cravates, et à l'appeler par son prénom, sans daigner poser la moindre question sur l'identité du porteur. Les jumeaux, dépersonnalisés par cette indifférence, et réduits à l'état de cravates, en *furent* si profondément humiliés qu'Aristote *se fit tondre les cheveux à ras*, sans que Zizi manifestât la moindre surprise: ils finirent par se résigner, apprirent leurs déclinaisons, et devinrent bientôt capables d'*aborder* les *Commentaires* de César.

Ce César, c'était la religion de Zizi. Pareil à ces *indigènes* des îles du Pacifique, qui *tirent* du même *palmier* leurs *palissades*, leur toit, leur vin, leur pain, leurs *flèches* et leurs costumes, notre Zizi tirait de César nos *explications de texte*, nos *versions*, nos analyses grammaticales, nos leçons et nos punitions . . . Il en avait même fait un nom commun, et disait:

—Monsieur Schmidt, vous me ferez deux heures de *retenue*, et «un César», ce qui signifiait: «Vous me traduirez un chapitre de César». . .

C'est alors qu'un événement fortuit transforma ma vie scolaire.

Lagneau—à qui sa mère donnait des fortunes, c'est-à-dire cinq francs par semaine—avait trouvé, dans la boîte d'un *bouquiniste*, trois *fascicules* de Buffalo Bill, au prix de un franc les trois. *Il lui restait* tout juste *un franc*, car il *s'était gavé la veille* de caramels *mous*; il *s'empara* aussitôt *des* fascicules, mais il découvrit au fond de la boîte un petit livre jauni par le temps, qu'il eut la curiosité d'ouvrir: c'était la traduction française des *Commentaires* de César, avec, en bas de page, le texte latin. Il n'hésita qu'une seconde, et sacrifia Buffalo Bill à Jules César, car il avait le sens des réalités, et le lendemain matin, à la première étude, celle de huit heures moins le quart, il déposa sur mon *pupitre* cette *liasse* de feuilles jaunies, qui allait être pour nous aussi utile qu'une rampe dans un escalier.

Il faut dire, sans modestie, que *je sus m'en servir* habilement.

Après avoir retrouvé le chapitre d'où était extraite notre version latine de la semaine, j'en recopiais la traduction; mais afin de ne pas *éveiller la méfiance maladive* de Zizi, je *crédibilisais* nos devoirs par quelques fautes.

Pour Lagneau, deux *contresens*, deux faux sens, deux «impropriétés». Pour moi, un faux sens, une erreur sur un *datif* pris pour un *ablatif*, trois «impropriétés».

Peu à peu, je diminuai le nombre de nos erreurs, et j'en atténuai la gravité. Zizi ne *se douta de* rien: un jour, en pleine classe, il nous félicita de nos progrès, ce qui me fit rougir jusqu'aux oreilles. Car j'avais honte de ma *tricherie* et je pensais avec une grande inquiétude à la *composition*, qui aurait lieu en classe, sous la surveillance de Zizi lui-même: le jour venu, il nous dicta une page de *Tite-Live*, et je fus d'abord *épouvanté*. Cependant, en relisant ce texte, il me sembla que je le comprenais assez bien, et j'eus une heureuse surprise lorsque je fus classé troisième, tandis que Lagneau était classé onzième. Je compris alors que mes tricheries m'avaient grandement profité, en développant mon goût du travail, et mon ingéniosité naturelle.

Marcel Pagnol, *Le Temps des amours*

Vocabulaire

quatrième A2 une classe au lycée, âges 13–14
voûté *bent*
aquilin *hooked*
gris bleuté = gris avec un peu de bleu
le **verre** *glass*
le **phare** *lighthouse*
net = clair, distinct
la **méduse** *jellyfish*
le **jumeau** *twin*
la **permanence** *study hall*
le **farceur** *practical joker*
le **teint doré** *golden complexion*
semblable = identique
mettre à la porte = chasser de la salle de classe, mettre dehors
le **pensionnat** *boarding school*
le **tour** *trick*
de leur façon = de leur manière
eurent passé simple **(avoir)**
la **travée** *row*
l' **internat** (m) *boarding school*
l' **énoncé** (m) *statement*
le **parrain** *patron*
avertir = informer
en attendant = dans l'intervalle
le **philosophe** = c'est-à-dire Aristote
le **général** = c'est-à-dire Périclès
gorge-de-pigeon=de couleurs diverses et changeantes, comme à la gorge d'un pigeon
la **chaire** *rostrum*
le **manège** = le stratagème
se **borner** = se limiter
furent passé simple **(être)**
se **fit tondre les cheveux à ras** *had his hair cut to the scalp*

aborder = commencer à étudier
l' **indigène** (m) *native*
tirer = obtenir
le **palmier** *palm tree*
la **palissade** *fence*
la **flèche** *arrow*
l' **explication de texte** (f) *textual analysis*
la **version** *translation (into French)*
la **retenue** *detention*
le **bouquiniste** *second-hand bookseller, whose display cases* **(boîtes)** *are found along the Seine in Paris*
le **fascicule** *fascicle, installment*
Il lui restait . . . un franc *He had one franc left*
se **gaver de** *to gorge on*
la **veille** = le jour avant
mou *soft*
s' **emparer de** = saisir
le **pupitre** *desk*
la **liasse** *bundle*
je sus m'en servir = je pus les utiliser
éveiller la méfiance maladive *to arouse the unhealthy suspicion*
crédibiliser = rendre croyable, donner un air authentique à
le **contresens** *mistranslation*
le **datif, l'ablatif** (m) *two Latin cases; case endings determine the function of nouns in a Latin sentence*
se **douter de** *to suspect*
la **tricherie** *trickery*
la **composition** *test*
Tite-Live historien romain
épouvanté terrifié

Intelligence du texte

1. M. Galeazzi inspire des comparaisons à ses élèves. Lesquelles et pourquoi?
2. Qui sont Périclès et Aristote?
3. Comment M. Galeazzi distingue-t-il les jumeaux?
4. Comment Périclès et Aristote continuent-ils à troubler le professeur?
5. De quelle façon les jumeaux sont-ils dépersonnalisés?
6. César, c'était la religion de Zizi. Expliquez.
7. Racontez comment Lagneau a obtenu la traduction des *Commentaires* de César.
8. Dites comment le narrateur se servait habilement de cette traduction.
9. Montrez que la traduction de César a, en fait, aidé le narrateur à apprendre le latin.

Appréciation du texte

1. On reconnaît chez Pagnol le sens de l'humour. Dans quelles parties du texte cet humour se manifeste-t-il? Que pensez-vous des noms des personnages?
2. Relevez *(point out)* une ou deux comparaisons et dites pourquoi elles vous ont frappé.
3. Comment les événements racontés ici sont-ils typiques de la vie à l'école?

Jean Cocteau

The artistic career of Jean Cocteau (1889–1963) was substantial and amazingly varied. Among other things he was a film maker, playwright, novelist, poet, director, designer, painter, art critic, and essayist. The list of his associates represents a virtual *Who's Who* of twentieth-century art. His current reputation rests primarily on his films: *La Belle et la bête* (1945), *Orphée* (1950); his theater: *Orphée* (1927), *Antigone* (1928); and his novel *Les Enfants terribles* (1929).

Les Enfants terribles begins with a snowball fight in the schoolyard of a French *lycée*. One of the students is struck in the chest by a heavy snowball thrown by Dargelos, a handsome and forceful youth who has learned to dominate others, and who is worshiped for his bravura by his schoolmates. (He will, however, be expelled for his role in this incident.)

La boule de neige

Il gisait par terre. Un flot de sang échappé de la bouche *barbouillait* son menton et son cou, *imbibait* la neige. Des *sifflets retentirent*. En une minute la *cité* se vida. Seuls quelques curieux se pressaient autour du corps et, sans porter aucune aide, regardaient avidement la *boue* rouge. Certains s'éloignaient, craintifs, en *faisant claquer* leurs doigts; *ils avançaient une lippe,* levaient les *sourcils* et *hochaient la tête;* d'autres *rejoignaient leurs sacs d'une glissade.* Le groupe de Dargelos restait sur *les marches du perron,* immobile. Enfin le *censeur* et le concierge du collège apparurent, *prévenus* par l'élève que la victime avait appelé Gérard en entrant dans la bataille. Il les précédait. Les deux hommes soulevèrent le malade; le censeur se tourna du côté de l'ombre:

—C'est vous, Dargelos?

—Oui, monsieur.

—Suivez-moi.

Et la troupe se mit en marche.

Les privilèges de la beauté sont immenses. Elle agit même sur ceux qui ne la *constatent* pas.

Les maîtres aimaient Dargelos. Le censeur était extrêmement ennuyé de cette histoire incompréhensible.

On transporta l'élève dans la *loge* du concierge où la concierge qui était *une brave femme* le lava et *tenta* de le *faire revenir à lui.*

Dargelos était debout dans la porte. Derrière la porte se pressaient des têtes curieuses. Gérard pleurait et tenait la main de son ami.

—Racontez, Dargelos, dit le censeur.

—Il n'y a rien à raconter, m'sieur. On lançait des boules de neige. Je lui en ai jeté une. Elle devait être très dure. Il l'a reçue *en pleine poitrine,* il a fait «ho!» et il est tombé comme ça. J'ai d'abord cru qu'il saignait du nez à cause d'une autre boule de neige.

—Une boule de neige ne *défonce* pas la poitrine.

—Monsieur, monsieur, dit alors l'élève qui répondait au nom de Gérard, il avait entouré une pierre avec de la neige.

—Est-ce exact? questionna le censeur. Dargelos *haussa les épaules.*

—Vous ne répondez pas?

—C'est inutile. Tenez, il ouvre les yeux, demandez-lui . . .

Le malade *se ranimait.* Il appuyait la tête contre la *manche* de son camarade.

—Comment vous sentez-vous?

—Pardonnez-moi . . .

—Ne vous excusez pas, vous êtes malade, vous *vous êtes évanoui.*

—Je me rappelle.

—Pouvez-vous me dire à la suite de quoi vous vous êtes évanoui?

—J'avais reçu une boule de neige dans la poitrine.

—On ne *se trouve* pas *mal* en recevant une boule de neige!

—Je n'ai rien reçu d'autre.

—Votre camarade *prétend* que cette boule de neige cachait une pierre.

Le malade vit que Dargelos haussait les épaules.

—Gérard est fou, dit-il, Tu es fou. Cette boule de neige était une boule de neige. Je courais, j'ai dû avoir une congestion.

Le censeur respira.

Dargelos allait sortir. Il *se ravisa* et on pensa qu'il marchait vers le malade. Arrivé en face du comptoir où les concierges vendent des porteplume, de l'encre, *des sucreries,* il hésita, tira des *sous* de sa poche, les posa sur le *rebord* et prit en échange un de ces rouleaux de *réglisse* qui ressemblent à des lacets de *bottine* et *que sucent les collégiens.* Ensuite il traversa la loge, porta la main à sa *tempe* dans une sorte de salut militaire et disparut.

Jean Cocteau, *Les Enfants terribles*

Vocabulaire

il gisait = il se trouvait
barbouiller *to smear*
imbiber *to soak*
des sifflets retentirent *whistles reverberated*
la **cité** la cité Monthiers, la rue en face du lycée à Paris
la **boue** *mud*
faire claquer *to snap*
ils avançaient une lippe *they pouted their lips*
le **sourcil** *eyebrow*
hocher la tête *to nod one's head*
rejoignaient leurs sacs d'une glissade *took a running slide to pick up their schoolbags*
les **marches du perron** *porch steps*
le **censeur** *study supervisor*
prévenir = informer
constater = observer
la **loge** = l'appartement
une brave femme = une femme sympathique
tenter = essayer
faire revenir à lui *to revive*
en pleine poitrine *right in the middle of the chest*
défoncer *to smash*

hausser les épaules *to shrug one's shoulders*
se **ranimer** *to regain consciousness*
la **manche** *sleeve*
s' **évanouir** *to faint*
se **trouver mal** *to faint*
prétendre = affirmer
se **raviser** = changer d'avis

des sucreries (f) = des bonbons
le **sou** pièce de monnaie de peu de valeur
le **rebord** *edge*
la **réglisse** *licorice*
la **bottine** *boot*
que sucent les collégiens *that students suck on*
la **tempe** *temple*

Intelligence du texte

1. Décrivez l'élève blessé.
2. Dites ce que faisaient les autres élèves.
3. Que faisait le groupe de Dargelos?
4. Quels responsables de l'école sont apparus enfin? Qui les avait prévenus?
5. Pourquoi le censeur demande-t-il à Dargelos de le suivre?
6. À votre avis, pourquoi les maîtres aimaient-ils Dargelos?
7. Où a-t-on transporté la victime? Pourquoi?
8. Selon Dargelos, qu'est-ce qui est arrivé?
9. Selon Gérard, comment la boule de neige a-t-elle pu défoncer la poitrine de la victime?
10. Pourquoi la victime n'a-t-elle pas parlé jusqu'ici?
11. Pourquoi la victime dit-elle que Gérard est fou?
12. Dargelos allait sortir. Tout à coup il s'est ravisé et on a pensé qu'il marchait vers le malade. À votre avis, pourquoi Dargelos voudrait-il se rendre auprès du malade?
13. Pourquoi s'est-il arrêté devant le comptoir? Qu'y a-t-il acheté?
14. Quelle sorte de signe a-t-il fait en quittant la loge du concierge? Que signifie ce signe, selon vous?

Appréciation du texte

1. Dans cette petite scène il s'agit d'un drame de silences et de gestes. Cocteau a reproduit effectivement cette même scène dans un film muet, *Le Sang d'un poète* (1932). Appréciez dans le texte les endroits où la communication a lieu par d'autres moyens que le dialogue.
2. Comment expliquez-vous le fait que le malade n'a pas dénoncé Dargelos? A-t-il eu raison de démentir *(contradict)* son ami Gérard?
3. Après cet incident, quels seront les rapports probables entre Dargelos et la victime? entre Dargelos et Gérard?
4. Citez des cas, dans la vie contemporaine, où la beauté agit sur ceux qui ne la constatent même pas.

Alphonse Daudet

Alphonse Daudet (1840–97) learned to appreciate the problems and pleasures of the young in his early function as a study-hall master in a secondary school in Lyons. Many of his personal memories of these days come to life in the novel, *Le Petit Chose* (1868). In his other works—the novel *Tartarin de Tarascon* (1872), the short stories of *Lettres de mon moulin* (1869) and *Contes du Lundi* (1873), his plays and poetry— Daudet draws unforgettable sketches of ordinary people in France between 1860 and 1890. Not only is he a keen observer of daily life, but he communicates with sensitivity emotional realities as well. If one adds to this his knack for artful storytelling, one can understand the success of Daudet's fiction.

The following excerpt is from *Contes du Lundi*, so named because the stories in the collection were originally published every Monday over a period of some six months. The narrator tells of his youth in Lyons, and how he loved to play hooky and paddle up the Rhone river and back. He especially enjoyed tying onto a string of barges so as to be towed up the river, but then had to contend with the inevitable return trip and his late arrival at home, long after classes had been let out for the day. The boy well knew what awaited him at home, and taxed his resourcefulness accordingly to cope with it.

Un beau mensonge

Car *il en fallait un* chaque fois pour *faire tête à* ce terrible «d'où viens-tu?» qui m'attendait en travers de la porte. C'est cet interrogatoire de l'arrivée qui m'*épouvantait* le plus. Je devais répondre là, sur le *palier, au pied levé,* avoir toujours une histoire prête, quelque chose à dire, et de si étonnant, de si *renversant, que la surprise coupât court à toutes les questions.* Cela me donnait le temps d'entrer, de reprendre *haleine;* et *pour en arriver là, rien ne me coûtait.* J'inventais des *sinistres,* des révolutions, des choses terribles, tout un côté de la ville qui brûlait, le pont du chemin de fer s'écroulant dans la rivière. Mais ce que je trouvai *encore de plus fort,* le voici:

Ce soir-là, j'arrivai très en retard. Ma mère, qui m'attendait depuis une grande heure, *guettait,* debout, en haut de l'escalier.

«D'où viens-tu?» me cria-t-elle.

Dites-moi ce qu'il peut tenir de diableries dans une tête d'enfant. Je n'avais rien trouvé, rien préparé. J'étais venu trop vite . . . Tout à coup *il me passa* une idée folle. Je savais la chère femme très pieuse, catholique *enragée* comme une Romaine, et je lui répondis dans tout l'*essoufflement* d'une grande émotion:

«O maman . . . Si vous saviez! . . .

—Quoi donc? . . . Qu'est-ce qu'il y a encore? . . .

—Le pape est mort.

—Le pape est mort! . . .» dit la pauvre mère, et elle s'appuya toute pâle contre la *muraille.* Je passai vite dans ma chambre, un peu effrayé de mon succès et de l'énormité du mensonge; pourtant, j'eus le courage de le soutenir jusqu'au bout. Je me souviens d'une soirée funèbre et douce; le père très grave, la mère *atterrée* . . . On *causait* bas autour de la table. Moi, je baissais les yeux; mais mon escapade s'était si bien perdue dans la désolation générale que personne n'y pensait plus.

Chacun citait *à l'envi* quelque trait de vertu de ce pauvre Pie IX, puis, peu à peu, la conversation *s'égarait* à travers l'histoire des papes. Tante Rose parla de Pie VII, qu'elle se souvenait très bien d'avoir vu passer dans le Midi, au fond d'une *chaise de poste,* entre des gendarmes. On rappela la fameuse scène avec l'empereur: *Comediante! . . . tragediante!* . . . C'était bien la centième fois que je l'entendais raconter, cette terrible scène, toujours avec les mêmes intonations, les mêmes gestes, et ce stéréotype des traditions de famille qu'on se *lègue* et qui restent là, puériles et locales, comme des histoires de couvent.

C'est égal, jamais elle ne m'avait paru si intéressante.

Je l'écoutais avec des soupirs hypocrites, des questions, un air de faux intérêt, et tout le temps je me disais:

«Demain matin, en apprenant que le pape n'est pas mort, ils seront si contents que personne n'aura le courage de me *gronder.* »

Alphonse Daudet, *Contes du Lundi*

Vocabulaire

il en fallait un = j'avais besoin d'un mensonge
faire tête à = résister à
épouvanter = faire peur à
le **palier** *landing*
au pied levé *offhand, at a moment's notice*
renversant *staggering*
que la surprise coupât court à toutes les questions *that the element of surprise would cut short all other questions*
l' **haleine** (f) *breath*
pour en arriver là, rien ne me coûtait *to get to that point, I spared no effort*
le **sinistre** = catastrophe
encore de plus fort = même plus improbable
guetter = attendre avec attention
Dites-moi ce qu'il peut tenir de diableries *You can't imagine the mischievousness to be found*

il me passa *there occurred to me*
enragé = fanatique
l' **essoufflement** (m) *breathlessness*
la **muraille** *wall*
atterré *overwhelmed*
causer = se parler familièrement
à l'envi *vying with one another*
s' **égarer** = se perdre, sortir du sujet
la **chaise de poste** *post chaise (a type of carriage)*
Comediante! . . . tragediante! *These were the only words addressed to Napoleon by Pius VII in a celebrated encounter at Fontainebleau in 1804. Later imprisoned by Napoleon, the Pope was forced to sign an agreement favorable to the Emperor.*
léguer = transmettre
C'est égal = Cela n'a pas d'importance
gronder = réprimander

Intelligence du texte

1. Pourquoi est-ce qu'il fallait un mensonge chaque fois que le jeune homme rentrait?
2. Qu'est-ce qui épouvantait le jeune garçon le plus?
3. Qu'est-ce qu'il devait avoir quand il entendait le terrible «d'où viens-tu?»?
4. Citez un exemple du genre d'histoires qu'il inventait.
5. Pourquoi sa mère le guettait-elle, ce soir-là, en haut de l'escalier?
6. Pourquoi n'avait-il rien préparé?
7. Quelle idée folle a-t-il trouvée, et qu'est-ce qui l'a encouragé à l'adopter?
8. Comment sa mère a-t-elle réagi à la grande nouvelle?
9. Pourquoi est-il passé vite dans sa chambre?
10. Pour quelle raison est-ce que personne ne pensait plus à son escapade?
11. Quel était le sujet de conversation ce soir-là?
12. Comment le garçon écoutait-il l'histoire de sa tante Rose cette fois?
13. Pourquoi est-ce que personne n'aura le courage de le gronder?

Appréciation du texte

1. Un adolescent se prépare déjà à affronter les difficultés de la vie adulte. Indiquez les endroits dans le texte où se manifeste l'esprit calculateur

du jeune homme. Relevez également d'autres exemples qui illustrent l'imprudence, la témérité du jeune garçon.

2. Daudet sait non seulement décrire la réalité mais aussi nous faire partager les émotions mêmes des personnages. Nous apprécions là ruse spontanée du narrateur et pourtant nous craignons nous aussi les conséquences d'une démarche *(act)* trop osée. Indiquez les endroits dans le texte où se trouvent cet élément de suspense, cette incertitude émotive.

Vocabulaire satellite: Les jeunes

la **jeunesse** *youth*
l' **adolescent(e)** (m, f) *adolescent, teenager*
le **pair** *peer*
le **copain**⎤ *chum, pal*
la **copine**⎦
le, la **camarade de chambre** *roommate*
le, la **camarade de classe** *classmate*
le **chef** *leader*
la **bande** *gang*
le **pensionnat** *boarding school*
l' **internat** (m) *boarding school*

bien (mal) élevé *well- (ill-) mannered*
docile *manageable*
sage *well-behaved*
égoïste *selfish*
gâté *spoiled*
méchant *bad, naughty*
rusé *cunning*
insolent *insolent*
timide *timid*
sûr *sure*
indépendant *independent*
mûr *mature*

se **conformer à** *to conform to, to comply with*
se **comporter comme il faut** *to behave properly*
s' **entendre bien ou mal avec quelqu'un** *to get along well or badly with someone*
se **faire accepter par** *to be accepted by*
faire confiance à, se fier à *to trust*
faire partie de *to belong to, to be part of*

se **débrouiller, se tirer d'affaire** *to get out of trouble, to manage*
garder son sang-froid *to keep one's cool*
sauver les apparences *to save face*

agir sans réfléchir *to act without thinking*
se **révolter contre** *to rebel against*
se **battre** *to fight*
mentir *to lie*
taquiner *to tease*
tricher *to cheat*
tromper *to trick, to deceive*
jouer un tour à *to play a trick on*
expédier à la permanence *to send to study hall*

Pratique de la langue

1. Préparez un des dialogues suivants:
   a. le dialogue entre le narrateur et le professeur Galeazzi le jour où celui-ci trouve la traduction française des *Commentaires* de César
   b. la prochaine rencontre de Dargelos et du jeune garçon qui a reçu sa boule de neige
   c. le dialogue en famille le lendemain de la «mort» du pape
2. Il arrive aux jeunes d'agir sans réfléchir, de faire quelque chose et de ne songer aux conséquences que plus tard. Racontez une des grandes gaffes *(blunder)* de votre jeunesse.
3. Dargelos et le menteur de la dernière sélection se sont tirés d'affaire parce qu'ils ont gardé leur sang-froid. Vous êtes-vous jamais trouvé dans une situation compromettante où vous avez réussi quand même à sauver les apparences? Faites-en le récit.
4. À débattre: «La nécessité du mensonge dans la vie quotidienne.»

Sujets de discussion ou de composition

1. Y a-t-il un professeur que vous vous rappelez plus particulièrement? Pourquoi vous le rappelez-vous? Était-il admirable, généreux, étrange, etc.? Racontez à son sujet un incident que vous n'avez jamais oublié.
2. Comment expliquez-vous le besoin de solidarité qui semble exister chez les jeunes? Pourquoi ont-ils besoin de faire partie d'un groupe, de faire comme les autres?
3. À quel âge devrait-on permettre aux jeunes de prendre des boissons *(drinks)* alcoolisées? Pourquoi?

2 : Les femmes

Simone de Beauvoir

Simone de Beauvoir (b. 1908) has gained universal acclaim as a champion of the feminist movement. Long before the movement achieved momentum in the 1960s, she had published her celebrated philosophical essay, *Le Deuxième Sexe* (1949), attacking the myth of woman's inferiority. Ever since, she has continued to show that many of the problems encountered by women as individuals stem from the fact that they are living in a male-dominated society which expects them to adhere to a restrictive code of behavior. She has consistently maintained that there is more in life for women than the traditional roles, that there is more than one way for them to live.

Simone de Beauvoir

Simone de Beauvoir is not simply a theorist of the feminist movement. Her personal philosophy of liberation, activity, and fulfillment has led to a remarkable series of accomplishments that have earned her wide-ranging respect while in no way compromising her femininity. In 1929 she received the *agrégation* in philosophy, placing second in this highly competitive postgraduate examination, the first-place winner being Jean-Paul Sartre. From this point on, these two incisive thinkers—both of whom in time became eminent existentialist[L] philosophers—cultivated a unique professional and personal relationship that lasted until Sartre's death in 1980.

Simone de Beauvoir taught philosophy until 1943, when her first novel, *L'Invitée*, was published. She has since written several works of fiction, the best-known of which, *Les Mandarins*, received the coveted Prix Goncourt in 1954. While she has also produced a steady stream of philosophical essays and criticism, much interest has been focused on her memoirs and autobiographical works, where her considerations range beyond the limits of her own personal situation to encompass the prevailing beliefs and conditions of her time.

The following excerpt is from *Mémoires d'une jeune fille rangée* (1958), the first volume of her autobiography, in which the author looks back on her childhood and adolescence up to the time when she became a university student.

[1] Words marked with the [L] are explained in the *Index littéraire* on pp. 194–196.

Le choix d'un mari

L'été de mes quinze ans, à la fin de l'année scolaire, j'allai deux ou trois fois *canoter* au *Bois* avec Zaza et d'autres camarades. Je remarquai dans une allée un jeune couple qui marchait devant moi; le garçon *appuyait* légèrement sa main sur l'épaule de la femme. *Émue,* soudain, je me dis qu'il devait être *doux* d'avancer à travers la vie avec sur son épaule une main si familière qu'à peine en sentait-on le *poids,* si présente que la solitude *fût* à jamais *conjurée.* «Deux *êtres* unis»: je rêvais sur ces mots. Ni ma soeur, trop proche, ni Zaza, trop lointaine ne m'en avaient fait *pressentir* le vrai sens. Il m'arriva souvent *par la suite,* quand je lisais dans le bureau, de relever la tête et de me demander: «Rencontrerai-je un homme qui sera fait pour moi?» Mes lectures ne m'en avaient fourni aucun modèle. Je m'étais sentie assez proche d'Hellé, l'héroïne de *Marcelle Tinayre.* «Les filles comme toi, Hellé, sont faites pour être les compagnes des héros» lui disait son père. Cette prophétie m'avait frappée; mais je trouvai plutôt *rebutant l'apôtre roux* et barbu qu'Hellé finissait par épouser. Je ne prêtais à mon futur mari aucun trait défini. *En revanche,* je me faisais de nos rapports une idée précise: j'*éprouverais* pour lui une admiration passionnée. En ce domaine, comme dans tous les autres, *j'avais soif de* nécessité. Il faudrait que *l'élu s'imposât* à moi, comme s'était imposée Zaza, par une sorte d'*évidence*; sinon je me demanderais: pourquoi lui et pas un autre? Ce doute était incompatible avec le véritable amour. J'aimerais, le jour où un homme me subjuguerait par son intelligence, sa culture, son autorité.

Sur ce point, Zaza n'était pas de mon avis; pour elle aussi l'amour *impliquait* l'estime et l'*entente*; mais si un homme a de la *sensibilité* et de l'imagination, si c'est un artiste, un poète, *peu m'importe,* disait-elle, qu'il soit peu instruit et même médiocrement intelligent. «Alors, on ne peut pas tout se dire!» objectais-je. Un peintre, un musicien ne m'aurait pas comprise tout entière, et il me serait demeuré en partie opaque. Moi je voulais qu'entre mari et femme tout fût mis en commun; chacun devait remplir, en face de l'autre, ce rôle d'exact *témoin* que *jadis* j'avais attribué a Dieu. Cela excluait qu'on *aimât* quelqu'un de différent: je ne me marierais que si je rencontrais, plus accompli que moi, mon pareil, mon double.

Pourquoi *réclamais*-je qu'il me fût supérieur? Je ne crois pas du tout que j'aie cherché en lui un *succédané* de mon père; je *tenais à* mon indépendance; j'exercerais un métier, j'écrirais, j'aurais une vie personnelle; je ne m'envisageai jamais comme la *compagne* d'un homme: nous serions deux *compagnons*. Cependant, l'idée que je me faisais de notre couple fut indirectement influencée par les sentiments que j'avais portés à mon père. Mon éducation, ma culture, et la vision de la société, telle qu'elle était, tout me convainquait que les femmes appartiennent à une caste inférieure; Zaza en doutait parce qu'elle préférait *de loin* sa mère à *M. Mabille*; dans mon cas au contraire, le prestige paternel avait fortifié cette opinion: c'est en partie sur elle que je fondais mon *exigence*. Membre d'une espèce privilégiée, bénéficiant *au départ* d'une avance considérable, si dans l'absolu un homme ne valait pas plus que moi, je jugerais que relativement, il valait moins: pour le reconnaître comme mon égal, il fallait qu'il me *dépassât*.

Simone de Beauvoir, *Mémoires d'une jeune fille rangée*

Vocabulaire

canoter *to go boating*
Bois = Bois de Boulogne, à Paris
appuyer = presser, appliquer
ému = touché
doux = agréable
le **poids** *weight*
fût imparfait du subjonctif (**être**)
conjurer = exorciser, bannir
l' **être** (m) = la personne
pressentir = avoir conscience de
par la suite = après
Marcelle Tinayre (1872–1948) écrivain
français qui dans ses oeuvres a traité de
grandes questions religieuses et sociales,
en particulier le féminisme
rebutant = déplaisant
l' **apôtre** (m) *apostle*
roux *redheaded*
en revanche = en compensation
éprouver = sentir
j'avais soif de = j'avais besoin de

l' **élu** (m) *the chosen one*
s' **imposât** imparfait du subjonctif
l' **évidence** (f) *obviousness*
impliquer = supposer, contenir en soi
l' **entente** (f) = l'accord, l'harmonie
la **sensibilité** *sensitivity*
peu m'importe *it matters little to me*
le **témoin** *witness*
jadis = autrefois, anciennement
aimât imparfait du subjonctif
réclamer = insister
le **succédané** = le substitut
tenir à = être très attaché à
la **compagne** *helpmate*
le **compagnon** *partner*
de loin = de beaucoup
M. Mabille le père de Zaza
l' **exigence** (f) *demand*
au départ = depuis le commencement
dépasser = être supérieur à (imparfait du
subjonctif)

Intelligence du texte

1. Racontez l'incident qui a évoqué chez la narratrice l'idée de «deux êtres unis.»
2. Qu'est-ce qu'elle se demandait souvent dans son bureau?
3. Avait-elle une idée exacte des traits physiques de son futur mari?
4. Quel sentiment allait-elle éprouver pour lui?
5. Décrivez la manière dont elle arriverait à reconnaître son futur mari.
6. Quels étaient les traits essentiels d'un futur mari selon Zaza?
7. Quelle sorte de mari la narratrice recherchait-elle?
8. Comment envisageait-elle sa vie de mariée?
9. D'après elle, quelle place les femmes occupaient-elles dans la société?
10. Pourquoi réclamait-elle que son futur mari lui fût supérieur?

Appréciation du texte

1. Relevez dans ce texte les pensées et les sentiments qui auraient pu être ceux d'une héroïne romantique, et puis ceux qui semblent appartenir au vingtième siècle.

2. Dans son choix d'un futur mari, la narratrice semble-t-elle guidée par des considérations intellectuelles ou par des mouvements du cœur? Citez quelques-uns de ses arguments.
3. Résumez ce que la narratrice entend finalement par l'expression «deux êtres unis.»
4. Pourriez-vous deviner si ce texte est écrit par une femme? par un féministe? Pourquoi?

Un roman^L médiéval: Tristan et Iseut

One of the world's best-known love tales, the story of Tristan and Isolde has inspired numerous literary treatments in several languages and a well-known opera by Wagner. The story was created as a *roman* or medieval romance and has come down to us in a series of episodes, with various writers at different times and places contributing incidents and thus gradually forming the total masterpiece. The French prose version presented here was written at the end of the nineteenth century by the medieval scholar Joseph Bédier (1864–1938). He actually created yet another version by reconstructing the entire legend from all the major French and foreign fragments.

The plot is well known: Mark, King of Cornwall, commissions his nephew Tristan to bring back from Ireland the fair Isolde, whom he has chosen as his queen. Tristan accomplishes his mission, but as the ship heads back to Cornwall he and Isolde mistakenly partake of a magic potion, destined for Mark and his bride, that unites in eternal love the two who consume it together. Isolde marries Mark, but she and Tristan cannot deny their love. In the following excerpt, Tristan and Isolde have decided to live apart in an effort to preserve Isolde's marriage to Mark. This separation, however, leads only to anguish and sorrow.

Un geste d'amour

Tristan se réfugia en *Galles*, sur la terre du noble duc Gilain. Le duc était jeune, puissant, débonnaire; il l'*accueillit* comme un *hôte* bienvenu. Pour lui faire honneur et joie, il n'*épargna* nulle peine; mais ni les aventures ni les fêtes ne *purent* apaiser l'angoisse de Tristan.

Un jour qu'il était assis aux côtés du jeune duc, son cœur était si douloureux qu'il *soupirait* sans même s'en apercevoir. Le duc, pour *adoucir* sa peine, commanda d'apporter dans sa chambre privée son jeu favori qui, par *sortilège*, aux heures tristes, charmait ses yeux et son cœur. Sur une table recouverte d'une *pourpre* noble et riche, on plaça son chien Petit-Crû. C'était un chien enchanté: il venait au duc de l'île d'*Avallon*; une *fée* le lui avait envoyé comme un présent d'amour. *Nul ne saurait* par des paroles assez habiles décrire sa nature et sa beauté. Son *poil* était coloré de nuances si merveilleusement disposées que l'on ne savait nommer sa couleur; son

encolure semblait d'abord plus blanche que neige, sa *croupe* plus verte que feuille de *trèfle*, l'un de ses flancs rouge comme l'*écarlate*, l'autre jaune comme le *safran*, son ventre bleu comme le *lapis-lazuli*, son dos rosé; mais quand on le regardait plus longtemps, toutes ces couleurs dansaient aux yeux et *muaient*, *tour à tour* blanches et vertes, jaunes, bleues, pourprées, sombres ou fraîches. Il portait au cou, suspendu à une chaînette d'or, un *grelot* au *tintement* si gai, si clair, si doux, qu'*à l'ouïr* le cœur de Tristan s'attendrit, s'apaisa, et que sa peine *se fondit. Il ne lui souvint plus* de tant de misères endurées pour la reine; car telle était la merveilleuse vertu du grelot: le cœur, à l'entendre sonner si doux, si gai, si clair, oubliait toute peine. Et tandis que Tristan, *ému* par le sortilège, caressait la petite bête enchantée qui lui prenait tout son chagrin et dont la *robe*, au toucher de sa main, semblait plus douce qu'une *étoffe* de *samit*, il songeait que ce serait là un beau présent pour Iseut. Mais que faire? Le duc Gilain aimait Petit-Crû par-dessus toute chose, et nul n'aurait pu l'obtenir de lui, ni par ruse, ni par prière.

Un jour, Tristan dit au duc:

«Sire, que donneriez-vous à qui délivrerait votre terre du géant Urgan le *Velu*, qui *réclame* de vous de si lourds tributs?

—En vérité, je donnerais à choisir à son vainqueur, parmi mes richesses, celle qu'il tiendrait pour la plus précieuse; mais nul n'osera s'attaquer au géant.

—Voilà merveilleuses paroles, reprit Tristan. Mais le bien ne vient jamais dans un pays *que* par les aventures, et, pour tout l'or de *Pavie*, je ne renoncerais à mon désir de combattre le géant.

—Alors, dit le duc Gilain, que le Dieu né d'une Vierge vous accompagne et vous défende de la mort!»

—Tristan atteignit Urgan le Velu dans son *repaire*. Longtemps ils combattirent furieusement. Enfin la prouesse *triompha de* la force, l'*épée* agile de la lourde *massue*, et Tristan, ayant *tranché* le poing droit du géant, le rapporta au duc:

—«Sire, en récompense, ainsi que vous l'avez promis, donnez-moi Petit-Crû, votre chien enchanté!

—Ami, qu'as-tu demandé? Laisse-le moi et prends plutôt ma sœur et la moitié de ma terre.

—Sire, votre sœur est belle, et belle est votre terre; mais c'est pour gagner votre chien-fée que j'ai attaqué Urgan le Velu. Souvenez-vous de votre promesse!

—Prends-le donc; mais sache que tu m'as enlevé la joie de mes yeux et la gaieté de mon cœur!»

—Tristan *confia* le chien à un *jongleur* de Galles, sage et rusé, qui le porta de sa part en *Cornouailles*. Le jongleur *parvint* à *Tintagel* et le remit secrètement à *Brangien*. La reine s'en réjouit grandement, donna en récompense dix marcs d'or au jongleur et dit au roi que la reine d'Irlande, sa mere, envoyait ce cher présent. *Elle fit ouvrer* pour le chien, *par un orfèvre*, une *niche* précieusement incrustée d'or et de *pierreries* et, partout où elle allait, le portait avec elle, en souvenir de son ami. Et chaque fois qu'elle le regardait, tristesse, angoisse, regrets s'effaçaient de son cœur.

Elle ne comprit pas d'abord la merveille: si elle trouvait une telle douceur à le contempler, c'était, pensait-elle, parce qu'il lui venait de Tristan; c'était, sans doute, la pensée de son ami qui *endormait* ainsi sa peine. Mais un jour elle connut que c'était un sortilège, et que seul le tintement du grelot charmait son cœur.

«Ah! pensa-t-elle, *convient-il* que je connaisse le *réconfort*, tandis que Tristan est malheureux? Il aurait pu garder ce chien enchanté et oublier ainsi toute douleur; par belle courtoisie, il a mieux aimé me l'envoyer, me donner sa joie et reprendre sa misère. Mais *il ne sied pas* qu'il en soit ainsi; Tristan, je veux souffrir aussi longtemps que tu souffriras.»

Elle prit le grelot magique, le fit tinter une dernière fois, le détacha doucement; puis, par la fenêtre ouverte, elle le *lança* dans la mer.

Joseph Bédier, Le Roman de Tristan et Iseut

Vocabulaire

Galles = le pays de Galles: *Wales*
accueillir = recevoir
l' **hôte** (m) *guest* (**hôte** = *host or guest, depending on the context*)
épargner *to spare*
purent = le passé simple de **pouvoir**
soupirer *to sigh*
adoucir = rendre supportable
le **sortilège** *magic spell*
la **pourpre** *crimson cloth*
Avallon le paradis terrestre où sont passés le roi Arthur et d'autres après la mort
la **fée** *fairy*
Nul ne saurait = Personne ne serait capable de
le **poil** *hair*
l' **encolure** (f) *neck and shoulders*
la **croupe** *hindquarters*
le **trèfle** *clover*
l' **écarlate** (f) *scarlet*
le **safran** *saffron (saffron yellow = yellow orange)*
le **lapis-lazuli** *lapis lazuli: a deep-blue stone*

muer *to molt, to cast off one's skin*
tour à tour = alternativement
le **grelot** *bell*
le **tintement** *jingling*
à l'ouïr *upon hearing it*
se **fondre** = disparaître
Il ne lui souvint plus = Il ne se rappela pas
ému = touché
la **robe** *the coat (of an animal)*
l' **étoffe** (f) *fabric*
le **samit** *samite: a heavy silk fabric worn in the Middle Ages*
le **Velu** *the Hairy*
réclamer = demander avec insistance
que = excepté
Pavie ville en Italie
le **repaire** = la retraite, le lieu où il se retire
triompher de = conquérir
l' **épée** (f) *sword*
la **massue** *club, bludgeon*
trancher = couper
confier = donner
le **jongleur** *itinerant minstrel or entertainer*

Cornouailles *Cornwall*
parvenir = arriver
Tintagel château légendaire où est né le roi Arthur
Brangien compagne et confidante de la reine Iseut . . .
Elle fit ouvrer . . . par un orfèvre *She had a goldsmith make*

la **niche** *doghouse*
les **pierreries** (f) = les bijoux
endormir = faire dormir
convient-il = est-ce juste
le **réconfort** = la consolation
il ne sied pas = il ne convient pas
lancer = jeter

Intelligence du texte

1. Comment le duc Gilain a-t-il accueilli Tristan?
2. Qu'est-ce que le duc a commandé pour adoucir la peine de Tristan?
3. Qui était ce Petit-Crû et d'où venait-il?
4. De quelle couleur était son poil?
5. Quelle était la merveilleuse vertu du grelot que Petit-Crû portait au cou?
6. À quoi songeait Tristan tandis qu'il caressait la petite bête enchantée?
7. Qu'a-t-il proposé de faire pour obtenir le petit chien?
8. Comment explique-t-on le triomphe de Tristan?
9. Quelle preuve de sa victoire Tristan a-t-il rapportée au duc Gilain?
10. Comment la reine Iseut a-t-elle expliqué le présent qu'elle venait de recevoir?
11. Qu'est-ce qui arrivait à Iseut chaque fois qu'elle regardait le petit chien?
12. Comment s'expliquait-elle d'abord cette merveille?
13. Qu'est-ce qu'Iseut a fait du grelot quand elle a su que c'était un sortilège? Que pensez-vous de ce geste? Est-ce qu'Iseut a bien fait?

Appréciation du texte

1. Le moyen âge a donné naissance à la notion de l'amour courtois (*courtly love*), qui imposait à l'amant un dévouement tyrannique envers sa dame. Entre les deux, en effet, il devait régner la plus grande inégalité, et souvent, dans les romans courtois de l'époque, la dame se montrait indifférente et même dédaigneuse. L'amant devait l'adorer d'une ferveur presque religieuse, et accomplir pour elle toute sorte de sacrifices et d'exploits héroïques. Jusqu'à quel point l'amour de Tristan et Iseut réalise-t-il l'idéal de l'amour courtois? Décrivez la nature de leur amour.
2. Ce drame d'amour se situe dans un pays de conte de fées. Citez quelques éléments merveilleux dans le texte.
3. Relevez dans le texte les éléments purement médiévaux.
4. Comment jugez-vous la façon dont Tristan a obtenu le petit chien? A-t-il été honnête ou peut-on l'accuser de tromperie? A-t-il abusé de la bonté de son hôte? Si oui, pourquoi? Avait-il raison d'agir ainsi?
5. Avez-vous jamais fait quelque «grand» geste par amour pour quelqu'un? Expliquez.

Gustave Flaubert

Gustave Flaubert (1821–80) is one of the great writers of world literature, and the novel *Madame Bovary* (1857) is generally acknowledged as his masterpiece. Flaubert devoted his entire life almost exclusively to reading and writing. Except for occasional travels, he stayed on his property near Rouen in Normandy, where he worked assiduously at his novels, composing slowly and painstakingly. Obsessed with stylistic perfection, with finding *le mot juste,*ᴸ he habitually wrote several versions of each paragraph, then subjected them all to the final test of an oral declamation. Flaubert is recognized as the foremost exponent of French realism.ᴸ Though basically romantic by nature (see Romanticismᴸ), he strove for perfect objectivity in language and style. Since he sought to reproduce life exactly as it is, he insisted on rigid observation and minute documentation. Considering his lofty aspirations and demanding standards, it is not surprising that he took more than four and a half years to create *Madame Bovary*.

Emma Bovary, the middle-class heroine of this novel, believed that in marrying a doctor she was assuring herself of a glamorous social life. Her luxurious dreams are not realized, however, as her dull husband Charles shares no such desires, but rather immerses himself in the daily preoccupations of his profession. Seeking to live out her fantasies, Emma turns to adultery, spends money extravagantly, and in a final gesture of ultimate despair commits suicide by swallowing arsenic. In the following excerpt, Mme Bovary's drab existence has just been revitalized by a festive ball at a neighboring château. She particularly recalls one dance where a viscount dazzled her. Spurred by the commingling of this memory and her desire to lead an elegant life in Paris, Emma resorts once again to fanciful dreams that, in her disturbed state, allow her to escape the mediocrity of the real world she lives in.

Une femme rêveuse

Elle s'acheta un plan de Paris, et, du bout de son doigt, sur la carte, elle faisait des courses dans la capitale. Elle remontait les boulevards, s'arrêtant à chaque *angle,* entre les lignes des rues, devant les *carrés* blancs qui *figurent* les maisons.

Elle *s'abonna* à la *Corbeille,* journal des femmes, et au *Sylphe des Salons.* Elle dévorait, sans en rien passer, tous les *comptes rendus* de premières représentations, de *courses* et de soirées, s'intéressait au début d'une chanteuse, à l'ouverture d'un magasin. Elle savait les *modes* nouvelles, l'adresse des bons tailleurs, les *jours de Bois ou d'Opéra.* Elle étudia, dans *Eugène Sue,* des descriptions d'*ameublements;* elle lut *Balzac* et *George Sand,* y cherchant des *assouvissements* imaginaires pour ses *convoitises* personnelles. À table même, elle apportait son livre, et elle tournait les feuillets, pendant que Charles mangeait en lui parlant. Le souvenir du vicomte revenait toujours dans ses lectures. Entre lui et les personnages inventés, elle établissait des *rapprochements.*

Paris, plus vaste que l'Océan, *miroitait* donc aux yeux d'Emma dans une atmosphère *vermeille.* Dans les *cabinets* de restaurants où l'on soupe après

«C'était une existence au-dessus des autres . . . quelque chose de sublime.»

minuit riait, à la clarté des *bougies,* la foule *bigarrée* des gens de lettres et des actrices. Ils étaient, ceux-là, prodigues comme des rois, pleins d'ambitions idéales et de *délires* fantastiques. C'était une existence au-dessus des autres, entre ciel et terre, dans les *orages,* quelque chose de sublime. Quant au reste du monde, il était perdu, sans place précise et comme n'existant pas. Plus les choses, d'ailleurs, étaient voisines, plus sa pensée *s'en détournait.* Tout ce qui l'entourait immédiatement, campagne ennuyeuse, petits bourgeois imbéciles, médiocrité de l'existence, lui semblait une exception dans le monde, un *hasard* particulier où elle se trouvait prise, tandis qu'au delà *s'étendait à perte de vue* l'immense pays des félicités et des passions. Elle *confondait,* dans son désir, les sensualités du luxe avec les joies du cœur, l'élégance des habitudes et les délicatesses du sentiment. Ne fallait-il pas à l'amour, comme aux plantes indiennes, des terrains préparés, une température particulière?

Gustave Flaubert, *Madame Bovary*

Vocabulaire

l' **angle** (m) *corner*
le **carré** *square*
   figurer = *représenter*
s' **abonner à** *to subscribe to*
   Corbeille, Sylphe des Salons *revues de l'époque*
le **compte rendu** *le rapport, le récit*
la **course** *horse race*
la **mode** *fashion*

les **jours de Bois ou d'Opéra** *days of special events at the Bois de Boulogne or the Opera*
   Eugène Sue, Balzac, George Sand *romanciers célèbres de l'époque*
les **ameublements** (m) = *les meubles*
l' **assouvissement** (m) = *le contentement, la satisfaction*
la **convoitise** = *le désir immodéré, la cupidité*

le **rapprochement** = la comparaison, le parallèle
miroiter *to gleam, to sparkle*
vermeil *bright red*
le **cabinet** = petite pièce
la **bougie** *candle*
bigarré = formé d'éléments disparates
le **délire** = l'enthousiasme exubérant

l' **orage** (m) = la tempête
se **détourner de** = se tourner d'un autre côté
le **hasard** *accident, circumstance*
s' **étendait à perte de vue** *extended as far as the eye could see*
confondre = mettre ensemble sans distinction

Intelligence du texte

1. Qu'est-ce que Mme Bovary faisait, grâce à son plan de Paris?
2. À quel genre de publication s'est-elle abonnée?
3. Que dévorait-elle dans ces publications?
4. Pour quelles raisons lisait-elle les écrivains littéraires (Sue, Balzac, Sand)?
5. Décrivez ce qui se passait à table chez les Bovary.
6. Qui entrait toujours dans les lectures d'Emma Bovary?
7. Comment Mme Bovary imaginait-elle la vie des gens de lettres et des actrices?
8. Où se situait le reste du monde?
9. En quoi consistait le monde qui l'entourait immédiatement?
10. Faites voir le contraste chez Emma Bovary entre le monde qui l'entourait immédiatement et le monde de ses rêves.
11. Que confondait-elle dans son désir?
12. D'après elle, que fallait-il à l'amour?

Appréciation du texte

1. S'agit-il, dans cet extrait, d'un thème réaliste ou romantique? Est-ce que la façon de traiter ce thème est réaliste ou romantique? Expliquez vos réponses en tirant vos preuves du texte de Flaubert.
2. Emma Bovary confond le rêve et la réalité. Dressez une liste des mots et/ou expressions que Flaubert utilise pour décrire le monde du rêve et une seconde liste des mots et/ou expressions qui reflètent la réalité.
3. Flaubert avait l'habitude de déclamer ses phrases pour s'assurer de leur perfection. Prenez, par exemple, le dernier paragraphe de la sélection et lisez-le vous aussi à haute voix en faisant voir votre compréhension et votre appréciation du texte.

Exercices de grammaire

I. Présent de l'indicatif
A. *Complétez les phrases suivantes en donnant la forme correcte du verbe au* **présent de l'indicatif.**

1. La femme contemporaine _____ (ne pas croire) à la supériorité de l'homme.

2. Elle _____ (tenir à) se marier avec quelqu'un de semblable à elle.

3. Elle _____ (devoir) profiter de l'expérience des autres; voilà pourquoi elle _____ (lire) beaucoup.

4. Le jeune homme _____ (appuyer) légèrement sa main sur l'épaule de son amie.

5. Elle _____ (relever) la tête et _____ (se demander) comment elle rencontrera son futur mari.

6. Zaza _____ (préférer) sa mère à son père.

7. Le duc Gilain _____ (recevoir) Tristan comme un hôte bienvenu.

8. Ni aventures ni fêtes ne _____ (pouvoir) apaiser l'angoisse de Tristan.

9. «Si je _____ (combattre) le géant, que me donnerez-vous?»

10. C'est la reine d'Irlande qui _____ (envoyer) ce cher présent à sa fille.

11. Si Tristan _____ (souffrir), Iseut veut souffrir elle aussi.

B. *Mettez les verbes au* **temps présent** *et traduisez vos réponses.*

1. Paris _____ (miroiter) aux yeux d'Emma depuis bien des mois.

2. Depuis quand est-ce qu'Emma _____ (être) victime du hasard?

3. Emma _____ (venir de) assister à un bal chez le vicomte.

4. Elle _____ (être en train de) tourner les feuillets de son livre tandis que Charles _____ (manger).

5. Depuis combien de temps _____ (rêver) -t-elle d'échapper à la médiocrité de l'existence?

II. L'impératif

A. *Complétez les phrases suivantes en mettant les verbes à* **l'impératif.**

1. «Sire, en récompense, _____ (*give me*) Petit-Crû, votre chien enchanté.»

2. «Ami, qu'as-tu demandé? _____ (*Leave him to me*) et _____ (*take*) plutôt ma sœur et la moitié de ma terre.»

3. « _____ (*Take him*) donc; mais _____ (*know*) que tu m'as enlevé la joie de mes yeux et la gaieté de mon cœur.»

B. *Mettez chacun des verbes suivants à* **l'impératif** *à la personne indiquée et traduisez la phrase en anglais.*

1. Si vous voulez comprendre ma pensée, _____ (faire) attention! (2ᵉ pers., plur.)

2. _____ (Aller) au Bois et tu y verras beaucoup de couples amoureux. (2ᵉ pers., sing.)

3. Je veux me marier avec toi. _____ (Se marier) tout de suite! (1ᵉ pers., plur.)

4. _____ (Aimer) votre femme, et votre femme vous aimera! (2ᵉ pers., plur.)

5. _____ (Ne pas oublier) que tu es femme! _____ (Exercer) bien ton métier! (2ᵉ pers., sing.)

6. _____ (Ne pas juger) les hommes trop sévèrement! (1ᵉ pers., plur.)

III. **Pronoms personnels**

Complétez les phrases suivantes en employant la forme convenable
(appropriate) *du* **pronom personnel.**

1. Le cœur de Tristan était si douloureux qu'il soupirait sans même
   s'_____ apercevoir.
2. Gilain adorait son petit chien; une fée _____ _____ avait envoyé
   comme un présent d'amour.
3. Petit-Crû était si merveilleux que quand quelqu'un _____ regardait il lui prenait tout son chagrin.
4. Tristan tient à son idée de combattre le géant; il n'_____ renon-
   cerait pour rien.
5. Iseut porte le petit chien avec _____partout où elle va.
6. Moi, j'étais convaincue que les femmes appartenaient à une caste
   inférieure mais Zaza _____ doutait.
7. Je pensais souvent à mon futur mari mais je ne _____ prêtais
   aucun trait défini.
8. Je voudrais de bons rapports avec mon mari; je voudrais qu'entre
   _____ et _____ tout fût mis en commun.
9. Je tenais à mon indépendance; j'_____ tenais beaucoup!
10. Le jeune homme et son amie dans le Bois me semblaient si inté-
    ressants que je voulais _____ parler, mais je ne _____ connais-
    sais pas.
11. Ils m'ont tellement fascinée que je pense encore à _____ .

Vocabulaire satellite: Les femmes

être amoureux de *to be in love with*
le **coup de foudre** *love at first sight (lit.,
thunderbolt)*
partager *to share*
choyer *to pamper*
le **bonheur** *happiness*
la **tendresse** *tenderness*
la **fidélité** *loyalty*
désintéressé *unselfish*
dévoué *devoted*
être enceinte *to be pregnant*
accoucher de *to give birth to*

ennuyeux *dull, boring*
s' **ennuyer** *to be bored*
la **fantaisie** *imagination, fancy*
le **rêve** *dream*
songer à *to dream of*
l' **évasion** (f) *escape*
s' **évader** *to escape*

échapper à *to escape (from)*
faire face à *to face, to confront*

la **liaison** *affair*
l' **amant** (m) *lover*
la **maîtresse** *mistress*
le **petit ami** *boyfriend*
la **petite amie** *girl friend*
le **couple** *couple*

tromper quelqu'un *to cheat on someone*
la **tromperie** *deception*
infidèle *unfaithful*

soupçonneux *suspicious*
jaloux *jealous*
la **jalousie** *jealousy*
déraisonnable *unreasonable*
impitoyable *pitiless*
chercher querelle à quelqu'un *to try to pick a fight with someone*
se **quereller** ⎤
se **disputer** ⎦ *to quarrel*
la **scène de ménage** *family quarrel*
se **séparer** *to separate*
divorcer d'avec sa femme, son mari *to divorce one's wife, one's husband*
se **remarier** *to remarry*

Pratique de la langue

1. Que pensez-vous du dernier argument de la narratrice dans le premier texte? Êtes-vous d'accord avec elle? Son argument est-il encore valable dans les années 1980?

2. Mme Bovary est une femme bourgeoise provinciale du 19ᵉ siècle, rêveuse, oisive (*idle*), frustrée, liée à un mari honnête mais tout à fait médiocre. Elle finit par se suicider. De nos jours, y a-t-il d'autres solutions pour une femme pareille? Si oui, lesquelles?

3. Il y a quelques années un homme, en quittant le Nevada après avoir divorcé d'avec sa septième femme, dans sa frustration a résumé ainsi le caractère général des femmes: «Elles sont frivoles, hargneuses (*nagging*), bavardes, déraisonnables, dépensières (*extravagant*), dominées par leurs émotions et elles manquent de logique.» Est-ce que ce monsieur était complètement fou ou est-ce qu'il avait des connaissances qui manquent à la majorité des hommes?

4. Est-ce qu'Emma et Iseut sont des stéréotypes créés par les hommes ou est-ce qu'il existe de telles femmes?

5. Vous êtes-vous jamais plongé délibérément dans un monde de fantaisie pour échapper à la réalité? Dans quelles circonstances? Est-ce que cette évasion vous a fait du bien ou du mal? Expliquez.

6. À débattre: «La fidélité dans le mariage n'est plus essentielle dans notre société contemporaine.» À la fin du débat, comptez les voix des femmes et des hommes séparément, puis comparez.

Sujets de discussion ou de composition

1. Quelles sont les qualités que vous recherchez chez votre futur mari (votre future femme)? Voulez-vous quelqu'un qui vous soit supérieur, inférieur ou égal? Voulez-vous quelqu'un de semblable à vous ou de différent?

2. Tristan et Iseut souffraient d'être séparés. Quel est le rôle de la séparation dans l'amour? L'amour en est-il diminué ou augmenté? Est-ce que les amoureux cesseront de s'aimer s'ils sont séparés très longtemps?
3. Peut-on parler d'une littérature féminine? Si oui, en quoi consiste-t-elle et quelle est sa valeur?
4. Cherche-t-on dans la littérature un moyen d'échapper à la réalité ou un moyen d'y faire face? La littérature a-t-elle jamais influencé votre façon de voir les choses? Citez quelques exemples.
5. Comment trouve-t-on le véritable amour? S'agit-il toujours du coup de foudre?

3 : La famille

Jacques Prévert

Jacques Prévert (1900–77) has succeeded so well in communicating his poetry that he is perhaps the most widely known contemporary French poet. His works are savored by the general public as well as by students of literature. Prévert was nurtured in surrealism,ᴸ which fostered his spirit of revolt and his ability to utilize linguistic resources for maximum effect. In his poems and songs he attacked all manifestations of what he considered middle-class oppression. In opposition to the conventional conformity of the bourgeois world, Prévert hailed the freedom of the common people to love and to live life fully, and the freedom of children to exercise their imagination without restraint.

Prévert's style strikes the reader as unique, yet natural. The simplicity of form and the frequent touches of humor complement the poet's extraordinary fantasy. One of his most effective devices—and one that betrays a surrealist influence—is the inventory or lengthy enumeration that lists unconnected items, leaving the reader free to make his own associations according to the mere juxtaposition of terms.

In the following poem, the reader witnesses the basic family unit—mother, father, and child—experiencing both the first moment of life and the last.

Premier jour

Des *draps* blancs dans une *armoire*
Des draps rouges dans un lit
Un enfant dans sa mère
Sa mère *dans les douleurs*
5 Le père dans le couloir
Le couloir dans la maison
La maison dans la ville
La ville dans la nuit
La mort dans un cri
10 Et l'enfant dans la vie.

Jacques Prévert, *Paroles* (1946)

Vocabulaire

le **drap** *sheet*
l' **armoire** (f) *wardrobe (a tall cabinet for
clothes or linen)*
dans les douleurs *in labor*

Intelligence du texte

1. Pourquoi les draps sont-ils de couleur différente?
2. Comment est la mère?
3. Combien de personnages y a-t-il dans cette scène? Où sont-ils?
4. Expliquez le sens de l'avant-dernier vers.

Appréciation du texte

1. Du vers 5 au vers 8, dans quelle direction va le mouvement du poème?
2. Qu'est-ce qui fait l'unité de ce poème? En quoi consiste la cohérence?

Jules Renard

Prior to the modern period, there are relatively few works in literature where a child is the principal character. Jules Renard (1864–1910) proves rather exceptional in his ability to re-create, in *Poil de Carotte* (1902), the world of a young boy living with his two parents, an older brother, and a sister. The novel probably owes much to Renard's own childhood memories, since he too was the "runt of the litter"—the third and last child in the family, born ten years after his parents' marriage.

The portrait drawn by the artist is not very flattering to the parents, least of all to the mother. The author portrays Mme Lepic as a bad parent who rarely shows affection for her son and inspires constant fear. The boy is continually on the defensive, never knowing whether his mother will turn on him or not. The mother's aggressive role is abetted in great part by the father's taciturnity and disinterest. Renard is careful, however, not to cast Poil de Carotte (Redhead) in an entirely favorable light; kids will be kids and Poil de Carotte is second to none in mischievous pranks, in telling lies, in getting dirty, and even in being thoughtlessly cruel on occasion. In the following excerpt the boy, having refused earlier to run an errand for his mother, now in the mother's absence seeks his father's advice. Their conversation is presented in the form of dialogue in a play.

L'enfant malheureux

Monsieur Lepic: Qu'est-ce que tu attends pour m'expliquer *ta dernière conduite* qui chagrine ta mère?

Poil de Carotte: Mon cher papa, j'ai longtemps hésité, mais *il faut en finir.* Je l'*avoue:* je n'aime plus maman.

Monsieur Lepic: Ah! À cause de quoi? Depuis quand?

Poil de Carotte: À cause de tout. Depuis que je la connais.

Monsieur Lepic: Ah! c'est malheureux, mon garçon! Au moins, raconte-moi ce qu'elle t'a fait.

Poil de Carotte: Ce serait long. D'ailleurs, ne *t'aperçois*-tu *de* rien?

Monsieur Lepic: Si. J'ai remarqué que tu *boudais* souvent.

Poil de Carotte: Ça m'exaspère qu'on dise que je boude. Naturellement, Poil de Carotte ne peut garder une *rancune* sérieuse. Il boude. Laissez-le. Quand il aura fini, il sortira de son coin, calmé, *déridé*. Surtout n'ayez pas l'air de *vous occuper de* lui. C'est sans importance.

Je te demande pardon, mon papa, ce n'est sans importance que pour les père et mère et les étrangers. Je boude quelquefois, *j'en conviens, pour la forme,* mais il arrive aussi, je t'assure, que je rage énergiquement de tout mon cœur, et je n'oublie plus l'offense.

Monsieur Lepic: Mais si, mais si, tu oublieras *ces taquineries.*

Poil de Carotte: Mais non, mais non. Tu ne sais pas tout, toi, tu restes si peu à la maison.

Monsieur Lepic: Je suis obligé de voyager.

Poil de Carotte (avec suffisance): Les *affaires* sont les affaires, mon papa. Tes *soucis* t'absorbent, tandis que maman, *c'est le cas de le dire,* n'a pas *d'autre chien* que moi *à fouetter.* Je *me garde de m'en prendre à* toi. Certainement *je n'aurais qu'à moucharder,* tu me protégerais. Peu à peu, puisque tu l'*exiges,* je te *mettrai au courant* du passé. Tu verras si j'exagère et si j'ai de la mémoire. Mais déjà, mon papa, je te prie de me conseiller.

Je voudrais me séparer de ma mère.

Quel serait, à ton avis, le moyen le plus simple?

Poil de Carotte *à la Comédie Française*

Monsieur Lepic: Tu ne la vois que deux mois par an, aux vacances.

Poil de Carotte: Tu devrais me permettre de les passer à la *pension.* J'y progresserais.

Monsieur Lepic: C'est une faveur réservée aux élèves pauvres. Le *monde* croirait que je t'abandonne. *D'ailleurs,* ne pense pas qu'à toi. En ce qui me concerne, *ta société me manquerait.*

Poil de Carotte: Tu viendrais me voir, papa.

Monsieur Lepic: Les promenades pour le plaisir coûtent cher, Poil de Carotte.

Poil de Carotte: Tu profiterais de tes voyages forcés. Tu ferais un petit détour.

Monsieur Lepic: Non. Je t'ai traité jusqu'ici comme ton frère et ta sœur, avec le *soin* de ne privilégier personne. Je continuerai.

Poil de Carotte: Alors, laissons mes études. Retire-moi de la pension, sous prétexte que j'y vole ton argent, et je choisirai un métier.

Monsieur Lepic: Lequel? Veux-tu que je te place comme apprenti chez un *cordonnier,* par exemple?

Poil de Carotte: Là ou ailleurs. Je gagnerais ma vie et je serais libre.

Monsieur Lepic: Trop tard, mon pauvre Poil de Carotte. Me suis-je imposé pour ton instruction de grands sacrifices, afin que tu *cloues des semelles?*

Poil de Carotte: Si pourtant je te disais, papa, que j'ai essayé de me tuer.

Monsieur Lepic: Tu *charges!* Poil de Carotte.

Poil de Carotte: Je te *jure* que pas plus tard qu'hier, je voulais encore me *pendre.*

Monsieur Lepic: Et te voilà. Donc tu n'en avais guère envie. Mais au souvenir de ton suicide manqué, tu *dresses* fièrement la tête. Tu t'imagines que la mort n'a *tenté* que toi. Poil de Carotte, l'*égoïsme* te perdra. Tu *tires toute la couverture.* Tu te crois seul dans l'univers.

Poil de Carotte: Papa, mon frère est heureux, ma sœur est heureuse, et si maman n'*éprouve* aucun plaisir à me taquiner, comme tu dis, je *donne* ma *langue au chat.* Enfin, pour ta part, tu domines et on te *redoute,* même ma mère. Elle ne peut rien contre ton bonheur. Ce qui prouve qu'il y a des gens heureux parmi l'espèce humaine.

Monsieur Lepic: Petite espèce humaine à tête carrée, tu *raisonnes pantoufle.* Vois-tu clair au fond des cœurs? Comprends-tu déjà toutes les choses?

Poil de Carotte: Mes choses à moi, oui, papa; du moins je *tâche.*

Monsieur Lepic: Alors, Poil de Carotte, mon ami, renonce au bonheur. Je te *préviens,* tu ne seras jamais plus heureux que maintenant, jamais, jamais.

Poil de Carotte: Ça promet.

Monsieur Lepic: Résigne-toi; *blinde*-toi, jusqu'à ce que *majeur et ton maître,* tu puisses t'*affranchir,* nous *renier* et changer de famille, sinon de caractère et d'humeur. D'ici là, essaie de *prendre le dessus, étouffe* ta *sen-*

sibilité et observe les autres, ceux même qui vivent le plus près de toi: tu t'amuseras; je te garantis des surprises consolantes.

Poil de Carotte: Sans doute, les autres ont leurs *peines.* Mais je les *plaindrai* demain. Je *réclame* aujourd'hui la justice *pour mon compte.* Quel *sort* ne serait préférable au mien? J'ai une mère. Cette mère ne m'aime pas et je ne l'aime pas.

—Et moi, crois-tu donc que je l'aime? dit avec brusquerie M. Lepic impatienté.

À ces mots, Poil de Carotte lève les yeux vers son père. Il regarde longuement son visage dur, sa barbe épaisse où la bouche est rentrée comme honteuse d'avoir trop parlé, son front *plissé,* ses *pattes d'oie* et ses *paupières* baissées qui lui donnent l'air de dormir en marche.

Un instant Poil de Carotte s'empêche de parler. Il a peur que sa joie secrète et cette main qu'il saisit et qu'il garde presque de force, tout ne *s'envole.*

Puis il ferme le *poing,* menace le village qui *s'assoupit* là-bas dans les *ténèbres,* et il lui crie avec *emphase*:

—Mauvaise femme! *te voilà complète.* Je te déteste.

—Tais-toi, dit M. Lepic, c'est ta mère, après tout.

—Oh! répond Poil de Carotte, redevenu simple et prudent, je ne dis pas ça parce que c'est ma mère.

Jules Renard, *Poil de Carotte*

Vocabulaire

ta dernière conduite = ta conduite la plus récente
il faut en finir = il faut mettre fin à cette situation
avouer = reconnaître comme vrai
s' **apercevoir de** = remarquer
bouder = se montrer mécontent
la **rancune** = le ressentiment qu'on garde d'une offense
déridé = sans rides (*wrinkles*), revenu à la joie
s' **occuper de** = faire attention à
j'en conviens = je l'avoue, je suis d'accord
pour la forme = pour l'apparence
ces taquineries (f) *this teasing*
avec suffisance = sûr de lui
les **affaires** (f) *business*
le **souci** = la préoccupation

c'est le cas de le dire c'est le moment de le dire
avoir d'autres chiens à fouetter *to have other fish to fry (lit., other dogs to whip)*
se **garder de** *to be careful not to*
s' **en prendre à** = blâmer
je n'aurais qu'à moucharder = si je mouchardais, si je dénonçais (ma mère)
exiger = demander avec insistance
mettre au courant = informer
la **pension** *boarding school*
le **monde** les gens, on
D'ailleurs *Besides*
ta société me manquerait = je regretterais ton absence
le **soin** = la sollicitude, l'attention
le **cordonnier** *shoemaker*
clouer des semelles *to nail soles*
charger = exagérer

jurer = affirmer solennellement
pendre *to hang*
dresser = lever
tenter = donner envie à
l' **égoïsme** (m) = la préoccupation de soi
tirer toute la couverture *to take more than one's share (lit., to grab all the blankets)*
éprouver = sentir
donner sa langue au chat *to give up (guessing)*
redouter = craindre
petite espèce humaine à tête carrée *you poor little blockhead*
raisonner pantoufle = raisonner très mal
tâcher = essayer
prévenir = mettre quelqu'un au courant de quelque chose à venir
Ça promet. *Some prospect!*
blinder *to armor-plate*
majeur et ton maître *adult and master of your fate*

s' **affranchir** = se libérer
renier = répudier
prendre le dessus = gagner l'avantage
étouffer = maîtriser, subjuguer
la **sensibilité** *sensitivity*
la **peine** = l'affliction
plaindre = avoir pitié de
réclamer = exiger, demander
pour mon compte = pour moi
le **sort** = la destinée
plissé *wrinkled*
les **pattes d'oie** (f) *crow's-feet (wrinkles at the outer corners of the eyes)*
la **paupière** *eyelid*
s' **envoler** = partir, disparaître
le **poing** *fist*
s' **assoupir** = dormir légèrement
les **ténèbres** (f) = l'obscurité
l' **emphase** (f) = l'exagération
te voilà complète *that completes the picture*

Intelligence du texte

1. Qu'est-ce qui explique la dernière conduite de Poil de Carotte?
2. Pourquoi est-ce que ça exaspère Poil de Carotte quand on dit qu'il boude?
3. Est-il toujours sérieux quand il boude? Est-ce que ce sont seulement les enfants qui boudent d'ordinaire?
4. Pourquoi M. Lepic n'est-il pas au courant de tout ce qui se passe à la maison? Est-ce que Poil de Carotte excuse l'absence de son père? A-t-il raison de l'excuser?
5. Qu'est-ce que Poil de Carotte voudrait faire? Comment propose-t-il de se séparer de sa mère?
6. Selon Poil de Carotte, les autres membres de sa famille sont-ils heureux? Qu'est-ce qui fait le bonheur de son père et de sa mère?
7. Quel conseil M. Lepic donne-t-il à son fils?
8. Qu'est-ce que M. Lepic révèle brusquement à son fils? Quelle est la réaction de Poil de Carotte?

Appréciation du texte

1. La dernière phrase du texte est celle-ci: «Je ne dis pas ça parce que c'est ma mère.» Quel est le sens de cette phrase?
2. Que pensez-vous des conseils que M. Lepic donne à son fils? Jugez de l'attitude du père d'après ce qu'il dit à Poil de Carotte.

3. Renard présente son récit sous forme de dialogue. Jouez les trois scènes suivantes entre le père et son fils:

a. début de la conversation où l'on discute la conduite de Poil de Carotte, sa bouderie et la situation actuelle dans la famille.

b. Poil de Carotte propose plusieurs façons de se séparer de sa mère; réactions du père.

c. on analyse l'égoïsme de Poil de Carotte; conseils du père; révélation finale de M. Lepic.

Victor Hugo

The French consider Victor Hugo (1802–85) one of their greatest poets. The non-French reader tends to know Hugo as the author of the monumental social novel, *Les Misérables* (1862), or as the creator of the famous hunchback of Notre-Dame, Quasimodo, in the historical novel, *Notre-Dame de Paris* (1831). In fact, Victor Hugo was not only a poet and novelist but a dramatist as well, who first achieved notoriety through the theater.

Still, it is through his poetry that Victor Hugo gained his greatest literary recognition. Capitalizing on the greater freedom afforded him by the new romantic concepts, Hugo developed grandiose imagery and rich rhythmical effects, while displaying an extraordinary grasp of the French language. He tried his hand at every conceivable poetic genre, running the gamut of poetic expression from the lyrical through the epic to the satirical. He remains an acknowledged master of poetic technique.

In the following poem, we gain insight into the intimate feelings of Victor Hugo, the father. While traveling through southern France in September 1843, he casually picked up a newspaper and read of the death by drowning of his beloved nineteen-year-old daughter, Léopoldine, and her young husband while boating on the Seine. Four years later, on the anniversary of her death, he wrote "Demain, dès l'aube."

Demain, dès l'aube

Demain, *dès l'aube*, à l'heure où *blanchit* la campagne,
Je partirai. Vois-tu, je sais que tu m'attends.
J'irai par la forêt, j'irai par la montagne,
Je ne puis demeurer loin de toi plus longtemps.

5   Je marcherai les yeux fixés sur mes pensées,
Sans rien voir au dehors, sans entendre aucun bruit,
Seul, inconnu, le dos *courbé*, les mains croisées,
Triste, et le jour pour moi sera comme la nuit.

Je ne regarderai ni *l'or* du soir qui tombe,
10   Ni les *voiles au loin* descendant vers *Harfleur*,
Et quand j'arriverai, je mettrai sur ta tombe
Un bouquet de *houx* vert et de *bruyère* en fleur.

Victor Hugo, *Les Contemplations*

Vocabulaire

dès l'aube *at the very break of day*
blanchir = devenir blanc
courbé *bent*
l' **or** (m) *gold*
la **voile** *sail*

au loin = à une grande distance
Harfleur petit port sur la Seine
le **houx** *holly*
la **bruyère** *heather*

Intelligence du texte

1. Dans la première strophe du poème, qu'est-ce qui indique que le poète est impatient de partir? Comment expliquez-vous cette impatience?
2. Qu'est-ce qui donne un caractère intime au deuxième vers?
3. Le poète apprécie-t-il la nature qui l'entoure? Pourquoi ou pourquoi pas?
4. Décrivez son attitude physique. Qu'est-ce qu'elle révèle?
5. Pourquoi le poète refuse-t-il de regarder les voiles au loin?
6. Quel est le but de son voyage? Qu'est-ce que le geste final indique?

Appréciation du texte

1. Dans ce poème Victor Hugo a employé des vers de douze syllabes. Comptez les douze syllabes de chaque vers. N'oubliez pas qu'en poésie les *e* muets sont prononcés sauf à la fin du vers ou devant une voyelle. Dans le poème, combien de syllabes y a-t-il dans les mots suivants: l'aube, l'heure, campagne, marcherai, pensées, dehors, entendre, triste, sera, comme, regarderai, tombe, voiles, arriverai, bruyère?
2. À la fin de la première strophe, quelle impression a le lecteur? De quel genre de rendez-vous s'agit-il? Est-ce que la deuxième strophe change cette impression? Si oui, à partir de quel vers? Quand est-ce que le lecteur reconnaît avec certitude la nature exacte du rendez-vous?
3. Étudiez la progression de la narration dans ce poème. Quelles expressions donnent une idée de la durée du voyage dans tout le poème?
4. Comment l'idée du 5e vers est-elle mise en relief par les sons et le rythme du vers?
5. Expliquez le sens du 8e vers.
6. Dans le 12e vers, quelle est l'importance du houx *vert* et de la bruyère *en fleur?*

Un fabliau du moyen âge

Few people question the obligations incumbent upon parents: if they bring children into the world, they must care for them. But what are the children's duties toward their aging parents? This theme is explored in «La housse partie» (The Divided Blanket), a medieval fabliau by an author known only as Bernier, dating from the thirteenth century. Very popular in the Middle Ages, the fabliau was a short tale in verse whose characters were not animals, as in the case of the fable, but humans: contemporary people in everyday scenes. There was much humor and satire,[L] often at the expense of deceived husbands, women, and priests. The fabliau could be quite bawdy—like those in Chaucer's *Canterbury Tales*—but it could also point out a serious moral.

The text that follows is a twentieth-century prose version translated from Old French verse. In the story a rich bourgeois negotiates a marriage for his only son. To ensure their daughter's security, the bride's family insists that the bourgeois surrender all his wealth and possessions to his son before the marriage. He agrees and the wedding takes place, following which he moves in with the young couple and lives with them for some twelve years. He now has a grandson.

Le vieillard rejeté

Le grand-père devint très vieux au point qu'il ne pouvait marcher qu'avec un *bâton*. Son fils *en vint à souhaiter* sa mort, parce qu'il lui *était à charge*; la dame, orgueilleuse et méchante, ne cessait de répéter à son mari: «Mon ami, par amour pour moi, je vous prie de *donner congé à* votre père. Sur la foi que je dois à l'âme de ma mère, je ne mangerai plus rien, tant que je le verrai chez nous. Au plus tôt, donnez-lui congé.»—«Dame, dit le mari, pour vous, je le ferai.»

Comme il *redoute* et craint sa femme, il va vite trouver son père et lui dit: «Père, allez-vous-en. Je ne sais que faire de vous, et de votre *séjour*; allez vivre ailleurs. On vous a *hébergé* et nourri en cet *hôtel* pendant plus de douze ans. Mais faites ce que vous voudrez; allez *où bon vous semblera*.»

Le vieillard l'entend, pleure et *maudit* tout le temps qu'il a vécu: «Ha Dieu! mon beau fils, que me dis-tu? Pour Dieu, laisse-moi me coucher près de la porte. Je ne te demande rien, ni feu, ni *couverture*, ni *tapis*, simplement un peu de *paille* sous cet *appentis*. »

«Beau sire père, dit le fils, pourquoi tant de sermons! faites vite, allez-vous-en; si ma femme entrait, elle serait en fureur.»

«Mon fils, où veux-tu que j'aille? Je n'ai même pas un poisson sans valeur.»

«Vous irez à travers Paris; il y a des milliers de gens qui trouvent bien leur subsistance. Vous aurez malchance si vous n'y découvrez votre nourriture. Essayez, beaucoup de gens, qui vous connaissent, vous prêteront leur hôtel.»

«Me le prêteront-ils, eux, alors que toi, mon fils, tu me refuses le tien?»

Le vieillard a tant de douleur, que *peu s'en faut* que son cœur ne *crève*. Il a grand peine à se lever, tant il est faible. Il quitte l'hôtel en pleurant.

«Mon fils, dit-il en partant, je te *confie* à Dieu, puisque tu veux que je m'en aille. Pourtant donne-moi un morceau de couverture (ce n'est pas une chose bien chère) pour me défendre contre le froid. Il ne me reste, pour me couvrir, qu'une robe; le froid, c'est la chose que je crains le plus.»

Et le fils qui refuse de donner, lui dit: «Je n'en ai pas, mon père. Où la prendre? où la voler?»

«Beau doux fils, tout le cœur me tremble et je crains tant le froid. Donne-moi une de tes couvertures de cheval?» Le fils voit qu'il ne *se débarrassera de* son père qu'en lui *baillant* quelque chose.

Il appelle son enfant, qui vite *accourt:* «Que voulez-vous, père?»

«Mon fils, l'*étable* est ouverte; apporte à ton grand-père une couverture, qui est sur mon cheval noir. Il s'en fera un *manteau;* choisis la meilleure.»

L'enfant, qui était de bon vouloir, dit: «Venez avec moi, grand-père.» Le *prud'homme* suit tristement, *péniblement* son petit-fils.

L'enfant a trouvé une couverture, la plus grande, la plus neuve, la meilleure. Il la *plie* en deux, la *partage* avec un couteau du mieux qu'il peut et en donne une moitié à son grand-père.

«Qu'en ferai-je, mon enfant? Pourquoi l'as-tu partagée en deux? Tu l'as fait à grande cruauté. Ton père me l'avait promise entière. J'irai me plaindre auprès de lui.»

«Allez où vous voudrez, vous n'aurez rien de plus de moi.»

Le vieillard quitte l'étable et va droit à son fils: «Va voir comment on respecte tes ordres. Corrige ton enfant qui ne te redoute, ni te craint. Tu ne t'aperçois pas qu'il retient la moitié de la couverture.»

«Va, dit le père à son enfant, Dieu t'inspire mauvais *dessein,* donne-la-lui tout entière.»

«Je ne le ferai certainement pas. De quoi vous plaignez-vous? je vous en garde la moitié. Si un jour j'en suis le maître, vous n'en aurez pas davantage; je vous la partagerai. Comme il vous donna autrefois tout son *avoir*, je veux le vôtre pour moi-même. Vous n'obtiendrez de moi que ce que vous lui avez abandonné. Vous le laissez mourir dans la misère. Si je vis, vous mourrez pauvre.»

Le père se met à soupirer. Il réfléchit aux paroles de son enfant. Il a compris la leçon. Tournant ses regards vers le prud'homme, il lui dit: «Restez ici; c'est le diable qui m'avait *tendu un piège*. S'il plaît à Dieu, cela ne sera pas. Je vous fais à toujours le seigneur et le maître de cet hôtel. Si ma femme ne veut pas céder, je vous ferai bien servir *ailleurs*. Vous aurez une couverture et un *oreiller*. Et par saint Martin, je vous le redis, je ne boirai de vin, ni ne mangerai bonne nourriture que si vous en avez autant; vous aurez une chambre bien fermée, un bon feu de cheminée, une robe riche comme la mienne. Vous fûtes bon, *vis-à-vis de* moi. Par vous, beau doux père, je reçus tout votre avoir.»

Bernier, «La housse partie»

Vocabulaire

le **bâton** *staff*
en venir à souhaiter = finir par désirer
être à charge *to be a burden*
donner congé à = faire partir
redouter = avoir peur de
le **séjour** = résidence prolongée
hébergé = logé
l' **hôtel** (m) = maison somptueuse
où bon vous semblera = où il vous plaira
maudire = condamner, exprimer sa colère contre
la **couverture** *blanket*
le **tapis** *rug*
la **paille** *straw*
l' **appentis** (m) *lean-to, shed*
peu s'en faut . . . crève = son cœur a presque crevé (**crever** = *to break*)
confier = remettre à la protection de

se **débarrasser de** = se libérer de
bailler (obsolete) = donner
accourir = venir en courant
l' **étable** (f) *stable*
le **manteau** *cloak*
le **prud'homme** (obsolete) = homme sage et honnête
péniblement = avec peine, avec souffrance
plier *to fold*
partager = diviser
le **dessein** = l'intention
l' **avoir** (m) = la propriété
tendre un piège à *to set a trap for*
ailleurs = en un autre lieu
l' **oreiller** (m) *pillow*
vis-à-vis de = envers

Intelligence du texte

1. Indiquez l'état de santé du vieillard.
2. Pourquoi son fils souhaite-t-il sa mort?
3. Quelle demande la dame répète-t-elle à son mari?

4. Pourquoi le mari obéit-il à sa femme?
5. Quelle est la réaction du vieillard quand on lui demande de s'en aller?
6. Quelle prière adresse-t-il à son fils?
7. Selon le fils, comment le père va-t-il trouver une nouvelle demeure?
8. Quelle est la réponse du vieillard à cette suggestion?
9. Qu'est-ce que le vieillard demande à son fils en partant?
10. Qu'est-ce que le viellard craint le plus?
11. Comment le fils va-t-il pouvoir se débarrasser de son père?
12. Qu'est-ce que l'enfant va chercher à l'étable?
13. Que fait l'enfant ensuite?
14. Comment l'enfant explique-t-il ses actions?
15. Comment sait-on que le père réfléchit bien aux paroles de son enfant?

Appréciation du texte

1. Très souvent le fabliau se termine par une morale. Écrivez en deux ou trois phrases la morale de «La housse partie.» Puis comparez votre version à la conclusion authentique que vous trouverez à la fin de ce chapitre (page 47). Êtes-vous d'accord avec la pensée de l'auteur? Expliquez.
2. Généralement, le fabliau se caractérise par l'humour et la satire.[L] En trouvez-vous dans «La housse partie,» ou fait-il exception?
3. Dans ce petit drame il y a quatre personnages: le grand-père, le père, la mère et le fils. Avec l'aide d'un narrateur qui établira le cadre de l'action et qui annoncera la morale à la fin, préparez une représentation de «La housse partie.» Il n'est pas nécessaire d'utiliser les paroles mêmes du texte mais il faut rester fidèle à l'esprit du passage.

Exercice de grammaire

*Complétez, si nécessaire, par l'*article défini, indéfini *ou* partitif.

1. Le père de Poil de Carotte reste tres peu à _____ maison.
2. Il doit voyager beaucoup parce que _____ affaires sont _____ affaires.
3. Poil de Carotte est _____ pensionnaire; la pension où il habite n'est pas pour _____ élèves pauvres.
4. Qu'est-ce que _____ monde croirait si on retirait Poil de Carotte de la pension?
5. Le père refuse de placer son fils comme _____ apprenti chez un cordonnier parce qu'il s'est imposé _____ grands sacrifices pour son instruction.
6. Il y a pourtant _____ gens heureux dans ce monde.
7. On recommande à Poil de Carotte d'observer _____ autres et il aura _____ surprises consolantes.
8. Poil de Carotte dresse _____ tête, ferme _____ poing et ouvre _____ bouche pour réclamer _____ justice.
9. Le poète marchera _____ yeux fixés sur ses pensées.

10. Il aura _____ dos courbé et _____ mains croisées.

11. Pour lui, _____ jour sera comme _____ nuit.

12. Le poète sait qu'il est _____ père et qu'il le sera toujours.

13. _____ bons parents ont toujours beaucoup _____ amour pour leurs enfants.

14. La dame prie son mari de donner _____ congé au vieillard.

15. Le grand-père ne demande ni _____ feu, ni _____ couverture, ni _____ tapis.

16. Il veut simplement un peu de _____ paille près de _____ porte.

17. _____ milliers de _____ gens trouvent bien leur subsistance à Paris.

18. On va laisser mourir le vieillard dans _____ misère.

19. Le fils croyait que beaucoup de _____ gens prêteraient leur hôtel à son père.

20. Le vieillard a tant de _____ douleur qu'il quitte l'hôtel en pleurant.

Vocabulaire satellite: La famille

le **chef de famille** *head of the family*
aîné *elder*
cadet *younger*
plus âgé *older*
le **jumeau** ⎤
la **jumelle** ⎦ *twin*
l' **enfant unique** (m, f) *only child*
majeur *of full legal age, of age*
mineur *not of full legal age, under age*

le **beau-père** *father-in-law*
la **belle-mère** *mother-in-law*
le **gendre** *son-in-law*
la **belle-fille** *daughter-in-law*

l' **orphelin(e)** (m, f) *orphan*
le **veuf** *widower*
la **veuve** *widow*

se **marier avec** *to marry*
se **charger de** *to take upon oneself*
s' **entraider** *to help one another*

le **foyer** *"home"*
l' **esprit de famille** (m) *family spirit*
le **bien-être** *well-being*
la **conduite** *conduct, behavior*

élever un enfant *to raise a child*
se **dévouer à** *to devote oneself to*
gâter un enfant *to spoil a child*
il (elle) me manque *I miss someone or something*
avoir droit à *to have a right to*
obéir, désobéir à *to obey, to disobey*
gronder *to scold*
bouder *to sulk*

le **manque de communication** *lack of communication*

le **fossé entre les générations** *generation gap*

combler un fossé *to bridge a gap*

la **qualité** *good quality, virtue*

le **défaut** *bad quality, defect*

vieillir *to grow old*

le **grand âge** *old age*

la **maison de repos** *rest home*

Pratique de la langue

1. À votre avis, est-ce qu'une mère ou un père doit mériter l'amour de son enfant, ou est-ce que l'amour filial est quelque chose de tout à fait naturel auquel les parents ont droit? Est-ce qu'un enfant doit juger sa mère et son père comme il juge les autres personnes?

2. Est-ce que ce prétendu (*alleged*) fossé entre les générations dont on parle tant existe véritablement? Si oui, citez des exemples précis. Y a-t-il, par exemple, certains sujets que vous n'osez pas aborder (*take up*) avec vos parents? Lesquels? Pourquoi? Ce fossé est-il donc inévitable? Comment le combler?

3. Faites le portrait de votre famille actuelle. Quel est le rôle de chacun des membres? Quelles sont les qualités qui contribuent à l'unité de la famille?

4. Dressez le bilan (*balance sheet*) de votre famille. Dans la colonne gauche énumérez les reproches que vous adressez à vos parents. Dans la colonne droite comptez les compliments que vous devez leur faire. Puis adoptez la perspective de vos parents et tâchez de vous évaluer vous-même (toujours en deux colonnes) comme eux le feraient.

5. Peut-on concevoir une vie de famille intime où chacun des membres conserve pourtant son indépendance? Décrivez une telle situation.

6. Pour qu'il y ait une famille, faut-il qu'il y ait des enfants? Expliquez.

7. Croyez-vous que de nos jours c'est au détriment des enfants que père et mère ont tous deux un travail qui les éloigne (*takes them away from*) de la maison? Est-ce que la vie de famille en souffre?

Sujets de discussion ou de composition

1. Quelles sont, à votre avis, les qualités d'une mère et d'un père idéals? Est-il possible d'être trop bon? Tracez le portrait d'une mère qui est trop bonne.

2. Voulez-vous être vous-même parent un jour? Est-ce qu'on est né parent ou est-ce qu'un bon parent se forme petit à petit? En quoi consistera votre formation? Comment comptez-vous préparer votre futur rôle?

3. Le grand âge présente certains problèmes de nos jours à cause de la longévité. Que fait-on des vieux aujourd'hui? Est-ce que les solutions actuelles vous semblent bonnes? Si non, proposez-en d'autres.

4. À débattre: «La famille n'est plus la base de la société.»

Conclusion de «La housse partie»

Seigneurs, vous trouvez ici une preuve évidente que le fils *sortit* son père de la mauvaise *voie* où il était engagé. Tous ceux qui ont des enfants à marier doivent s'en inspirer.

Ils ne doivent jamais oublier que les enfants sont sans pitié. Ils se condamnent aux plus cruels *ennuis,* s'ils ne peuvent *se suffire* à eux-mêmes. S'ils commettent l'erreur de donner leurs biens à *autrui,* ils doivent s'en corriger.

Bernier, qui est un maître en la matière, leur fournit un exemple dans ce fabliau. *Qu'ils* en profitent.

Vocabulaire

sortir = délivrer
la **voie** = le chemin
les **ennuis** (m) = les préoccupations, les
  difficultés

se **suffire** *to support oneself*
autrui = les autres
Qu'ils *Let them*

2ème Partie:
Modes de vie

4 : Ville et campagne

Charles Baudelaire

Charles Baudelaire (1821–67) is known the world over for his collection of poems, *Les Fleurs du mal* (1857), in which he examined in great detail his inner moods and torments. Baudelaire had a special name—*spleen*—for the profound anguish that plagued him: an anguish nourished by his unattainable ideals, his financial difficulties, his lack of religious faith, his acute awareness of mortality. He was haunted by the idea of time slipping away, carrying with it his unfulfilled aspirations. In alcohol and drugs he sought deliverance, however temporary, from his spleen, but realized that perhaps death alone held the answer. His poetry often expresses dreams of traveling to a distant world—the world of artistic pleasure—in yet another effort at escape.

 Les Fleurs du mal do not constitute all of Baudelaire's work, though in his own time they gave him notoriety: brought into court by the authorities, he was forced to withdraw from the volume six poems that were sexually explicit in content. Even before *Les Fleurs du mal,* however, Baudelaire had earned a reputation as one of the first modern art critics. He had also translated into French most of the short stories of Edgar Allan Poe, with whom he felt a particular kinship. But what remains as one of his most important innovations is *Le Spleen de Paris,* published posthumously in 1869. This work consists of some fifty "petits poèmes en prose," an emerging genre that Baudelaire was among the first to develop. In the dedication of *Le Spleen de Paris,* Baudelaire states: "Quel est celui de nous qui n'a pas, dans ses jours d'ambition, rêvé le miracle d'une prose poétique, musicale sans rythme et sans rime, assez souple et assez heurtée (*rich in contrasts*) pour s'adapter aux mouvements lyriques de l'âme, aux ondulations de la rêverie, aux soubresauts (*jolts*) de la conscience? C'est surtout de la fréquentation des villes énormes, c'est du croisement (*meshing*) de leurs innombrables rapports que naît cet idéal obsédant." Baudelaire was thus one of the first major writers whose work was inspired by the modern city. He loved the city as a perfectly artificial creation not of nature but of man.

Charles Baudelaire

In "Le Mauvais Vitrier," a selection from *Le Spleen de Paris*, Baudelaire offers not only a glimpse of one of the glaziers who once walked the streets of Paris, their glass panes on their back, crying their wares, but also an insight into the character of one eccentric Parisian: Charles Baudelaire.

Le mauvais vitrier

Il y a des natures purement contemplatives et tout à fait impropres à l'action, qui cependant, sous une impulsion mystérieuse et inconnue, *agissent* quelquefois avec une rapidité dont elles se seraient crues elles-mêmes incapables.

Le moraliste et le médecin, qui *prétendent* tout savoir, ne peuvent pas expliquer d'où vient si *subitement* une si folle énergie a ces âmes paresseuses et voluptueuses, et comment, incapables d'accomplir les choses les plus simples et les plus nécessaires, elles trouvent à une certaine minute un courage de luxe pour exécuter les actes les plus absurdes et souvent même les plus dangereux.

Un de mes amis, le plus inoffensif rêveur qui ait existé, a mis une fois le feu a une forêt pour voir, disait-il, si le feu prenait avec autant de facilité qu'on l'affirme généralement. Dix fois de suite, *l'expérience manqua;* mais, à la onzieme, elle réussit beaucoup trop bien.

Un autre allumera un cigare a côté d'un *tonneau* de *poudre*, pour voir, pour savoir, pour tenter la destinée, pour *se contraindre* lui-même à *faire preuve* d'énergie, pour faire le *joueur*, pour connaître les plaisirs de l'anxiété, pour rien, par caprice, *par désœuvrement*.

J'ai été plus d'une fois victime de ces crises et de ces *élans*, qui nous autorisent à croire que des Démons malicieux *se glissent* en nous et nous font accomplir, *à notre insu*, leurs plus absurdes *volontés*.

Un matin je m'étais levé *maussade*, triste, fatigué d'*oisiveté*, et poussé, me semblait-il, à faire quelque chose de grand, une *action d'éclat*; et j'ouvris la fenêtre, hélas!

La première personne que j'aperçus dans la rue, ce fut un vitrier dont le cri perçant, discordant, monta jusqu'à moi à travers la lourde et sale atmosphère parisienne. Il me serait d'ailleurs impossible de dire pourquoi je fus pris *à l'égard de* ce pauvre homme d'une *haine* aussi soudaine que despotique.

«—Hé! hé!» et je lui criai de monter. Cependant je réfléchissais, non sans quelque gaieté, que, la chambre étant au sixième étage et l'escalier *fort étroit*, l'homme devait *éprouver* quelque peine à opérer son ascension et *accrocher en maint endroit* les angles de sa fragile marchandise.

Enfin il parut: j'examinai curieusement toutes ses *vitres*, et je lui dis: «—Comment? vous n'avez pas de *verres* de couleur? des verres roses, rouges, bleus, des vitres magiques, des vitres de paradis? Impudent que vous êtes! vous osez vous promener dans des quartiers pauvres, et vous n'avez pas même de vitres qui fassent voir la vie en beau!» Et je le poussai vivement vers l'escalier, où il *trébucha* en *grognant*.

Je m'approchai du balcon et je me saisis d'un petit pot de fleurs, et quand l'homme reparut *au débouché de la porte*, je laissai tomber perpendiculairement mon engin de guerre sur le *rebord* postérieur de ses *crochets*; et le choc le renversant, il *acheva* de *briser* sous son dos toute sa pauvre fortune ambulatoire qui rendit le bruit éclatant d'un palais de cristal *crevé* par la *foudre*.

Et, *ivre* de ma folie, je lui criai furieusement: «La vie en beau! la vie en beau!»

Ces plaisanteries nerveuses ne sont pas sans péril, et on peut souvent les payer cher. Mais qu'importe l'éternité de la damnation *à qui a trouvé* dans une seconde l'infini de la *jouissance?*

Charles Baudelaire, *Le Spleen de Paris*

Vocabulaire

le **vitrier** *glazier, glassman*
agir = faire quelque chose
prétendre = affirmer
subitement = soudain, tout à coup
l' **expérience manqua** *the experiment failed*
le **tonneau** *keg*

la **poudre** *gunpowder*
se **contraindre** = se forcer
faire preuve de = manifester
le **joueur** *gambler*
par désœuvrement = n'ayant rien à faire
l' **élan** (m) = l'inclination soudaine

se **glisser** *to slip, to steal*
à notre insu = sans que nous le sachions
la **volonté** = le caprice
maussade *glum, sullen*
l' **oisiveté** (f) = le désœuvrement
une **action d'éclat** = une action brillante
à l'égard de = envers
la **haine** = l'aversion
fort étroit *very narrow*
éprouver = sentir
accrocher en maint endroit *to catch in many spots*
la **vitre** *windowpane*

le **verre** *glass*
trébucher *to stumble*
grogner = murmurer entre les dents
au débouché de la porte *in the doorway*
le **rebord** *rim*
le **crochet** *rack (for carrying panes on his back)*
achever de = finir de
briser *to smash*
crevé *shattered*
la **foudre** *thunderbolt*
ivre *drunk*
à qui a trouvé = à celui qui a trouvé
la **jouissance** = le plaisir

Intelligence du texte

1. Qu'est-ce que le moraliste et le médecin ne peuvent pas expliquer?
2. Pourquoi un des amis du narrateur a-t-il mis le feu à une forêt? Est-ce que son expérience a réussi?
3. Quels motifs peuvent bien porter une personne à allumer un cigare à côté d'un tonneau de poudre?
4. Quel était l'état d'esprit du narrateur en se levant un bon matin?
5. Qu'est-ce qui a attiré son attention sur le vitrier?
6. Quel sentiment est né spontanément chez lui à l'égard de ce pauvre homme? Avez-vous jamais eu une réaction spontanée devant une personne? Est-ce que cette réaction a été juste?
7. Expliquez la gaieté du narrateur pendant qu'il faisait monter le vitrier.
8. Quel reproche lui a-t-il fait?
9. Décrivez ce que le narrateur a fait quand le vitrier a reparu au débouché de la porte.
10. Pour quelle raison le narrateur a-t-il risqué une telle aventure? Êtes-vous d'accord avec les sentiments de la derniere phrase? Expliquez.

Appréciation du texte

1. Quelle est l'image de la ville que nous donne Baudelaire?
2. Décrivez vos sentiments à l'égard du narrateur. Comment est-il? Quels termes influencent votre attitude?
3. «Le Mauvais Vitrier» est un des *Petits Poèmes en prose*. Qu'est-ce qu'il y a de poétique dans cette prose?
4. Que signifie, à votre avis, l'expression «la vie en beau»?
5. On a signalé dans «Le Mauvais Vitrier»—comme dans d'autres textes de la littérature moderne—ce qu'on appelle l'*humour noir:*[L] c'est-à-dire, l'humour qui n'est ni rose ni gris (ni gai ni mélancolique) mais désespéré,

troublant, malicieux, cruel. Il provoque le rire sans y participer, car c'est une forme de colère, de revanche, un moyen de s'adapter à un monde hostile ou absurde. Trouvez-vous qu'il y a de l'humour noir dans ce texte? Citez-en des exemples. Contre quoi cet esprit de colère et de revanche s'exerce-t-il? Comment permet-il au poète de «s'adapter» au monde?

Paul Verlaine

The poetry of Paul Verlaine (1844–96) has appealed to a large number of readers because of its sincere inspiration and extraordinary musical quality. Verlaine advocated a poetry devoid of rhetorical devices and enhanced by harmony and rhythm— a theory that he set forth in a short poem entitled *Art poétique* (1874).

Much of the interest in Verlaine's poetry is due not only to the remarkable qualities of the form, but also to the personal nature of the ideas. In his verse the poet often reveals his efforts to overcome human weakness and respond to a deeply felt idealism. These personal struggles are perhaps best illustrated by his well-documented adventure with the brilliant young poet, Arthur Rimbaud. In 1871 Verlaine deserted his wife and infant son to embark, with the seventeen-year-old Rimbaud, on a stormy two-year odyssey—a frenzied venture into poetic discovery and achievement, homosexual passion, moral anarchy, drugs and dissipation—which ended with Verlaine in a Belgian prison after he had fired two shots at his friend in a drunken frenzy. Sentenced to two years of confinement, Verlaine had plenty of time to reflect on his situation and he opted for a return to his Catholic faith. His best intentions, however, were not strong enough to enable him to persevere; eventually he ruined himself in dissipation, dying a miserable death in 1896.

The following poem was written in 1873 while Verlaine was still in prison. It was later published as part of the collection *Sagesse* (1881). In the isolation of his cell, the poet looks out through a skylight and catches a glimpse of the sky and the branch of a tree.

Le ciel est par-dessus le toit

Le ciel est, *par-dessus le toit,*
    Si bleu, si calme!
Un arbre, par-dessus le toit,
    Berce sa palme.

5 La cloche dans le ciel qu'on voit
    Doucement *tinte.*
Un oiseau sur l'arbre qu'on voit
    Chante sa plainte.

Mon Dieu, mon Dieu, la vie est là,
10   Simple et tranquille.
Cette *paisible rumeur*-là
        Vient de la ville.

—Qu'as-tu fait, *ô toi que voilà*
        Pleurant sans cesse,
15 Dis, qu'as-tu fait, toi que voilà,
        De ta jeunesse?

Paul Verlaine, *Sagesse*

Vocabulaire

par-dessus le toit *above the roof*
bercer *to sway*
tinter *to toll*

paisible rumeur bruit indistinct et tranquille
ô toi que voilà *you there!*

Intelligence du texte

1. Quelles sont les deux choses que le poete voit dans la premiere strophe? Quelle atmosphere crée-t-il dans cette strophe?
2. À quels sens fait-il appel dans la deuxième strophe? Est-ce que les éléments de cette deuxième strophe rappellent certains éléments de la première? Est-ce que cette strophe maintient l'atmosphère de la première? Est-ce qu'elle y ajoute une autre nuance?
3. Quelle découverte le poète fait-il dans la troisième strophe?
4. Qu'est-ce que le trait (*dash*) au début du treizième vers indique? Quelle est cette voix qui parle? Est-ce Dieu, est-ce la conscience du poète, est-ce . . . ? Quelle question pose cette voix? Quelle est l'attitude du poète?

Appréciation du texte

1. Combien de vers y a-t-il dans ce poème? En combien de strophes sont-ils divisés? Combien de syllabes y a-t-il dans chaque vers?
2. Pour créer une atmosphère douce et tranquille, Verlaine emploie une prépondérance de sons doux. Soulignez l'usage des consonnes suivantes dans le poème: l, s, r, ch, v, m. Soulignez aussi les voyelles nasales: $/\tilde{a}/$, $/\tilde{\epsilon}/$, $/\tilde{o}/$. Quelles répétitions dans les deux premières strophes aident à créer une atmosphère tranquille et harmonieuse?
3. Faites une lecture à haute voix qui révèle aux autres membres de la classe votre compréhension et votre appréciation du poème.

4. Dans ce poème, est-ce que ce sont les éléments de la ville ou ceux de la campagne qui dominent? Est-ce que ces éléments ont une valeur symbolique? Qu'est-ce que la ville et la campagne représentent dans la vie du poète?

Robert Desnos

Robert Desnos[1] (1900–45) was one of the first surrealists in the 1920s. Surrealism[L] was a literary and artistic movement that sought to express the actual functioning of the human mind "automatically," without the artificial external controls of reason, aesthetics, or morality. Desnos proved to be a very gifted medium who could sink at will into his unconscious by means of hypnotic dreams. The intangible links between the dream world and reality consistently fascinated him, and he later turned to radio and motion pictures as other means of studying them. During the Nazi occupation in World War II Desnos joined the French Resistance, and worked especially on underground publications. In 1944 the Gestapo arrested and imprisoned him, first on French soil, then in the notorious concentration camp of Buchenwald and eventually, as the Allies advanced, in Czechoslovakia, where he died of typhus just one month after the liberation of the prison camp.

Surrealism did not mark all of Desnos's literary production. Some of his poems give free rein to a personal lyricism that reflects his basic optimism and intense love of life. In the poem entitled "10 juin 1936" a pastoral setting inspires considerations on life, death, love, happiness, and misery, with a subtle final implication of the time-honored *carpe diem* theme: seize the day.

[1] The two *s*'s are pronounced: [dɛsnɔs].

10 juin 1936

Au *détour* du chemin
Il étendit la main,
Devant le beau matin.

Le ciel était si clair
5 Que les nuages dans l'air
Ressemblaient à l'*écume* de la mer.

Et la fleur des pommiers
Blanchissait dans les *prés*
Où *séchait* le *linge* lavé.

10 La *source* qui chantait,
Chantait la vie qui passait
Au long des prés, au long des *haies*.

Et la forêt à l'horizon,
Ou verdissait le *gazon,*
15 Comme une cloche était pleine de sons.

La vie était si belle,
Elle entrait si bien dans ses *prunelles*
Dans son cœur et dans ses oreilles,

Qu'il éclata de rire:
20 Il rit au monde et aux soupirs
Du vent dans les arbres en fleur.

Il rit a l'odeur de la terre,
Il rit au linge des *lavandières,*
Il rit aux nuages passant dans l'air.

25 Comme il riait en haut de la *colline,*
Parut la fille *de belle mine*
Qui venait de la maison voisine.

Et la fille rit aussi
Et quand son rire *s'évanouit*
30 Les oiseaux chantaient à nouveau.

Elle rit de le voir rire
Et les *colombes* qui *se mirent*
Dans le bassin aux calmes eaux

Écouterent son rire
35 Dans l'air s'évanouir.

Jamais plus ils ne se revirent.

Elle passa souvent sur le chemin
Où l'homme tendit la main
À la lumiere du matin.

40 Maintes fois il se souvint d'elle
Et sa mémoire trop fidèle
Se reflétait dans ses prunelles.

Maintes fois elle se souvint de lui
Et dans l'eau profonde du *puits*
45 C'est son visage qu'elle revit.

Les ans passerent un à un
En pâlissant comme au matin
Les cartes qu'un joueur tient dans sa main.

Tous deux *pourrissent* dans la terre,
50 *Mordus* par les *vers* sinceres.
La terre *emplit* leur bouche pour les faire taire.

Peut-être s'appelleraient-ils dans la nuit,
Si la mort n'avait horreur du bruit:
Le chemin reste et le temps fuit.

55 Mais chaque jour le beau matin
Comme un œuf tombe dans la main
Du passant sur le chemin.

Chaque jour le ciel est si clair
Que les nuages dans l'air
60 Sont comme l'écume sur la mer.

Morts! *Épaves sombrées* dans la terre,
Nous ignorons vos miseres
Chantées par les *solitaires*.

Nous nageons, nous vivons,
65 Dans l'air pur de chaque saison.
La vie est belle et l'air est bon.

Robert Desnos, *Fortunes*

Vocabulaire

le **détour** *bend*
l' **écume** (f) *foam*
le **pré** *meadow*
    sécher *to dry*
le **linge** *laundry; in France, peasant women still wash clothes in streams and dry them on the ground*
la **source** *spring (of water)*
la **haie** *hedge*
le **gazon** *grass*
la **prunelle** *pupil (of the eye)*
la **lavandière** *washerwoman*
la **colline** *hill*

de belle mine = *belle*
s' **évanouir** = *disparaître*
la **colombe** *dove*
se **mirer** = *s'admirer (comme dans un miroir)*
le **puits** *well*
    pourrir *to rot*
    mordu *bitten*
le **ver** *worm*
    emplir = *rendre plein*
    épaves sombrées *wreckage sunk*
le **solitaire** *religieux qui vit dans la solitude*

Intelligence du texte

1. Pourquoi le jeune homme du poème a-t-il étendu la main?
2. Jusqu'à quel point le ciel était-il clair?
3. Quel rapport y a-t-il entre la fleur des pommiers et le linge lavé?
4. Que faisait la source?
5. À quoi le poète compare-t-il la forêt? Expliquez la comparaison.
6. Comment la vie entrait-elle dans l'homme?
7. À quoi a-t-il ri?
8. À quel moment a paru la fille de belle mine?
9. Pourquoi la fille a-t-elle ri?
10. Quand se sont-ils revus?
11. Comment sait-on qu'ils se sont souvenus l'un de l'autre?
12. Comment sont-ils maintenant?
13. Pourquoi ne s'appellent-ils pas dans la nuit?
14. Qu'est-ce qui se passe chaque jour?
15. De qui ignorons-nous les misères?
16. Pourquoi nageons-nous, pourquoi vivons-nous?

Appréciation du texte

1. La comparaison joue un rôle important dans la poésie. Quelles sont les comparaisons qu'emploie le poète dans ce poème? Expliquez chacune d'elles.
2. Un des thèmes importants de ce poème, c'est la permanence, que le poète développe par contraste. Faites voir ce contraste en dressant une liste d'éléments permanents et d'éléments éphémères.

3. Montrez la façon dont Desnos fait appel aux sens dans l'appréciation de la campagne.
4. Les vers de ce poème sont groupés en tercets. Y a-t-il une exception? Pour quelle raison?
5. Quel est le rôle du rire dans ce poème? De quel genre de rire s'agit-il?
6. Quel est le thème central de ce poème?
7. Pourquoi le poète commence-t-il à employer le pronom ''nous'' dans les deux derniers tercets?

Exercices de grammaire

I. *Mettez les verbes en italiques au* **passé composé.**

Je *me lève* triste et maussade ce matin. Presque insensiblement des démons malicieux *se glissent* en moi pour me faire accomplir leurs plus absurdes volontés. D'abord je ne *me crois* pas capable de telles actions. Je *m'approche* cependant du balcon pour me contraindre à agir. Un vitrier *se promène* au même instant sous la fenêtre. Voilà ma victime!

II. *Mettez les verbes en italiques au* **passé composé.**

Un matin je m'étais levé maussade, triste, fatigué d'oisiveté, et poussé, me semblait-il, à faire quelque chose de grand, une action d'éclat; et j'*ouvris* la fenêtre, hélas!

La première personne que j'*aperçus* dans la rue, ce *fut* un vitrier dont le cri perçant, discordant, *monta* jusqu'à moi à travers la lourde et sale atmosphère parisienne. Il me serait d'ailleurs impossible de dire pourquoi je *fus* pris à l'égard de ce pauvre homme d'une haine aussi soudaine que despotique. Je lui *criai* de monter.

Enfin il *parut*; j'*examinai* curieusement toutes ses vitres, et je lui *dis:* «—Comment? vous n'avez pas de verres de couleur?» Et je le *poussai* vivement vers l'escalier, où il *trébucha* en grognant.

III. *Ecrivez les verbes suivants à* **l'imparfait** *ou au* **passé composé,** *comme il convient.*

Un prisonnier se trouve tout seul dans sa cellule. Il regarde par une petite fenêtre et il voit le ciel qui est très bleu et calme. Il voit aussi un arbre qui berce sa palme. Il entend une cloche qui tinte doucement et un oiseau qui chante sa plainte. Il y a aussi une paisible rumeur qui vient de la ville. Pendant qu'il voit et entend toutes ces choses, le prisonnier se demande pourquoi il est là. Petit à petit le regret l'envahit (*spreads over him*) et son attitude change. C'est le commencement d'une vie nouvelle.

IV. *Complétez les phrases suivantes à* **l'imparfait** *ou au* **passé composé,** *comme il convient.*

1. Le ciel _____ (*was*) si clair que les nuages _____ (*resembled*) à l'écume de la mer.
2. Le linge lavé _____ (*was drying*) dans les prés.
3. La forêt _____ (*was*) pleine de sons.
4. La vie _____ (*was*) si belle qu'il _____ (*burst out*) de rire.
5. Comme il _____ (*was laughing*), une jeune fille _____ (*appeared*).
6. Elle aussi _____ (*laughed*) quand elle _____ (*saw*) rire le jeune homme.
7. Ils _____ (*never saw each other again*).
8. Maintes fois il (*remembered*) d'elle.
9. Les ans _____ (*passed*) un à un.
10. Ils _____ (*did not call to one another*) dans la nuit parce que la mort _____ (*had a horror*) du bruit.
11. Le chemin _____ (*has remained*) et le temps _____ (*has fled*).

Vocabulaire satellite: Ville et campagne

La ville

le **citadin** *city dweller*
le **piéton** *pedestrian*
la **foule** *crowd*
le **clochard** *bum*

le **quartier** *neighborhood*
les **taudis** (m) *slums*
l' **immeuble** (m) *apartment building*
le **gratte-ciel** *skyscraper*
le **grand magasin** *department store*

le **trottoir** *sidewalk*
le **métro** *subway*
la **circulation intense** *heavy traffic*
l' **embouteillage** (m) *traffic jam*

se **précipiter** *to rush*
bousculer *to jostle*

les **commodités** (f) *conveniences*
les **distractions** (f) *recreation, entertainment*
le **train de vie** *way of life, life-style*
le **trafic des stupéfiants** *drug traffic*
la **vie culturelle** *cultural life*

la **vie anonyme** *impersonal life, anonymity*

La campagne

le **campagnard** *country dweller*
le **paysan** *farmer*

la **ferme** *farm*
le **champ** *field*
le **pré** *meadow*
la **plage** *beach*

la **terre** *earth*
la **montagne** *mountain*
la **colline** *hill*
le **ciel** *sky*
l' **arbre** (m) *tree*
l' **oiseau** (m) *bird*

se **détendre** *to relax*
se **baigner** *to go swimming*
se **promener** *to stroll*
s' **égarer** ⎤
se **perdre** ⎦ *to get lost*

l' **innocence** (f) *innocence*
les **mœurs simples** (f) *simple customs,
   simple way of life*
la **tranquillité** *peace, quiet*
la **santé** *health*

l' **oisiveté** (f) *idleness*
l' **ennui** (m) *boredom*
l' **esprit étroit** (m) *narrow-mindedness*

Pratique de la langue

1. Préparez une présentation orale d'une ou deux minutes sur un des sujets suivants:
   a. Vous êtes à la campagne depuis des mois, seul, désœuvré, à mourir d'ennui. Vous avez enfin l'occasion de rentrer en ville. Comment y passerez-vous votre première journée?
   b. Vous êtes surchargé de travail, la vie en ville vous harasse. Heureusement vous disposez de trente jours que vous comptez passer à la campagne. Que ferez-vous le premier jour de vos vacances?
2. Vous venez de recevoir votre diplôme universitaire et vous avez deux offres d'emploi à considérer, une à La Nouvelle-Orléans à salaire moyen et l'autre à Terre Haute, dans l'état d'Indiana, à un salaire beaucoup plus élevé. Quelle situation allez-vous accepter?
3. Baudelaire aimait les femmes maquillées de la ville. Êtes-vous pour ou contre le maquillage (*make-up*)?
4. Avez-vous jamais agi par impulsion, comme le narrateur du premier texte? Avez-vous jamais accompli une tâche dont vous ne vous croyiez pas capable? Racontez cette action insolite (*unusual*).
5. Y a-t-il dans la nature de l'homme un élément sadique? Donnez quelques exemples de cruauté humaine. Est-ce que les personnes qui font de telles choses sont normales ou exceptionnelles?
6. Est-ce que le temps qu'il fait affecte votre humeur? Expliquez.

Sujets de discussion ou de composition

1. Traitez un des sujets suivants:
   a. Malgré tout ce qu'on dit, la vie campagnarde finit par rendre les gens bornés d'esprit (*narrow-minded*), naïfs, ignorants, stupides, abrutis (*doltish*).
   b. Malgré quelques petits inconvénients sans importance, la vie en ville de nos jours offre une surabondance d'activités intellectuelles et artistiques, la fréquentation de milieux variés, etc., même le goût du risque. Ceux qui ignorent ces activités, ces distractions, ces richesses, et même ces dangers, ne savent pas vivre.

2. Jean-Jacques Rousseau a longtemps conseillé le retour à la nature, la fuite des villes malsaines. Êtes-vous d'accord avec lui? Croyez-vous qu'il soit plus facile d'être bon à la campagne que dans la ville? Citez les raisons de votre choix.

3. La vie de banlieue offre-t-elle un compromis acceptable: urbanité citadine, charme de la campagne? Ou est-ce qu'on n'y goûte pleinement ni l'un ni l'autre tout en s'installant dans un conformisme bourgeois effroyable? Commentez.

4. Vous êtes un vitrier ambulant dans le Paris d'autrefois. Vous circulez dans les rues, des vitres sur le dos. Un jour un monsieur excentrique—un poète, on vous dira plus tard—vous salue de sa fenêtre tout en haut et vous dit de monter chez lui. Racontez l'histoire du «Mauvais Vitrier» du point de vue du vitrier. À la fin de l'incident, quelle est votre réaction, votre revanche?

5. Après une longue suite d'aventures extraordinaires, vous vous trouvez enfin en prison, pleurant sans cesse. Qu'avez-vous fait de votre jeunesse? Racontez, employant autant que possible le vocabulaire satellite.

5 : Les classes sociales

Émile Zola

Émile Zola (1840–1902), the major proponent and practitioner of naturalism[L] in France, was much impressed and much influenced by the scientific spirit of the second half of the nineteenth century. He set out to create a new literary genre, the *roman expéri-mental* (experimental novel), in which the writer would apply to his work the methods of clinical observation and scientific experimentation. He wished to study through his characters "les tempéraments et les modifications profondes de l'organisme sous la pression des milieux et des circonstances." Like Balzac in *La Comédie humaine,* Zola undertook a systematic study of human nature through a lengthy series of novels entitled *Les Rougon-Macquart: histoire naturelle et sociale d'une famille sous le Second Empire.* From 1871 to 1893, in a realistic and occasionally crude style, he

Émile Zola

pursued through five generations the pessimistic destiny both of the Rougon side of the family with its history of mental disorders, and the Macquart side in its struggles with alcoholism. His novel *L'Assommoir* (1877), portraying the ravages of alcohol in a working-class family, was the first to attract widespread attention. His acknowledged masterpiece in the series, *Germinal* (1885), described in a powerful, epic manner the miserable life of miners who are forced to strike against their employers to improve their lot.

Zola became so engrossed in social reform that he was eventually won over to socialism. The celebrated Dreyfus case let him play an active role in the affairs of the nation. In support of the French army captain unjustly accused of treason, Zola published his famous tract, *J'accuse* (1892), for which he was assessed a heavy fine and sentenced to a year in prison—a judgment that he escaped through a brief exile in England. His campaign on behalf of Dreyfus was successful: in the end, the officer was vindicated.

In his short story, *Les Épaules de la marquise*, Zola describes a day in the life of a marquise. The story contains a strong note of social commentary, as the narrator attempts to analyze the character's motivations.

Les épaules de la marquise

La marquise dort dans son grand lit, sous les larges rideaux de satin jaune. À midi, au timbre clair de la *pendule*, elle se décide à ouvrir les yeux.

La chambre est *tiède*. Les *tapis*, les draperies des portes et des fenêtres, en font *un nid moelleux*, où le froid n'entre pas. Des chaleurs, des parfums *traînent*. Là, règne l'éternel printemps.

Et, dès qu'elle est bien éveillée, la marquise semble prise d'une anxiété *subite*. Elle rejette les couvertures, elle sonne Julie.

—Madame a sonné?

—Dites, est-ce qu'il *dégèle?*

Oh! bonne marquise! Comme elle a fait cette question d'une voix *émue!* Sa première pensée est pour ce froid terrible, ce vent du nord qu'elle ne sent pas, mais qui doit souffler si cruellement dans les *taudis* des pauvres gens. Et elle demande si le ciel a *fait grâce*, si elle peut avoir chaud sans remords, sans *songer à* tous ceux qui *grelottent*.

—Est-ce qu'il dégèle, Julie?

La femme de chambre lui offre le peignoir du matin, qu'elle vient de faire chauffer devant un grand feu.

—Oh! non, madame, il ne dégèle pas. Il gèle plus fort, au contraire . . . On vient de trouver un homme mort de froid sur un omnibus.

La marquise est prise d'une joie d'enfant; elle tape ses mains l'une contre l'autre, en criant:

—Ah! tant mieux! j'irai *patiner* cette après-midi.

Julie tire les rideaux, doucement, pour qu'une clarté brusque ne *blesse* pas la vue tendre de la délicieuse marquise.

Le reflet bleuâtre de la neige *emplit* la chambre d'une lumière toute gaie. Le ciel est gris, mais d'un gris si joli qu'il rappelle à la marquise une robe de soie gris-perle qu'elle portait, la *veille*, au bal du ministère. Cette robe était garnie de *guipures* blanches, pareilles à ces *filets* de neige qu'elle aperçoit au bord des *toits*, sur la pâleur du ciel.

La veille, elle était charmante, avec ses nouveaux diamants. Elle s'est couchée à cinq heures. *Aussi* a-t-elle encore la tête un peu lourde. Cependant, elle s'est assise devant une *glace*, et Julie a relevé le flot blond de ses cheveux. Le peignoir glisse, les épaules restent nues, jusqu'au milieu du dos.

Toute une génération a déjà vieilli dans le spectacle des épaules de la marquise. Depuis que, grâce à un pouvoir fort, les dames *de naturel joyeux* peuvent *se décolleter* et danser aux *Tuileries*, elle a promené ses épaules dans la *cohue* des salons officiels, avec une *assiduité* qui a fait d'elle l'*enseigne* vivante des charmes du Second Empire. Il lui a bien fallu suivre la mode, *échancrer* ses robes, tantôt jusqu'à la *chute des reins*, tantôt jusqu'aux pointes de la *gorge; si bien que* la chère femme, *fossette* à fossette, *a livré* tous les trésors de son *corsage. Il n'y a pas grand comme ça* de son dos et de sa poitrine qui ne soit connu de la *Madeleine à Saint-Thomas-d'Aquin.* Les épaules de la marquise, largement *étalées*, sont le *blason* voluptueux du règne.

Cette apres-midi, *au sortir des* mains de Julie, la marquise, *vêtue d'une délicieuse toilette polonaise*, est allée patiner. Elle patine adorablement.

Il faisait, au bois, un *froid de loup*, une *bise*, qui *piquait* le nez et les levres de ces dames, comme si le vent leur *eût soufflé* du *sable* fin au visage. La marquise riait, cela l'amusait d'avoir froid. Elle allait, de temps à autre, chauffer ses pieds aux *brasiers allumés* sur les bords du petit lac.

Puis elle rentrait dans l'air glacé, *filant* comme une *hirondelle* qui *rase le sol.*

Ah! quelle bonne partie, et comme c'est heureux que le dégel ne soit pas encore venu! La marquise pourra patiner toute la semaine.

En revenant, la marquise a vu, dans une *contre-allée* des Champs-Ely-sées, une *pauvresse* grelottant au pied d'un arbre, à demi morte de froid.

—La malheureuse! a-t-elle murmuré d'une voix fâchée.

Et comme la voiture filait trop vite, la marquise, ne pouvant trouver sa *bourse*, a jeté son bouquet à la pauvresse, un bouquet de lilas blancs qui valait bien cinq *louis*.

Émile Zola, *Contes et nouvelles*

Vocabulaire

la **pendule** *clock*
tiède = ni froid ni chaud
le **tapis** *carpet*
un nid moelleux *a soft nest*
traîner *to linger*
subit = soudain
dégeler *to thaw*
ému = plein d'émotion
les **taudis** (m) *slums*
faire grâce = se montrer bienveillant, favorable
songer à = penser à
grelotter = trembler de froid
patiner *to skate*
blesser = faire mal à, offenser
emplir = rendre plein
la **veille** = le soir avant
la **guipure** *lace*
le **filet** *patch*
le **toit** *roof*
Aussi = C'est pourquoi
la **glace** = le miroir
de naturel joyeux = de disposition joyeuse
se **décolleter** *to wear a low-cut gown*
les **Tuileries** (f) résidence de l'empereur Napoléon III (1808–1873)
la **cohue** = la foule
l' **assiduité** (f) = la présence fréquente
l' **enseigne** (f) = l'emblème
échancrer *to cut low*

la **chute des reins** *the small of the back*
la **gorge** *breast*
si bien que *so that*
la **fossette** *dimple*
livrer = donner, révéler
le **corsage** *blouse*
Il n'y a pas grand comme ça *There's precious little*
la **Madeleine, Saint-Thomas-d'Aquin** églises parisiennes
étalé = montré avec ostentation
le **blason** *coat of arms*
au sortir de = en sortant de
vêtue d'une délicieuse toilette polonaise *dressed in a delightful Polish outfit*
un froid de loup = un froid très sévère
la **bise** = le vent du nord
piquer *to prick*
eût soufflé *had blown* (plus-que-parfait du subjonctif)
le **sable** *sand*
brasiers allumés *live coals*
filer *to fly*
l' **hirondelle** (f) *swallow*
raser le sol = passer vite tout près de la terre
la **contre-allée** *side alley*
la **pauvresse** = la pauvre femme
la **bourse** *purse*
le **louis** *a gold coin*

Intelligence du texte

1. À quelle heure se réveille la marquise? Quelle est l'atmosphère de sa chambre?
2. Qu'est-ce que la marquise veut savoir en se réveillant? Pourquoi?
3. Qu'est-ce que le ciel rappelle à la marquise?
4. Comment se sent-elle ce matin? Pourquoi?
5. Qu'est-ce que les épaules de la marquise représentent? Pourquoi sont-elles si bien connues?
6. Que fait la marquise cette après-midi? Quel temps fait-il? La marquise aime-t-elle ce temps? Décrivez ses activités.
7. Qui la marquise voit-elle en rentrant? Où voit-elle cette personne et quelle est la condition physique de celle-ci?
8. Quelle est la réaction de la marquise et qu'est-ce qu'elle essaie de faire? Que pensez-vous de son geste final?

Appréciation du texte

1. Le narrateur se contente-t-il de raconter de façon objective ou fait-il connaître son attitude envers la marquise? Penche-t-il pour ou contre la marquise? Citez deux ou trois endroits où sa pensée s'exprime au moyen de l'ironie.
2. Quel portrait de la marquise le narrateur trace-t-il? Quelle sorte de personne est-ce? Qu'est-ce qui la caractérise? Pensez-vous que Zola ait jamais fait la connaissance d'une vraie marquise? Énumérez les détails qui contribuent d'une manière précise à former les impressions du lecteur.
3. La marquise songe-t-elle aux malheureux qui n'ont pas les mêmes avantages qu'elle? Citez, de la part de la marquise, au moins deux actions qui révèlent sa sensibilité ou son insensibilité.

Molière

Jean-Baptiste Poquelin (1622–73), known by his pseudonym Molière, is one of the great names in the history of comedy. The director of his own theater company at an early age, and one of its leading actors as well, he spent a twelve-year apprenticeship in the provinces, and had begun to stage some of his own plays as early as 1653. Once his troupe was firmly established in Paris in 1658, Molière began to write regularly. The first in an imposing series of successes was his one-act comedy, *Les Précieuses ridicules* (1659). Among the many plays that followed were *L'École des femmes* (1662), *Don Juan* (1665), *Le Misanthrope* (1666), *L'Avare* (1668), *Tartuffe* (1669), *Le Bourgeois gentilhomme* (1670), *Les Femmes savantes* (1672), and *Le Malade imaginaire* (1673). Ironically, it was while playing the title role in this last play that Molière was stricken and died.

Molière revolutionized French comic theater, freeing it from restricting conventions and giving it a stature hitherto reserved for tragedy alone. In his plays the characters on stage ceased to be the stereotypes of slapstick farce[L] and were instead drawn from real-life studies. Molière was a penetrating observer of human nature who—true to the tenets of classicism[L]—depicted the mores of his time with emphasis on the universal traits common to all men everywhere. He never neglected humor, but knew that comedy, to have lasting value, must do more than simply induce laughter. Molière utilized it for the meaningful study of man, bringing full light to bear on human foibles, on ridiculous characters who act contrary to reason and common sense.

Le Bourgeois gentilhomme, commissioned by Louis XIV to entertain his court, illustrates the inane conduct of a rich bourgeois of Paris who aspires to be other than what he is. In the rigid society of his time, M. Jourdain's obsession with becoming a gentleman—that is, a nobleman—isolates him completely from reality. In the following scene the would-be gentleman has hired a philosophy teacher who, given his student's level, is forced to set aside philosophical considerations and concentrate on more basic principles.

L'instruction d'un parvenu

Le Maître de Philosophie: Que voulez-vous donc que je vous apprenne?

M. Jourdain: Apprenez-moi l'*orthographe.*

Le Maître de Philosophie: Très volontiers.

M. Jourdain: Après, vous m'apprendrez l'almanach, pour savoir quand il y a de la lune, et quand il n'y en a point.

Le Maître de Philosophie: Soit. Pour bien suivre votre pensée, et traiter cette matière *en philosophe,* il faut commencer, selon l'ordre des choses, par une exacte connaissance de la nature des lettres et de la différente manière de les prononcer toutes. Et *là-dessus* j'ai à vous dire que les lettres sont divisées en voyelles, ainsi dites voyelles parce qu'elles expriment les *voix;* et en consonnes, ainsi appelées consonnes parce qu'elles sonnent avec les voyelles et *ne font que marquer* les diverses articulations des voix. Il y a cinq voyelles ou voix, A, E, I, O, U.

M. Jourdain: J'*entends* tout cela.

Le Maître de Philosophie: La voix A se forme en ouvrant fort la bouche: A.

M. Jourdain: A, A. Oui.

Le Maître de Philosophie: La voix E se forme en *rapprochant* la mâchoire d'en bas de celle d'en haut: A, E.

M. Jourdain: A, E, A, E. Ma foi! oui. Ah! que cela est beau!

Le Maître de Philosophie: Et la voix I, en rapprochant encore davantage les mâchoires l'une de l'autre, et *écartant* les deux coins de la bouche vers les oreilles: A, E, I.

M. Jourdain: A, E, I, I, I, I. Cela est vrai. Vive la science!

Le Maître de Philosophie: La voix O se forme en rouvrant les mâchoires et rapprochant les lèvres par les deux coins, le haut et le bas: O.

M. Jourdain: O, O. Il n'y a rien de plus *juste.* A, E, I, O, I, O. Cela est admirable! I, O, I, O.

M. Jourdain, Le Bourgeois gentilhomme

Le Maître de Philosophie: L'ouverture de la bouche fait justement comme un petit rond qui représente un O.

M. Jourdain: O, O, O. Vous avez raison, O. Ah! La belle chose que de savoir quelque chose!

Le Maître de Philosophie: La voix U se forme en rapprochant les dents sans les joindre entièrement, et *allongeant* les deux lèvres *en dehors,* les approchant aussi l'une de l'autre, sans les joindre tout à fait: U.

M. Jourdain: U, U. Il n'y a rien de plus véritable, U.

Le Maître de Philosophie: Vos deux lèvres s'allongent comme si vous *faisiez la moue;* d'où vient que, si vous la voulez faire à quelqu'un et vous moquer de lui, *vous ne sauriez lui dire que U.*

M. Jourdain: U, U. Cela est vrai. Ah! *que n'ai-je étudié* plus tôt pour savoir tout cela!

Le Maître de Philosophie: Demain, nous verrons les autres lettres, qui sont les consonnes.

M. Jourdain: Est-ce qu'il y a des choses aussi curieuses qu'à celles-ci?

Le Maître de Philosophie: Sans doute. La consonne D, par exemple, se prononce *en donnant du bout de la langue* au-dessus des dents d'en haut: DA.

M. Jourdain: DA, DA. Oui. Ah! les belles choses! les belles choses!

Le Maître de Philosophie: L'F, en *appuyant* les dents d'en haut sur la lèvre de dessous: FA.

M. Jourdain: FA, FA. C'est la vérité. Ah, mon père et ma mère, *que je vous veux de mal!*

Le Maître de Philosophie: Et l'R, en portant le bout de la langue jusqu'au haut du *palais;* de sorte qu'étant *frôlée* par l'air qui sort avec force, *elle lui cède* et revient toujours au même endroit, faisant une manière de tremblement: R, RA.

M. Jourdain: R, R, RA; R, R, R, R, R, RA. Cela est vrai. Ah! l'*habile* homme que vous êtes! et que j'ai perdu de temps! R, R, R, RA.

Le Maître de Philosophie: Je vous expliquerai *à fond* toutes ces curiosités.

M. Jourdain: Je vous en prie. Au reste, il faut que je vous fasse une confidence. Je suis amoureux d'une personne de grande qualité; et je souhaiterais *que vous m'aidassiez* à lui écrire quelque chose dans un petit *billet* que je veux laisser tomber à ses pieds.

Le Maître de Philosophie: Fort bien.

M. Jourdain: Cela sera galant; oui.

Le Maître de Philosophie: Sans doute. Sont-ce des vers que vous lui voulez écrire?

M. Jourdain: Non, non, point de vers.

Le Maître de Philosophie: Vous ne voulez que de la prose?

M. Jourdain: Non, je ne veux ni prose ni vers.

Le Maître de Philosophie: Il faut bien que ce soit l'un ou l'autre.

M. Jourdain: Pourquoi?

Le Maître de Philosophie: Par la raison, monsieur, qu'il n'y a pour s'exprimer que la prose ou les vers.

M. Jourdain: Il n'y a que la prose ou les vers?

Le Maître de Philosophie: Non, monsieur. Tout ce qui n'est point prose est vers, et tout ce qui n'est point vers est prose.

M. Jourdain: Et comme l'on parle, qu'est-ce que c'est donc que cela?

Le Maître de Philosophie: De la prose.

M. Jourdain: Quoi! quand de dis, «Nicole, apportez-moi mes *pantoufles* et *me donnez* mon bonnet de nuit,» c'est de la prose?

Le Maître de Philosophie: Oui, monsieur.

M. Jourdain: Par ma foi, il y a plus de quarante ans que je dis de la prose *sans que j'en susse rien;* et je vous suis le plus obligé du monde de m'avoir appris cela. Je voudrais donc lui mettre dans un billet: Belle marquise, vos beaux yeux me font mourir d'amour; mais je voudrais que cela fût mis d'une manière galante, que cela fût tourné gentiment.

Le Maître de Philosophie: Mettre que les feux de ses yeux *réduisent* votre cœur en *cendres,* que vous souffrez nuit et jour pour elle les violences d'un . . .

M. Jourdain: Non, non, non; je ne veux point tout cela. Je ne veux que ce que je vous ai dit: Belle marquise, vos beaux yeux me font mourir d'amour.

Le Maître de Philosophie: Il faut bien *étendre* un peu la chose.

M. Jourdain: Non, vous dis-je; je ne veux que ces seules paroles-là dans le billet, mais tournées à la mode, bien arrangées comme il faut. Je vous prie de me dire un peu, pour voir, les diverses manières dont on les peut mettre.

Le Maître de Philosophie: On les peut mettre, premièrement, comme vous avez dit: Belle marquise, vos beaux yeux me font mourir d'amour. Ou bien: D'amour mourir me font, belle marquise, vos beaux yeux. Ou bien: Vos yeux beaux d'amour me font, belle marquise, mourir. Ou bien: Mourir vos beaux yeux, belle marquise, d'amour me font. Ou bien: Me font vos yeux beaux mourir, belle marquise, d'amour.

M. Jourdain: Mais, de toutes ces façons-là, laquelle est la meilleure?

Le Maître de Philosophie: Celle que vous avez dite: Belle marquise, vos beaux yeux me font mourir d'amour.

M. Jourdain: Cependant je n'ai point étudié, et j'ai fait cela *tout du premier coup.* Je vous remercie de tout mon cœur, et vous prie de venir demain de bonne heure.

Le Maître de Philosophie: *Je n'y manquerai pas.*

Molière, *Le Bourgeois gentilhomme*

Vocabulaire

l' **orthographe** (f) *spelling*
Soit *So be it*
en philosophe = comme un philosophe
là-dessus = sur ce sujet
la **voix** = le son
ne font que marquer *serve only to indicate*
entendre = comprendre
rapprocher *to bring together*
la **mâchoire d'en bas** *the lower jaw*
écarter *to spread apart*
juste = correct, exact
allonger en dehors *to extend outward, to protrude*
faire la moue *to pout*
vous ne sauriez lui dire que U *you would only have to say "U" to him*
que n'ai-je étudié *pourquoi n'ai-je pas étudié*
en donnant du bout de la langue *by striking with the tip of the tongue*
appuyer = presser

que je vous veux de mal *I'll never forgive you*
le **palais** *palate, roof of the mouth*
frôler *to graze, to touch slightly in passing*
elle lui cède *it gives way to it*
habile = adroit, intelligent
à fond = complètement
que vous m'aidassiez = que vous m'aidiez
le **billet** *note*
la **pantoufle** *slipper*
me donnez = donnez-moi
sans que j'en susse rien *without my knowing anything about it*
Mettre que = Écrivez que
réduire = transformer
la **cendre** *ash*
étendre = rendre plus long, développer
tout du premier coup *with the very first attempt*
Je n'y manquerai pas = Je serai certainement là

Intelligence du texte

1. Quelles sont les deux grandes divisions des lettres, selon le maître?
2. Expliquez l'origine des deux termes «voyelles» et «consonnes.»
3. Reproduisez chacune des cinq voyelles en suivant les préceptes du maître de philosophie.
4. De quelle façon M. Jourdain peut-il très facilement faire la moue à quelqu'un?
5. Quels sont ses sentiments envers ses parents? Expliquez.
6. Quelle confidence M. Jourdain fait-il au maître de philosophie?
7. Est-ce que M. Jourdain veut écrire de la prose ou des vers?
8. Selon le maître de philosophie, qu'est-ce que c'est que la prose? Qu'est-ce que c'est que les vers?
9. Quel est le message que M. Jourdain veut mettre dans son billet?
10. Pourquoi demande-t-il l'aide du maître de philosophie?
11. De quoi M. Jourdain est-il fier finalement?

Appréciation du texte

1. Indiquez dans le texte tous les endroits où Molière semble ridiculiser les prétentions de M. Jourdain. Notez la diversité des moyens employés.
2. De toutes les façons d'exprimer le message d'amour de M. Jourdain, laquelle est la meilleure? Pourquoi?
3. Jouez la leçon de phonétique du *Bourgeois gentilhomme.*
4. Faites le portrait de M. Jourdain d'après cette scène. Comment est-il? Quels sont ses défauts, ses qualités?

Antoine de Saint-Exupéry

The works of Antoine de Saint-Exupéry (1900–44) reflect the personal experience of the author and his reflection on it. A pilot in the early days of aviation, Saint-Exupéry faced the dangers of the pioneer penetrating unexplored territories. From the isolated perspective of his cockpit, he became acutely aware of the bonds that unite all people, particularly in times of crisis. His first work, *Courrier-Sud* (1928), recalls his adventures as a commercial pilot flying between Toulouse, France, and Dakar, in Senegal. The better-known *Vol de nuit* (1931) evokes the first night flights between Europe and South America, and the perils to which the pilots were subjected. In 1939 Saint-Exupéry published his most popular work, *Terre des hommes,* in which he meditates on what the airplane has taught man about himself: his capacities, his limitations, his responsibilities to his fellow humans, his noble destiny. The book abounds in tense, dramatic scenes and lyric passages as the pilot narrates his dangerous ventures and, once the risk has been run, measures the meaning of his actions, the reasons for his choices. During World War II Saint-Exupéry served as a military pilot and in July 1944, while on a reconnaissance mission, disappeared without a trace. The circumstances of his death were probably foreshadowed in *Pilote de guerre* (1942), which describes the musings of an aviator on a dangerous assignment. Two other works, published posthumously, complete Saint-Exupéry's limited production: *Le Petit Prince* (1945) and *Citadelle* (1948).

The following passage is the concluding chapter of *Terre des hommes*. The author ponders man's great potential and wonders how it is that, despite the variety of talents with which humanity is endowed, many men will never achieve the fullness of their being.

Victimes de la société

Il y a quelques années, au cours d'un long voyage en chemin de fer, j'ai voulu visiter la *patrie en marche* où je *m'enfermais* pour trois jours, prisonnier pour trois jours de ce bruit de *galets* roulés par la mer, et je me suis levé. J'ai traversé vers une heure du matin le train dans toute sa longueur. Les sleepings étaient vides. Les *voitures de première* étaient vides.

Mais les voitures de troisième *abritaient* des centaines d'ouvriers *polonais congédiés* de France et qui *regagnaient* leur Pologne. Et je remontais les couloirs en *enjambant* des corps. Je m'arrêtai pour regarder. Debout sous les *veilleuses*, j'apercevais dans ce *wagon* sans divisions, et qui ressemblait à une *chambrée, qui sentait la caserne ou le commissariat,* toute une population confuse et *barattée* par les mouvements du *rapide.* Tout un peuple *enfoncé* dans les mauvais *songes* et qui regagnait sa misère. De grosses têtes rasées roulaient sur le bois des *banquettes.* Hommes, femmes, enfants, tous se retournaient de droite à gauche, comme attaqués par tous ces bruits, toutes ces *secousses* qui les menaçaient dans leur *oubli.* Ils n'avaient point trouvé l'hospitalité d'un bon sommeil.

Et voici qu'ils me semblaient avoir à demi perdu qualité humaine, *ballottés* d'un bout de l'Europe à l'autre par les courants économiques, *arrachés à* la petite maison du Nord, au minuscule jardin, aux trois pots de géranium que j'avais remarqués autrefois à la fenêtre des mineurs polonais. Ils n'avaient rassemblé que les ustensiles de cuisine, les couvertures et les rideaux, dans des paquets mal *ficelés* et *crevés de hernies.* Mais tout ce qu'ils avaient caressé ou charmé, tout ce qu'ils avaient réussi à *apprivoiser* en quatre ou cinq années de séjour en France, le chat, le chien et le géranium, ils avaient dû les sacrifier et ils n'emportaient avec eux que ces *batteries de cuisine.*

Un enfant *tétait* une mère si *lasse* qu'elle paraissait endormie. La vie se transmettait dans l'absurde et le désordre de ce voyage. Je regardai le père. Un *crâne pesant* et nu comme une pierre. Un corps *plié* dans l'inconfortable sommeil, emprisonné dans les vêtements de travail, fait de *bosses* et de *creux.* L'homme était pareil à un *tas de glaise.* Ainsi, la nuit, des *épaves* qui n'ont plus de forme, pèsent sur les bancs des *halles.* Et je pensai: le problème ne réside point dans cette misère, dans cette saleté, ni dans cette laideur. Mais ce même homme et cette même femme se sont connus un jour et l'homme a souri sans doute à la femme: il lui a, sans doute, après le travail, apporté des fleurs. Timide et *gauche,* il tremblait peut-être de se voir *dédaigné.* Mais la femme, par coquetterie naturelle, la femme sûre de sa grâce, *se plaisait* peut-être *à* l'inquiéter. Et l'autre, qui n'est plus aujourd'hui qu'une *machine à piocher ou à cogner, éprouvait* ainsi dans son cœur l'angoisse délicieuse. Le mystère, c'est qu'ils soient devenus ces pa-

quets de glaise. Dans quel *moule* terrible ont-ils passé, marqués par lui comme par une *machine à emboutir!* Un animal vieilli conserve sa grâce. Pourquoi cette belle *argile* humaine est-elle *abîmée?*

Et je poursuivis mon voyage parmi ce peuple dont le sommeil était *trouble comme un mauvais lieu.* Il flottait un bruit vague fait de *ronflements rauques,* de *plaintes* obscures, du *raclement des godillots* de ceux qui, *brisés* d'un côté, essayaient l'autre. Et toujours *en sourdine* cet *intarissable* accompagnement de galets retournés par la mer.

Je m'assis en face d'un couple. Entre l'homme et la femme, l'enfant, *tant bien que mal,* avait fait son creux et il dormait. Mais il se retourna dans le sommeil, et son visage m'apparut sous la veilleuse. Ah! quel adorable visage! Il était né de ce couple-là une sorte de fruit *doré*. Il était né de *ces lourdes hardes* cette réussite de charme et de grâce. Je *me penchai* sur ce front *lisse*, sur cette douce *moue* des lèvres, et je me dis: voici un visage de musicien, voici Mozart enfant, voici une belle promesse de la vie. Les petits princes des légendes n'étaient point différents de lui: protégé, entouré, cultivé, *que ne saurait-il devenir!* Quand il naît par mutation dans les jardins une rose nouvelle, voilà tous les jardiniers qui *s'émeuvent*. On isole la rose, on cultive la rose, on la favorise. Mais *il n'est point* de jardinier pour les hommes. Mozart enfant sera marqué comme les autres par la machine à emboutir. Mozart *fera ses plus hautes joies* de musique *pourrie, dans la puanteur des cafés-concerts*. Mozart est condamné.

Et je regagnai mon wagon. Je me disais: ces gens ne souffrent guère de leur *sort*. Et ce n'est point la charité ici qui me tourmente. Il ne s'agit point de *s'attendrir sur une plaie éternellement rouverte*. Ceux qui la portent ne la sentent pas. C'est quelque chose comme l'espèce humaine et non l'individu qui est blessé ici, qui est *lésé*. Je ne crois guère à la pitié. Ce qui me tourmente, c'est le point de vue du jardinier. Ce qui me tourmente, ce n'est point cette misère, dans laquelle, après tout, on s'installe aussi bien que dans la paresse. Des générations d'Orientaux vivent dans la *crasse* et s'y *plaisent*. Ce qui me tourmente, les *soupes populaires* ne le guérissent point. Ce qui me tourmente, ce ne sont ni ces creux, ni ces bosses, ni cette laideur. C'est un peu, dans chacun de ces hommes, Mozart assassiné.

Seul l'Esprit, s'il souffle sur la glaise, peut créer l'Homme.

Antoine de Saint-Exupéry, *Terres des hommes*

Vocabulaire

la **patrie en marche** *the country in motion (i.e., the train)*
s' **enfermer** *to shut oneself in*
le **galet** *pebble*
la **voiture de première** *first-class coach; prewar trains had three classes: first, second, and third*
  abriter = donner un refuge à
  polonais *Polish*
  congédier = renvoyer, faire partir
  regagner = retourner a
  enjamber *to step over*
la **veilleuse** *night light*
le **wagon** *coach (of a train)*
la **chambrée** *barracks room*
  qui sentait la caserne ou le

commissariat *which smelled of the barracks or the police station*
  baratté *churned*
le **rapide** = train qui va vite et qui ne s'arrête que dans les plus grandes villes
  enfoncé *sunken*
le **songe** = le rêve
la **banquette** *bench*
la **secousse** *jolt*
l' **oubli** (m) *oblivion, forgetfulness*
  ballotté *tossed about*
  arraché à = détaché brusquement de
  ficelé *tied (with string)*
  crevé de hernies *split with ruptures*
  apprivoiser *to tame*
  batteries de cuisine *sets of kitchen utensils*

téter *to suck*
las = fatigué
le **crâne** *skull*
pesant = lourd
plié *bent*
la **bosse** *hump*
le **creux** *hollow*
un **tas de glaise** *a heap of clay*
l' **épave** (f) *stray person, derelict*
les **halles** (f) *marketplaces*
gauche = maladroit, sans dextérité
dédaigné = traité sans respect
se **plaire à** = s'amuser à
une **machine à piocher ou à cogner** *a machine for digging or banging*
éprouver = sentir
le **moule** *mold*
une **machine à emboutir** *a stamping machine*
l' **argile** (f) *clay*
abîmé *damaged, ruined*
trouble comme un mauvais lieu *restless like a brothel*
ronflements (m) **rauques** *raucous snores*
la **plainte** *moan, groan*
le **raclement des godillots** *scraping of the boots*
brisé *tired out, stiff*

en sourdine *with muted strings*
intarissable = qui ne s'arrête jamais
tant bien que mal = d'une manière ou d'une autre, qui sait comment
doré *golden*
ces lourdes hardes *these heavy old clothes*
se **pencher sur** *to bend over*
lisse *smooth*
la **moue** *pout*
que ne saurait-il devenir! = qu'est-ce qu'il ne pourrait pas devenir!
s' **émouvoir** = être affecté, être touché
il n'est point = il n'y a point
fera ses plus hautes joies = trouvera ses plus grands plaisirs
pourri *rotten*
dans la puanteur des cafés-concerts *in the foul atmosphere of cabarets*
le **sort** = le destin
s' **attendrir sur une plaie éternellement rouverte** *to be moved by an eternally reopened wound*
lésé = affligé
la **crasse** *filth, squalor*
se **plaire** = se trouver bien
la **soupe populaire** *soup kitchen (to feed the needy)*

Intelligence du texte

1. Où se passe cet incident?
2. Décrivez ce que le narrateur a trouvé en troisième.
3. Pourquoi ces ouvriers semblaient-ils avoir à demi perdu qualité humaine?
4. Qu'est-ce qu'ils emportaient avec eux? Qu'est-ce qu'ils abandonnaient?
5. Quel portrait du père nous donne le narrateur?
6. Quel scénario le narrateur imagine-t-il entre cet homme et cette femme?
7. Sur quel mystère le narrateur réfléchit-il?
8. Quels bruits entend-on sur ce train?
9. Quelle impression le visage de l'enfant crée-t-il sur le narrateur?
10. Pourquoi les hommes n'ont-ils pas les mêmes avantages que les roses?
11. Pourquoi ne s'agit-il point de s'attendrir sur ces ouvriers?
12. Selon le narrateur, qu'est-ce qui est blessé ici?

Appréciation du texte

1. Dans ce passage, Saint-Exupéry obtient des effets remarquables au moyen du contraste entre le réalisme et l'idéalisme. Citez deux endroits dans le texte où l'avenir semblait prometteur.
2. Saint-Exupéry accumule toute une série de détails pour créer une impression de misère extrême. Dressez la liste de ces détails.
3. Que pensez-vous de la métaphore[L] de la glaise, de l'argile? La trouvez-vous juste, convenable, riche?
4. Que veut dire la dernière phrase du texte?

Exercices de grammaire

I.   Les interrogatifs

A.   *Formulez les questions qui donnent lieu aux réponses suivantes.*
modèle: Il regarda *le père.*

> ***Qui est-ce qu'****il regarda?* ou:
> ***Qui*** *regarda-t-il?*

1. *Le reflet bleuâtre de la neige* emplit la chambre.
2. La marquise semble prise d'*une anxiété subite.*
3. Elle rejette *les couvertures.*
4. Elle sonne *Julie.*
5. *Madame* a sonné.
6. Elle fait chauffer son peignoir devant *un grand feu.*
7. Là, règne *l'éternel printemps.*
8. Une marquise, *c'est la femme d'un marquis.*
9. La marquise a jeté son bouquet à *la pauvresse.*
10. Cette robe était garnie de *guipures blanches.*
11. *Les épaules* restent nues, jusqu'au milieu du dos.
12. La chère femme a livré *tous les trésors de son corsage.*

B.   *Complétez les phrases suivantes.*

1. _____ (What) voulez-vous donc que je vous apprenne?
2. _____ (What) sont les cinq voyelles?
3. _____ (What is) une consonne?
4. De toutes ces façons-là, _____ (which one) est la meilleure?
5. _____ (What) avait-on remarqué autrefois à la fenêtre des mineurs polonais?
6. Par _____ (what) étaient-ils ballottés d'un bout de l'Europe à l'autre?
7. _____ (Who) éprouvait ainsi dans son cœur l'angoisse délicieuse?

II. Les négatifs
Complétez les phrases suivantes.

1. M. Jourdain veut savoir quand il y a de la lune et quand _____ (*there isn't any*).
2. Le maître de philosophie _____ (*teaches nothing new*) à M. Jourdain.
3. _____ (*No one*) les entend parce qu'ils sont seuls.
4. M. Jourdain _____ (*wants only*) de la prose.
5. Le maître de philosophie croit qu'il _____ (*wants neither prose nor verse*).
6. Ainsi, la nuit, des épaves qui _____ (*no longer have any form*), pèsent sur les bancs des halles.
7. _____ (*There is no*) jardinier pour les hommes.
8. Le pauvre ouvrier _____ (*is no longer*) qu'une machine à piocher ou à cogner.
9. Ces gens _____ (*hardly suffer*) de leur sort.
10. _____ (*It's not a question of*) s'attendrir sur une plaie éternellement rouverte.

Vocabulaire satellite: Les classes sociales

La noblesse

l' **ancien régime** (m) *the old regime (the monarchy before 1789)*
la **monarchie absolue** *absolute monarchy*

le **chevalier** *knight*
le **courtisan** *courtier*
le **gentilhomme** *nobleman*
le **comte**, la **comtesse** *count, countess*
le **duc**, la **duchesse** *duke, duchess*
le **marquis**, la **marquise** *marquis, marquise*

   être né riche *to be born rich*
   fréquenter la cour *to frequent the court*
se **sentir supérieur** *to feel superior*
   prêter secours aux arts *to support the arts*
les **privilèges** (m) **de la naissance** *privileges of birth*

La bourgeoisie

la **classe moyenne** *middle class*

l' **homme d'affaires**, la **femme d'affaires** *businessman, businesswoman*
le **banquier** *banker*
l' **industriel** (m) *manufacturer, industrialist*
les **professions libérales** *liberal professions*
le **patron** *employer*
le **fonctionnaire** *civil servant*
le **marchand** *shopkeeper, dealer*

l' **arriviste** (m, f) *go-getter*
le **parvenu** *upstart*

vivre de ses rentes *to live on one's income, to be retired*
aisé *well-off*
pratique *practical*
ambitieux *ambitious*
conformiste *conformist*

Le peuple

la **classe ouvrière** *working class*
l' **ouvrier** (m) *worker*
le **salarié** *wage earner*

gagner sa vie *to earn one's living*
travailler dur *to work hard*
joindre les deux bouts *to make ends meet*
tirer le diable par la queue *to be hard up*
le **travail manuel** *manual labor*
les **métiers manuels** *trades*

le **syndicat** *labor union*
faire la grève *to be on strike*
le **gréviste** *striker*

le **chômage** *unemployment*
le **chômeur** *unemployed person, man out of work*

Pratique de la langue

1. Un homme d'affaires américain s'est enrichi en préparant une lotion qui fait pousser les cheveux même sur les têtes les plus chauves (*bald*). Malgré sa fortune, il a beaucoup de peine à se faire accepter parmi les autres riches de la ville. Lui et sa femme manquent de savoir-faire, mais vous, vous en avez. Quelles leçons de bonnes manières pouvez-vous donner à ce couple de nouveaux riches bien intentionnés mais plutôt bêtes? Que direz-vous à Monsieur? et à Madame?

2. N'est-il pas vrai qu'à l'intérieur de chacun de nous repose le germe d'une grandeur méconnue, grandeur qui n'attend que l'occasion propice (*propitious*) pour se manifester? Soyez franc: ne trouvez-vous pas que vous êtes un peu Mozart assassiné? Racontez votre génie secret, révélez votre talent caché.

3. Est-ce que, de nos jours, il existe une société de loisir? Qui en sont les membres? En quoi consistent leurs activités? Peut-on justifier l'existence de cette classe sociale? Expliquez.

4. On dirait que la bourgeoisie est la classe dominante de notre époque. Mais ce mot «bourgeois» est employé souvent au sens péjoratif, et certains groupes—les nobles d'autrefois, les ouvriers, les artistes, les intellectuels, et les étudiants (en effet, des fils de bourgeois!)—ont considéré

les bourgeois comme des ennemis. Pourquoi cette haine de la bourgeoisie?

Qu'est-ce que chacun de ces groupes lui reproche?

5. À débattre: «Il faut avoir de l'argent pour vivre heureux.»

Sujets de discussion ou de composition

1. Quelles sont les qualités que notre société estime? Les approuvez-vous?
2. Quelle est votre définition personnelle du succès?
3. Un mariage entre deux personnes de classes sociales différentes peut-il réussir? Pourquoi ou pourquoi pas?

3ème Partie: Institutions et influences

6 : La justice
et la loi

Voltaire

In France as elsewhere, down through the centuries art and literature have felt the attraction of two opposite tendencies: *l'art pour l'art*[L] (art for art's sake), which puts the cult of aesthetic perfection above concern with the problems of one's time, and *engagement*[L] (commitment), the involvement of the artist and writer in the political and social issues of his day. The eighteenth century in France was a time of *engagement,* when writers were much preoccupied with social problems. It was called the Age of Enlightenment because it boasted a new awareness of man's accomplishments and an unswerving faith in his unlimited potential. The obvious injustice of racism and intolerance, so detrimental to man's progress and happiness, was exposed by most of the major writers of the century, who were themselves *philosophes*[L]—enlightened thinkers who criticized the customs and institutions of the day on the basis of science and reason.

François-Marie Arouet, known as Voltaire (1694–1778), was the most famous author of his age, a man who so completely dominated his century that he became a legend in his own time. A prolific writer, he tried his hand at almost every conceivable literary genre, including poetry, tragedy, comedy, history, and the epic. He is best known today as an author of *contes philosophiques,* and among these, *Candide*. The *conte philosophique* was thus named because it examined the meaningful issues of the day not in the dry manner of a philosophical treatise, but in a lively narrative style, laced with wit and humor, that would appeal to great numbers of readers.

In *Candide* Voltaire deals with the theme of evil in the world, and seeks to refute the philosophy of optimism as formulated by the German philosopher Leibnitz (1646–1716). This philosophy held that God is good, that of all the possible worlds He might have created, He must surely have chosen the best. Voltaire belies this by having his hero, Candide, encounter an impressive array of natural disasters, social evils, and personal misfortunes, which eventually lead to the conclusion that idle philosophical speculation can in no way solve these problems.

In the following selection, the focus is on the great earthquake which struck Lisbon, Portugal, on November 1, 1755. In pondering how to explain the origin and cause of such a cataclysmic event and how to cope with its disastrous consequences, Voltaire rejects the solutions of organized religion. Staunchly opposed to the dogmatism which in his view too often characterized organized religion, Voltaire proposed that people live their own lives, doing good and adoring God as they saw fit. The auto-da-fé suggested as a remedy for the Lisbon earthquake serves as a primary example of the type of abuse fostered by religious intolerance. The auto-da-fé was a ceremony during which those who were condemned to the stake by the Inquisition were invited to make a profession of faith before they were burned. The ceremony recounted here is based on one that actually took place on June 20, 1756.

L'intolérance

Après le tremblement de terre qui avait détruit les trois quarts de Lisbonne, les sages du pays n'avaient pas trouvé un moyen plus efficace pour *prévenir* une ruine totale que de donner au peuple un bel auto-da-fé; il était décidé par l'université de *Coïmbre* que le spectacle de quelques personnes brûlées *à petit feu,* en grande cérémonie, est un secret infaillible pour empêcher la terre de trembler.

«... *Un bel auto-da fé* ... *quelques personnes brûlées à petit feu,
en grande cérémonie* ...»

On avait en conséquence saisi un *Biscayen convaincu* d'avoir épousé sa *commère,* et deux Portugais qui en mangeant un poulet en *avaient arraché le lard;* on vint *lier* après le dîner le docteur *Pangloss* et son disciple Candide, l'un pour avoir parlé, et l'autre pour l'avoir écouté avec un air d'approbation; tous deux furent menés séparément dans des appartements d'une extrême *fraîcheur*, dans lesquels on n'était jamais *incommodé* du soleil; huit jours après ils furent tous deux *revêtus* d'un *san-benito*, et on orna leurs têtes de mitres de papier; la mitre et le san-benito de Candide étaient peints de flammes *renversées*, et de diables qui n'avaient ni *queues* ni *griffes*; mais les diables de Pangloss portaient griffes et queues, et les flammes étaient droites. Ils marchèrent en procession ainsi vêtus, et entendirent un sermon très *pathétique*, suivi d'une belle musique *en faux-bourdon*. Candide fut *fessé* en cadence, pendant qu'on chantait; le Biscayen et les deux hommes qui n'avaient point voulu manger de lard furent brûlés, et Pangloss fut *pendu*, quoique ce ne soit pas la coutume. Le même jour la terre trembla de nouveau avec un *fracas épouvantable*.

Voltaire, *Candide*

Vocabulaire

prévenir *to prevent*
Coïmbre une ville du Portugal
à petit feu = lentement et cruellement
Biscayen de la province espagnole de Biscaye
convaincu *convicted*
la **commère** *godmother*
avaient arraché le lard *had removed the lard, i.e., had followed the rites of Judaism*
lier = attacher
Pangloss ami philosophe de Candide qui défend obstinément la théorie du meilleur des mondes possibles
la **fraîcheur** = le froid

incommodé = indisposé, dérangé
revêtu = habillé
un **san-benito** *a yellow scapular (outer garment) worn by those whom the Inquisition had condemned to the stake*
renversé *inverted; the flames on Candide's miter and scapular are upside down since his guilt is lesser*
la **queue** *tail*
la **griffe** *claw*
pathétique = émouvant, touchant
en faux-bourdon *in polyphony*
fessé *whipped*
pendu *hanged*
un **fracas épouvantable** *a dreadful crash*

Intelligence du texte

1. Pourquoi les sages du pays veulent-ils un auto-da-fé? Expliquez ce que c'est qu'un auto-da-fé.
2. Qui sont les cinq victimes? De quels crimes sont-ils coupables?
3. Quels sont ces «appartements d'une extrême fraîcheur dans lesquels on n'était jamais incommodé de soleil»?
4. Pourquoi y a-t-il une différence entre la mitre et le san-benito de Candide et ceux de Pangloss?
5. Qu'est-ce qui est arrivé à chacune des cinq victimes?
6. Peut-on dire que l'auto-da-fé a bien réussi?
7. D'après vous, qu'est-ce que cet épisode illustre?

Appréciation du texte

1. Dans ce texte Voltaire semble faire un récit objectif de l'auto-da-fé comme si c'était un événement tout à fait ordinaire et inoffensif. Il semble permettre ainsi au lecteur de réagir et de tirer ses propres conclusions. Comment avez-vous réagi et quels sont les éléments du texte qui vous ont mené à ces conclusions?

2. Le récit apparemment objectif ne l'est pas en fait. Voltaire emploie l'ironie[L] pour l'aider à révéler son point de vue. Trouvez les mots ironiques dans le texte et expliquez en quoi consiste l'ironie de chaque mot.

3. Voltaire aurait pu traiter le thème de l'intolérance dans un essai philosophique. En effet, quelques années après avoir écrit *Candide,* il a publié un *Traité sur la tolérance* (1763). Est-ce que le conte philosophique vous semble un moyen plus efficace de présenter ses arguments? Pourquoi ou pourquoi pas?

La Rochefoucauld

We have seen in the previous selection how the eighteenth-century Frenchman was vitally preoccupied with the injustices of his day and how a major portion of Enlightenment literature was devoted to the great issues of the times. Prior to the 1700s man's lot was an area of prime concern as well, but it tended to be treated in broader, more general terms. For instance, writers like Montaigne in his *Essais* (1580–88) and Pascal in his *Pensées* (1670) studied universal man, his way of life, his treatment of his fellow man, and thus lay the foundation for what was to evolve into a French literary tradition, that of the *moralistes*.[L] In their writings, the *moralistes* offer general reflections on and

LA ROCHEFOUCAULD

basic insights into the human condition, enabling us to better understand our foibles and perhaps thereby perceive some of the reasons why man does not always do what is humanly right and just.

One of the better-known *moralistes* of the seventeenth century was François, duc de La Rochefoucauld (1613–80), whose observations focused on the individual's relationship with the rest of society. In true classical fashion, La Rochefoucauld drew from his own experiences and perceptions universal inferences on the nature of man. Numerous disappointments in his career and personal life had led him to adopt a cynical outlook. In his *Maximes,* which first appeared in 1665, he put forth the basic premise that, in all his actions, man is motivated by egoism, driven by self-interest. Little wonder, then, that man's conduct does not always conform to his principles and that on occasion he fails to recognize the rights and merits of his fellow humans and does not give them their just desert.

The *maxime*—a general observation on human nature expressed as concisely and as strikingly as possible—was one of the favorite diversions in the literary salons of the time. La Rochefoucauld excelled in this genre of literary creation; in his lifetime he published well over six hundred. Although apparently objective expressions of universal judgments, La Rochefoucauld's *Maximes* stem from the personal disillusionment and bitterness of a nobleman who felt that he had never been accorded proper recognition. Of even greater interest than the commentary on human behavior, however, is the form in which these statements are presented. At first glance the pithy, memorable sayings appear to contain the very essence of a given subject. After provoking a usually rapid assent or disagreement, the *Maximes* stimulate the reader to further thought and to an eventual appreciation of the complex subject matter that is man.

L'homme et la société

1. *L'intérêt,* que l'on accuse de tous nos crimes, mérite souvent d'être *loué* de nos bonnes actions.
2. Nous aurions souvent honte de nos plus belles actions si le monde voyait tous les motifs qui les produisent.
3. Les vertus se perdent dans l'intérêt comme les fleuves se perdent dans la mer.
4. L'amitié la plus désintéressée n'est qu'un commerce où notre *amour-propre* se propose toujours quelque chose à gagner.
5. On ne loue d'ordinaire que pour être loué.
6. *Quelque bien* qu'on dise de nous, on ne nous *apprend* rien de nouveau.
7. Quelque *défiance* que nous ayons de la sincérité de ceux qui nous parlent, nous croyons toujours qu'ils nous disent plus vrai qu'aux autres.
8. On aime mieux dire du mal de soi-même que de *n'en point* parler.
9. Ce qui nous rend la vanité des autres insupportable, c'est qu'elle *blesse* la nôtre.
10. Nous pardonnons souvent à ceux qui nous ennuient, mais nous ne pouvons pardonner à ceux que nous ennuyons.

11. Ce qu'on nomme libéralité n'est le plus souvent que la vanité de donner, que nous aimons mieux que ce que nous donnons.

12. Les vieillards aiment à donner de bons préceptes, pour se consoler de n'être plus en état de donner de mauvais exemples.

13. On a fait une vertu de la modération pour *borner* l'ambition des grands hommes et pour consoler les gens médiocres de leur peu de fortune et de leur peu de mérite.

14. Notre repentir n'est pas tant un regret du mal que nous avons fait, qu'une crainte de celui qui nous en peut arriver.

15. Nous pardonnons aisément à nos amis les défauts qui ne nous *regardent* pas.

16. Nous avons tous assez de force pour supporter les maux *d'autrui.*

17. Quand les vices nous quittent, nous nous flattons de la *créance* que c'est nous qui les quittons.

18. Si nous résistons à nos passions, c'est plus par leur faiblesse que par notre force.

19. L'hypocrisie est un hommage que le vice rend à la vertu.

20. La *reconnaissance* de la plupart des hommes n'est qu'une secrète envie de recevoir de plus grands *bienfaits.*

21. L'absence diminue les médiocres passions et augmente les grandes, comme le vent *éteint* les *bougies* et allume le feu.

22. La passion fait souvent un fou du plus habile homme, et rend souvent habiles les plus *sots.*

23. Si on juge de l'amour par la plupart de ses effets, il ressemble plus à la *haine* qu'à l'amitié.

24. Ce qui fait que les *amants* et les *maîtresses* ne s'ennuient point d'être ensemble, c'est qu'ils parlent toujours d'eux-mêmes.

25. L'homme croit souvent se conduire lorsqu'il est conduit; et pendant que par son esprit il tend à un *but,* son coeur l'*entraîne insensiblement* à un autre.

26. Peu de gens sont assez sages pour préférer le blâme qui leur est utile à la louange qui les *trahit.*

27. On ne peut se consoler d'être trompé de ses ennemis et trahi par ses amis, et l'on est souvent satisfait de l'être par soi-même.

28. Il est aussi facile de se tromper soi-même sans *s'en apercevoir* qu'il est difficile de tromper les autres sans qu'ils s'en aperçoivent.

29. Le monde récompense plus souvent les apparences du mérite que le mérite même.

30. Il est plus facile de paraître *digne* des emplois qu'on n'a pas que de ceux qu'on exerce.

31. Nul ne mérite d'être loué de sa bonté s'il n'a pas la force d'être méchant: toute autre bonté n'est le plus souvent que paresse ou impuissance de la volonté.

Vocabulaire

l' **intérêt** (m) *self-interest*
loué *praised*
l' **amour-propre** (m) = égoïsme
quelque bien *whatever good*
apprendre = informer de
la **défiance** = réserve, scepticisme
ne . . . point = ne pas
blesser = offenser
borner = limiter
regarder = concerner
d'autrui = des autres
la **créance** (obsolete) *belief*
la **reconnaissance** = la gratitude
le **bienfait** = faveur

éteindre *to extinguish*
la **bougie** *candle*
sot *foolish*
la **haine** = l'aversion, l'antipathie
amants = ceux qui aiment
maîtresses = celles qui aiment
le **but** = objectif
entraîner = emmener, tirer
insensiblement = peu à peu,
imperceptiblement
trahir = tromper
s' **apercevoir de** = se rendre compte de,
remarquer
digne = qui mérite

Intelligence du texte

1. Expliquez en vos propres mots le sens des maximes suivantes: #1, #2, #6, #14, #20, #22, #25, #26.
2. Est-ce que la comparaison de la maxime #3 est juste? Expliquez-la.
3. Acceptez-vous la maxime #8? Si oui, comment peut-on l'expliquer?
4. Pourquoi ne pardonnons-nous pas à ceux que nous ennuyons? (#10)
5. Est-ce que les maximes #15 et #16 ont quelque chose en commun? Quoi donc?
6. Comment l'hypocrisie rend-elle hommage à la vertu? (#19)
7. Justifiez la comparaison de la maxime #21. Quelles passions l'absence diminue-t-elle? Lesquelles augmente-t-elle? Donnez des exemples concrets.
8. Comment l'amour peut-il ressembler plutôt à la haine qu'à l'amitié? (#23)
9. Choisissez une ou deux maximes de La Rochefoucauld et demandez à un(e) camarade de classe d'en expliquer la signification.

Appréciation du texte

1. Est-ce que toutes les maximes citées ci-dessus sont de nature pessimiste? Si non, lesquelles considérez-vous plutôt optimistes, et pourquoi?
2. Êtes-vous d'accord avec La Rochefoucauld dans ses jugements sur la nature humaine? Laquelle des maximes vous semble la plus juste et la-

quelle la moins juste? Pourquoi? Citez celle que vous aimez le mieux et dites pourquoi.
3. Pourriez-vous formuler sous forme de maximes quelques préceptes moraux? Comment peut-on comparer les maximes et les lois?

Albert Camus

The notion of a trial is a very familiar one to contemporary readers in view of the notoriety accorded many cases by the press, radio, and television. One of the most celebrated trials in twentieth-century literature is that of Meursault, the "stranger." Albert Camus (1913–60), essayist and playwright, is perhaps best known for his novels: *L'Étranger* (1942), *La Peste* (1947), and *La Chute* (1956). One of his most intriguing characters is the central figure of his first novel, Meursault, who in a quarrel kills a man he doesn't know, and is put on trial for his life. Camus himself, some thirteen years after the publication of *L'Étranger*, gave further insight into the nature of Meursault's existence:

«J'ai résumé *L'Étranger*, il y a longtemps, par une phrase dont je reconnais qu'elle est très paradoxale: «Dans notre société tout homme qui ne pleure pas à l'enterrement (*funeral*) de sa mère risque d'être condamné à mort.» Je voulais dire seulement que le héros du livre est condamné parce qu'il ne joue pas le jeu. En ce sens, il est étranger à la curiosité où il vit, il erre (*wanders*), en marge (*on the fringe*), dans les faubourgs de la vie privée, solitaire, sensuelle. Et c'est pourquoi des lecteurs ont été tentés de la considérer comme une épave (*wreck, derelict*). On aura cependant une idée plus exacte du personnage, plus conforme en tout cas aux intentions de son auteur, si l'on se demande en quoi Meursault ne joue pas le jeu. La réponse est simple: il refuse de mentir. Mentir ce n'est pas seulement dire ce qui n'est pas. C'est aussi, c'est surtout, dire plus que ce qui est et, en ce qui concerne le cœur humain, dire plus qu'on ne sent. C'est ce que nous faisons tous, tous les jours, pour simplifier la vie. Meursault, contrairement aux apparences, ne veut pas simplifier la vie. Il dit ce qu'il est, il refuse de majorer (*overvalue*) ses sentiments, et aussitôt la société se sent menacée. On lui demande par exemple de dire qu'il regrette son crime, selon la formule consacrée. Il répond qu'il éprouve à cet égard plus d'ennui que de regret véritable. Et cette nuance le condamne.[1]

The following excerpt from *L'Étranger* shows how Meursault is convicted. Rather than stressing the facts of the slaying, the prosecution sketches a portrait of the accused for the jury. It does this by calling as witnesses the director and the concierge of the home where Meursault had put his aged mother until her death; then, as a third witness, it produces his girl friend Marie. Meursault has refused to lie, refused to play

---

[1] Albert Camus, *L'Étranger*, ed., Germaine Brée and Carlos Lynes, Jr. (New York: Appleton-Century-Crofts, Inc., 1955), p. vii.

society's game, to do what he was "supposed to do" according to the norms; therefore he is an outcast who does not belong, and for whom there can be but one fate. Society condemns him to death.

Albert Camus

Le procès d'un étranger

J'ai essuyé la *sueur* qui couvrait mon visage et je n'ai repris un peu conscience du lieu et de moi-même que lorsque j'ai entendu appeler le directeur de *l'asile.* On lui a demandé si maman se plaignait de moi et il a dit que oui mais que c'était un peu la *manie* de ses pensionnaires de se plaindre de *leurs proches.* Le *président* lui a fait préciser si elle me reprochait de l'avoir mise à l'asile et le directeur a dit encore oui. Mais cette fois, il n'*a* rien *ajouté.* À une autre question il a répondu qu'il avait été surpris de mon calme le jour de l'enterrement. On lui a demandé ce qu'il *entendait* par calme. Le directeur a regardé alors le bout de ses souliers et il a dit que je n'avais pas voulu voir maman, je n'avais pas pleuré une seule fois et j'étais parti *aussitôt* après l'enterrement sans *me recueillir* sur sa tombe. Une chose encore l'avait surpris: un *employé des pompes funèbres* lui avait dit que je ne savais pas l'âge de maman. Il y a eu un moment de silence et le président lui a demandé si c'était bien de moi qu'il avait parlé. Comme le directeur ne comprenait pas la question, il lui a dit: «C'est la loi.» Puis le président a demandé à l'*avocat général* s'il n'avait pas de question à poser au *témoin* et le procureur *s'est écrié:* «Oh! non, cela suffit,» *avec un tel éclat* et un tel regard triomphant dans ma direction que, pour la première fois depuis bien des années, j'ai eu une envie stupide de pleurer parce que j'ai senti combien j'étais détesté par tous ces gens-là.

Après avoir demandé au jury et à mon avocat s'ils avaient des questions à poser, le président a entendu le concierge. Pour lui comme pour tous les autres, le même cérémonial s'est répété. En arrivant, le concierge m'a regardé et il *a détourné* les yeux. Il a répondu aux questions qu'on lui posait. Il a dit que je n'avais pas voulu voir maman, que j'avais fumé, que j'avais dormi et que j'avais pris du café au lait. J'ai senti alors quelque chose qui *soulevait* toute la salle et, pour la première fois, j'ai compris que j'étais coupable. On a fait répéter au concierge l'histoire du café au lait et celle de la cigarette. L'avocat général m'a regardé avec une *lueur* ironique dans les yeux. À ce moment, mon avocat a demandé au concierge s'il n'avait pas fumé avec moi. Mais le procureur s'est élevé avec violence contre cette question: «Quel est le criminel ici et quelles sont ces méthodes qui consistent à *salir* les témoins de l'accusation pour minimiser des *témoignages* qui n'en demeurent pas moins *écrasants.*» Malgré tout, le président a demandé au concierge de répondre à la question. Le vieux a dit d'un air embarrassé: «Je sais bien que j'ai eu tort. Mais je n'*ai* pas *osé* refuser la cigarette que Monsieur m'a offerte.» En dernier lieu, on m'a demandé si je n'avais rien à ajouter. «Rien, ai-je répondu, seulement que le témoin a raison. Il est vrai que je lui ai offert une cigarette.» Le concierge m'a regardé alors avec un peu d'*étonnement* et une sorte de gratitude. Il a hésité, puis il a dit que c'était lui qui m'avait offert le café au lait. Mon avocat a triomphé *bruy-amment* et a déclaré que les *jurés* apprécieraient. Mais le procureur *a tonné* au-dessus de nos têtes et il a dit: «Oui, MM. les jurés apprécieront. Et ils concluront qu'un étranger pouvait proposer du café, mais qu'un fils devait le refuser devant le corps de celle qui lui avait donné le jour.» Le concierge *a regagné son banc.*

Marie est entrée. Elle avait mis un chapeau et elle était encore belle. Mais je l'aimais mieux avec ses cheveux libres. De l'endroit où j'étais, je *devinais le poids léger* de ses *seins* et je reconnaissais sa lèvre inférieure toujours un peu *gonflée.* Elle semblait très nerveuse. Tout de suite, on lui a demandé depuis quand elle me connaissait. Elle a indiqué l'époque où elle travaillait chez nous. Le président a voulu savoir quels étaient ses rapports avec moi. Elle a dit qu'elle était mon amie. À une autre question, elle a répondu qu'il était vrai qu'elle devait m'épouser. Le procureur *qui feuille-tait un dossier* lui a demandé brusquement de quand datait notre liaison. Elle a indiqué la date. Le procureur a remarqué d'un air indifférent qu'il lui semblait que c'était le lendemain de la mort de maman. Puis il a dit avec quelque ironie qu'il ne voudrait pas insister sur une situation délicate, qu'il comprenait très bien les scrupules de Marie mais (et ici son accent s'est fait plus dur) que son devoir lui commandait de *s'élever* au-dessus des *conve-nances.* Il a donc demandé à Marie de *résumer* cette journée où je l'avais connue. Marie ne voulait pas parler, mais devant l'insistance du procureur, elle a dit notre *bain*, notre sortie au cinéma et notre rentrée chez moi. L'avocat général a dit qu'à la suite des déclarations de Marie à l'*instruction*, il avait consulté les programmes de cette date. Il a ajouté que Marie elle-même dirait quel film on *passait* alors. D'une voix *presque blanche*, en effet, elle a indiqué que c'était un film de *Fernandel.* Le silence était complet dans la salle *quand elle a eu fini.* Le procureur s'est alors levé, très grave et d'une voix que j'ai trouvée vraiment *émue*, le doigt *tendu* vers moi, il a articulé lentement: «Messieurs les jurés, le lendemain de la mort de sa mère, cet homme prenait des bains, commençait une liaison irrégu-lière, et allait rire devant un film comique. Je n'ai rien de plus à vous dire.» Il s'est assis, toujours dans le silence. Mais, tout d'un coup, Marie *a éclaté en sanglots*, a dit que ce n'était pas cela, qu'il y avait autre chose, qu'on la forçait à dire le contraire de ce qu'elle pensait, qu'elle me connaissait bien et que je n'avais rien fait de mal. Mais l'*huissier*, sur un signe du président, l'*a emmenée* et l'*audience s'est poursuivie.*

Albert Camus, *L'Étranger*

Vocabulaire

essuyer *to wipe*
la **sueur** *sweat*
l' **asile** (m) un hospice pour les vieux
la **manie** = habitude un peu bizarre
leurs proches = leurs parents
le **président** *presiding judge; in France, he is the one who puts the questions to witnesses*
ajouter *to add*
entendre = vouloir dire
aussitôt = tout de suite
se **recueillir** = réfléchir, méditer
un **employé des pompes funèbres** *an undertaker's assistant*
l' **avocat général** *the prosecutor who stands in for* le procureur général *(the public prosecutor); Camus uses the two terms interchangeably*
le **témoin** *witness*
s' **écrier** = crier, s'exclamer
avec un tel éclat = si fort, si énergiquement
détourner = tourner d'un autre côté
soulever = agiter, indigner
la **lueur** = la lumière
salir = rendre sale, dégrader
le **témoignage** = le récit d'un témoin
écrasant *overwhelming*
oser *to dare*
l' **étonnement** (m) = la surprise

bruyamment = avec grand bruit
le **juré** = membre d'un jury
tonner *to thunder*
a regagné son banc = a repris sa place
deviner = percevoir indistinctement
le **poids léger** *light weight*
le **sein** *breast*
gonflé *swollen*
qui feuilletait un dossier *who was leafing through a file*
s' **élever** = monter
les **convenances** (f) *social conventions, decorum*
résumer = raconter en peu de mots
le **bain** *swim*
l' **instruction** (f) *preliminary investigation*
passer *to show*
presque blanche presque sans expression
Fernandel acteur français comique très célèbre
quand elle a eu fini = quand elle avait fini
ému = plein d'émotion
tendu *extended*
a éclaté en sanglots *burst into sobs*
l' **huissier** (m) *court attendant*
emmener = mener dans un autre lieu
l' **audience** (f) *session*
se **poursuivre** = continuer

Intelligence du texte

1. Pourquoi la mère de Meursault se plaignait-elle de lui?
2. Qu'est-ce qui avait surpris le directeur le jour de l'enterrement? Expliquez.
3. Quelle autre chose avait surpris le directeur?
4. Résumez le témoignage du directeur.
5. Pourquoi Meursault a-t-il eu envie de pleurer?
6. En quoi a consisté le témoignage du concierge?
7. Qu'est-ce que Meursault a senti alors? Qu'est-ce qu'il a compris?
8. Pourquoi le concierge a-t-il fumé avec Meursault?
9. À votre avis, est-ce que le témoignage du concierge a été favorable ou défavorable à Meursault? Pourquoi?
10. Décrivez Marie au moment de son entrée dans la salle.

11. Quelle première question a-t-on posée à Marie?

12. En quels termes a-t-elle décrit ses rapports avec Meursault?

13. De quand datait la liaison de Marie et de Meursault? Quelle était l'importance de cette date?

14. Comment Marie a-t-elle résumé sa journée avec Meursault?

15. Quel film passait-on alors au cinéma? Quelle était l'importance de ce détail?

16. Résumez le témoignage de Marie.

Appréciation du texte

1. Camus a dit que Meursault a été condamné parce qu'il a refusé de jouer le jeu. Énumérez, d'après les trois témoignages, les cas où Meursault s'est attiré la haine de la société.

2. Remarquez le style du narrateur qui consiste, en général, en une série de phrases déclaratives, courtes et simples. C'est comme s'il s'agissait d'un compte rendu dans un journal: il y a de nombreux détails précis comme dans un bon reportage objectif. Qu'est-ce que cela révèle au sujet du narrateur? Qu'est-ce que vous pensez de Meursault?

Exercices de grammaire

I. Les adjectifs, les adverbes
   Complétez les phrases suivantes.

   1. Les sages ont décidé de donner au peuple _____ (*a beautiful*) auto-da-fé.

   2. Ils n'avaient pas trouvé _____ (*a more effective means*) pour prévenir _____ (*a total ruin*).

   3. L'auto-da-fé était _____ (*an infallible secret*) pour empêcher la terre de trembler.

   4. Candide et Pangloss _____ (*went separately*) en prison.

   5. Après la procession ils entendirent _____ (*a very moving sermon*) suivi d' _____ (*a beautiful music*).

   6 _____ (*The same day*) la terre _____ (*trembled again*) avec _____ (*a dreadful crash*).

   7. Il doit y avoir _____ (*a better means*) d'empêcher la terre de trembler.

II. *Complétez les phrases suivantes.*

   1. On accuse l'intérêt de _____ (*all*) nos crimes.

   2. L'intérêt _____ (*often deserves*) d'être loué de nos bonnes actions.

   3. Nous aurions souvent honte de _____ (*our most beautiful actions*) si le monde voyait _____ (*all*) les motifs qui les produisent.

   4. _____ (*The most disinterested friendship*) n'est qu'un commerce où notre amour-propre se propose toujours quelque chose à gagner.

5. On a fait une vertu de la modération pour consoler _____ (*the mediocre people*).
6. Quelque défiance que nous ayons de la sincérité de ceux qui nous parlent, _____ (*we always believe*) qu'ils nous disent plus vrai qu'aux autres.
7. _____ (*We often forgive*) à ceux qui nous ennuient mais pas à ceux que nous ennuyons.
8. _____ (*Everyone*) loue pour être loué.
9. Ce qu'on aime _____ (*best*), c'est une personne honnête, quelqu'un qui ne flatte pas mais qui dit la vérité.
10. Nul ne mérite d'être loué de sa bonté s'il n'a pas la force d'être méchant: _____ (*all other goodness*) n'est le plus souvent que paresse ou impuissance de la volonté.

III. *Complétez les phrases suivantes.*

1. Meursault n'a pas pleuré _____ (*a single time*) à l'enterrement de sa mère.
2. Cependant, pendant son procès, il a eu _____ (*a stupid urge*) de pleurer.
3. C'était _____ (*the first time*) depuis bien des années.
4. _____ (*Something dangerous*) pour Meursault a soulevé la salle.
5. Marie n'était _____ (*guilty*) de rien.
6. Il y a eu plusieurs témoignages _____ (*overwhelming*) contre Meursault.
7. Le concierge _____ (*appeared embarrassed*).
8. Marie _____ (*appeared nervous*).
9. Les films de Fernandel sont toujours _____ (*very comic*).
10. En dernier lieu, Marie a dit que Meursault _____ (*had done nothing wrong*).

Vocabulaire satellite: La justice et la loi

la **loi** *law (rule, statute)*
le **droit** *law (the profession, the study); right (moral, legal)*

le **procès** *trial*
le **tribunal** *court*
l' **audience** (f) *session*
la **salle du tribunal** *courtroom*

le **président** *presiding judge*
l' **inculpé** (m) *the accused*
l' **avocat général** (m)
le **procureur général** ⎤ *public prosecutor*

l' **avocat** (m) *lawyer*
le **jury** *jury*
le **juré** *juror*
le **témoin à charge** *witness for the prosecution*
le **témoin à décharge** *witness for the defense*
l' **huissier (d'audience)** (m) *court attendant*

poser une question *to ask a question*
interroger *to interrogate*
plaider *to plead*
prêter serment *to be sworn in*
jurer *to swear*
préciser *to specify*
avouer *to admit*
nier *to deny*
se **parjurer** *to perjure oneself*

trouver coupable, innocent *to find (someone) guilty, innocent*
punir *to punish*
le **témoignage** *testimony*
la **preuve** *proof*
le **mobile** *motive*
les **circonstances atténuantes** (f) *extenuating circumstances*
la **culpabilité** *guilt*
l' **innocence** (f) *innocence*

le **meurtrier** *murderer*
la **peine de mort** *death penalty*
la **guillotine** *guillotine*
la **chaise électrique** *electric chair*
la **potence** *gallows*
le **pénitencier** *penitentiary*
les **travaux forcés à perpétuité** (m) *hard labor for life*

Pratique de la langue

1. Les scènes devant le tribunal sont souvent dramatiques. Préparez une représentation des trois témoignages dans le procès de Meursault en distribuant les rôles suivants: le directeur de l'asile, le président de la cour, l'avocat général (le procureur), Meursault, le concierge, les jurés, l'avocat de Meursault, Marie.
2. Vous êtes journaliste et vous étiez dans la salle du tribunal pendant toute l'affaire Meursault. Vous vous intéressez maintenant à la réaction des gens dans la rue, c'est-à-dire, des étudiants. Préparez une enquête sur ce sujet au moyen d'une série d'entrevues. Interrogez les étudiants en classe pour apprendre leurs vues. S'agit-il de justice ou d'injustice? Meursault a-t-il mérité son sort ou est-il effectivement une victime de la société? Présentez un résumé de vos constatations (*findings*).
3. En France, on tranchait la tête des condamnés à mort au moyen de la guillotine. Que pensez-vous de cette méthode d'exécution?
4. Quels sont, d'après vous, quelques facteurs qui expliquent le fait de l'intolérance?
5. Étant donné la situation actuelle dans le monde, quelle est votre attitude philosophique fondamentale? Êtes-vous optimiste ou pessimiste?
6. À débattre: «La peine de mort est une arme de dissuasion efficace.»

Sujets de discussion ou de composition

1. Malgré les meilleurs efforts des hommes à travers les âges, l'injustice semble se manifester sous diverses formes à chaque époque. Est-ce tou-

jours vrai à l'époque actuelle? Quels sont les exemples les plus frappants de l'injustice contemporaine? La Rochefoucauld avait-il raison: est-ce que tous ces cas d'injustice sont motivés par l'égoïsme? Discutez précisément.

2. La loi et la justice: est-ce que ces deux mots sont synonymes? Est-ce que ce sont deux aspects de la même réalité? Est-ce que le fait de l'une assure l'existence de l'autre? Y a-t-il parfois opposition entre les deux termes? Quels sont, en un mot, les rapports qui existent entre elles?

3. Quel est le but de la prison? Quelle doit donc en être la nature?

4. Rivarol a écrit au dix-huitième siècle: «Il y a des vertus que l'on ne peut pratiquer que lorsqu'on est riche.» Inversement, y a-t-il certaines infractions qui sont commises plus fréquemment par les riches? par les pauvres? Que pensez-vous de la manière dont la justice traite ces différentes espèces de délits (*misdemeanors*)?

5. Écrivez une maxime originale sur un sujet que vous avez à cœur. Votre maxime fera partie des *Maximes* de la classe de français.

7: Images de la France

Montesquieu

The image that one has of a particular country can be derived from several sources. It can result from personal, on-the-spot observation as one travels through the country. It can be culled too from the written remarks of other visitors. It is often interesting to compare the impressions of a foreigner with the self-perceptions of a native. In many cases, one finds that objective reality lies somewhere between the two subjective assessments.

Charles-Louis de Secondat, baron de la Brède et de Montesquieu (1689–1755), is well known to students of political science as the man who wrote *L'Esprit des lois* (1748). This work, the culmination of twenty years of research and writing, established its author as one of the most original thinkers of his age and as an advocate of social reform. It was to guarantee individual rights and liberties that Montesquieu, the first of the great *philosophes*,[L] determined to study the nature of law. In the process he developed several important theories: he was, for instance, the first to stress the effect of climate on people, and the need to adjust laws accordingly. His philosophy of the separation of powers in government influenced to no small degree the framing of the American Constitution.

Among students of literature, Montesquieu's reputation rests also on his first important publication, *Les Lettres persanes* (1721), a masterpiece of social, political, and religious satire.[L] In his inimitable witty manner, the author takes a penetrating look at the French society of his day—a venture that presented certain risks to the writer. The autocratic reign of Louis XIV (1661–1715), with its strong emphasis on censorship, had just ended, and the French did not yet dare to criticize their institutions openly. Wisely, Montesquieu had his book published anonymously in Amsterdam. For added protection—and in an effort, no doubt, to make his work more entertaining—he devised the central scheme of two traveling Persians, Usbek and Rica, who spend some eight years in France and commmunicate their fresh Oriental impressions to the folks at home by means of informative letters. Ostensibly, the author could in no way be held responsible for the critical views of these foreigners. Furthermore, Montesquieu had the letters discuss the mundane squabbles in the harem, which, in the absence of Usbek and Rica, had been left in charge of the head eunuch. This was another shield for the author: How could anyone take seriously any matter treated in such a frivolous book?

The epistolary form of *Les Lettres persanes* allows Montesquieu to move quickly from one topic to another without dwelling on any. In the selection that follows, he talks about dress and hair styles which change so rapidly that no one can keep up with them. Even in the eighteenth century the glamorous world of fashion captured the social fancy of Parisians, establishing Paris as the style capital of the world.

Les caprices de la mode parisienne

Je trouve les caprices de la *mode,* chez les Francais, étonnants. Ils ont oublié comment ils étaient habillés cet été; ils *ignorent* encore plus comment ils le seront cet hiver. Mais, surtout, *on ne saurait croire* combien il en coûte à un mari pour mettre sa femme à la mode.

Que me servirait de te faire une description exacte de leur habillement et de leurs *parures?* Une mode nouvelle viendrait détruire tout mon ouvrage, comme celui de leurs ouvriers, et, avant que tu n'*eusses reçu* ma lettre, tout serait changé.

Une femme qui quitte Paris pour aller passer six mois à la campagne en revient aussi antique que si elle s'y était oubliée trente ans. Le fils *méconnaît* le portrait de sa mère, tant l'habit avec lequel elle est peinte lui paraît étranger; il s'imagine que c'est quelque Américaine qui y est représentée, ou que le peintre a voulu exprimer quelqu'une de ses fantaisies.

Quelquefois les *coiffures* montent *insensiblement,* et une révolution les fait descendre tout à coup. Il a été un temps que leur hauteur immense mettait le visage d'une femme au milieu d'elle-même. Dans un autre, c'était les pieds qui occupaient cette place: les *talons* faisaient un piédestal, qui les tenait en l'air. Qui pourrait le croire? Les architectes ont été souvent obligés de *hausser,* de *baisser* et d'élargir les portes, *selon que* les parures des femmes *exigeaient* d'eux ce changement, et les règles de leur art ont été *asservies à* ces caprices. On voit quelquefois sur un visage une quantité prodigieuse de *mouches,* et elles disparaissent toutes le lendemain. Autrefois, les femmes *avaient de la taille* et des dents; aujourd'hui, il n'en est pas question. Dans cette changeante nation, *quoi qu'en disent les mauvais plaisants,* les filles se trouvent *autrement faites* que leurs mères.

Il en est des manières et de la façon de vivre comme des modes; les Français changent de *mœurs* selon l'âge de leur roi. Le Monarque pourrait même *parvenir à* rendre la Nation grave, s'il l'*avait entrepris*. Le Prince *imprime* le caractère de son esprit à la Cour; la Cour, à la Ville; la Ville, aux provinces. L'âme du Souverain est un *moule* qui donne la forme à toutes les autres.

Montesquieu, *Les Lettres persanes*

Vocabulaire

la **mode** *fashion*
ignorer = ne pas savoir
on ne saurait croire *one couldn't believe*
Que me servirait = What good would it do
la **parure** *jewelry, adornment*
eusses reçu = plus-que-parfait du subjonctif
méconnaître = ne pas reconnaître
la **coiffure** *hair style (of women)*
insensiblement = d'une manière imperceptible, petit à petit
le **talon** *heel*
hausser = élever
baisser = mettre plus bas
selon que *according as*

exiger *to require*
asservi à *subjected to*
la **mouche** *beauty spot (common in eighteenth-century feminine makeup, used to adorn the face)*
avaient de la taille *had a figure*
quoi qu'en disent les mauvais plaisants *no matter what the practical jokers say*
autrement faites *made differently*
il en est de *it's the same with*
les **mœurs** (f) = les habitudes, les coutumes
parvenir à = réussir à
entreprendre = décider de faire
imprimer *to imprint*
le **moule** *mold*

Intelligence du texte

1. Pour quelles raisons Rica s'étonne-t-il des caprices de la mode chez les Francais?
2. Pourquoi ne servirait-il à rien de faire une description exacte de leur habillement et de leurs parures?
3. Qu'est-ce qui arrive à une femme qui passe six mois à la campagne?
4. Pourquoi le fils méconnaît-il le portrait de sa mère?
5. Que s'imagine-t-il?
6. Quel est l'effet des coiffures montées très haut?
7. Montrez comment les caprices de la mode ont affecté les architectes.
8. De quoi les femmes se parent-elles le visage?
9. Outre (*besides*) les modes, quels autres éléments de la vie parisienne changent constamment?
10. Expliquez le sens de la dernière phrase du texte.

Appréciation du texte

1. Par quels détails Montesquieu donne-t-il l'impression que la mode change souvent?
2. Étudiez l'usage de l'hyperbole[L] et de l'humour dans ce texte.
3. Comment Montesquieu passe-t-il de la dictature de la mode à la dictature du roi?
4. Citez des exemples de modes exagérées chez les femmes et chez les hommes—ou chez les jeunes et chez les moins jeunes—à l'époque actuelle. Les approuvez-vous? Pourquoi ou pourquoi pas?

Pierre Daninos

Like Montesquieu, who in the eighteenth century chose to examine the French way of life through the eyes of Persian visitors, the contemporary French writer Pierre Daninos (b. 1913) offers his "découverte de la France et des Français" in the form of observations from the notebooks (*carnets*) of a supposed old British friend of his, a retired army officer named Major William Marmaduke Thompson. *Les Carnets du major Thompson* (1954) purports to be a translation of the good major's personal notes on various aspects of French culture. It is in fact but one of many novels, essays, and short stories written by Daninos over a period of forty years.

le major Thompson

Daninos proceeds with humor and wit as he comments randomly on specific traits and manifestations of the French temperament. He believes deeply in the benefits of laughter and refers to humor as man's sixth sense. In the preface to *Tout l'humour du monde* (1958) he says: «Traiter drôlement de choses graves et gravement de choses drôles, sans jamais se prendre au sérieux, a toujours été le propre de l'humoriste.» in *Les Carnets*, Daninos puts his French characters into sharp focus by often comparing them with their British (or American) counterparts. (In the army, Daninos had worked with the British, while before that he had lived as a newspaper correspondent in the United States.) His main character, Major Thompson, can speak with authority on the British as he was born and educated in England, the fourth son of the fourth Earl of Strawforness. When his English wife died in a riding accident in India, the Major married a French girl and so gained access to the French way of life, the knowledge of which he gladly shares with his readers through the services of his friend, *le traducteur.*

In *Les Carnets du major Thompson* Daninos comments, among other things, on French individuality, gastronomy, frugality, sports, language, history, hospitality, handshaking, etc. The following excerpts afford comic glimpses of the French image as the major gently chides the gallantry, the driving habits, the chauvinism, and the basic mistrust (*méfiance*) of the French.

Le domaine sentimental

En France, les femmes font tout ce qu'elles peuvent pour être remarquées—tout en *affichant* la surprise la plus vive si quelque inconnu les remarque au point de le leur dire. Une femme du monde sera scandalisée si on l'*aborde,* mais *navrée* que l'on n'essaie pas. «On ne me suit plus . . . », dira-t-elle un jour, pour marquer *à la fois* son âge et son *désabusement.*

Une Anglaise peut être parfaitement tranquille *sur ce chapitre:* on ne l'importunera jamais. Si, par extraordinaire, quelque étranger suspect *s'avisait de* la suivre, le traditionnel policeman *aurait tôt fait de remettre* les choses dans la tradition la plus stricte—les policemen des deux pays étant, *à l'image du reste,* très différents. *Martine* m'a raconté qu'un jour, encore jeune fille mais déjà suivie, elle s'était précipitée vers un gardien de la paix pour lui dire:

«Monsieur l'agent, cet homme me suit!

—Dommage que je ne puisse pas *en faire autant,* mademoiselle!» lui répondit l'agent, tout en continuant à régler la *circulation*!

Vocabulaire

afficher = montrer avec affectation
aborder = accoster
navré = affligé
à la fois = en même temps
le **désabusement** = la désillusion
sur ce chapitre = à ce sujet
s' **aviser de** *to take it into one's head to*

aurait tôt fait de remettre = remettrait vite
à l'image du reste = comme le reste
Martine la femme française du Major
en faire autant = faire de même
la **circulation** traffic

Intelligence du texte

1. Décrivez l'attitude paradoxale des femmes en France.
2. Qu'est-ce qu'une Française veut dire quand elle affirme: «On ne me suit plus!»?
3. Pourquoi l'Anglaise peut-elle être parfaitement tranquille sur ce chapitre?
4. Comment l'anecdote arrivée à Martine illustre-t-elle la galanterie des Français?

La France au volant

Il faut *se méfier* des Français en général, mais sur la route en particulier.

Pour un Anglais qui arrive en France, il est indispensable de savoir d'abord qu'il existe deux sortes de Français: les à-pied et les en-voiture. Les à-pied *exècrent* les en-voiture, et les en-voiture terrorisent les à-pied, les premiers passant instantanément dans le camp des seconds si on leur met un volant entre les mains. (Il en est ainsi au théâtre avec les *retardataires* qui, après avoir dérangé douze personnes pour s'asseoir, sont les premiers à protester contre ceux qui ont *le toupet* d'arriver plus tard.)

Les Anglais conduisent plutôt mal, mais prudemment. Les Français conduisent plutôt bien, mais follement. La proportion des accidents est à peu près la même dans les deux pays. Mais je me sens plus tranquille avec des gens qui font mal des choses bien qu'avec ceux qui font bien de mauvaises choses.

Les Anglais (et les Américains) sont depuis longtemps *convaincus* que la voiture va moins vite que l'avion. Les Français (et la plupart des Latins) semblent encore vouloir prouver le contraire.

Vocabulaire

le **volant** *(steering) wheel*
se **méfier de** = manquer de confiance en, se tenir en garde contre
exécrer = abhorrer

le **retardataire** personne qui arrive en retard
le **toupet** = l'effronterie
convaincu profondément persuadé

Intelligence du texte

1. Quelles sont les deux sortes de Français et quels sont leurs sentiments les uns envers les autres?
2. Qu'est-ce qui permet de passer du premier groupe au second? Ce même phénomène se passe-t-il également ailleurs?
3. Quelle différence y a-t-il entre la façon de conduire des Anglais et celle des Français? Laquelle des deux le Major préfère-t-il? Comment, selon vous, les Américains conduisent-ils—comme les Anglais ou comme les Français? Expliquez.

Le Français, exportateur de la France

Ainsi voyage *M. Taupin*.... Il serait plus exact de dire: la France. Car c'est toute la France que M. Taupin exporte avec lui. Un Anglais, convaincu de la supériorité évidente de la Grande-Bretagne, se contente de la faire sentir (parfois désagréablement). Convaincu, lui aussi, de la supériorité de son pays, le Français extériorise la France: il est la France spirituelle, la France galante, la France de la liberté. *Vercingétorix* et Christian Dior, *Pascal* et la rue de la Paix: c'est lui. Lui qui, *at home*, dénigre ses *Corps constitués* au moindre prétexte, lui qui, à Paris, fera un succès beaucoup plus considérable à un roman policier s'il est signé W. A. Thorndyke que J. Dupont, le voici qui défend la France, ses artistes, ses inventeurs, avec *la foi d'un Croisé*. Qui *songerait du reste à* l'attaquer? Directeurs d'hôtels et *patrons* de restaurants viennent vers lui respirer un peu d'air parisien, et M. Taupin les *accueille* sur son territoire ambulant avec une *bonhomie* satisfaite. Le restaurateur dit: «Ah!... la France!» et M. Taupin fait: «Ah!...» Puis son interlocuteur s'écrie: «Ah! Paris!» et M. Taupin répond: «Ah!...» Le dialogue se poursuit ainsi de ah! en ah! Le monde *fond: il ne reste plus que Paris*.

Vocabulaire

M. Taupin un ami du Major
Vercingétorix général gaulois *(Gallic)* qui
a combattu Jules César
Pascal Blaise Pascal (1623–62),
philosophe, mathématicien, physicien, et
auteur français
Corps constitués *constitutional
(political) bodies*
la **foi d'un Croisé** *the faith of a Crusader*

songer à = penser à
du reste *moreover*
le **patron** = le directeur
accueillir = recevoir
la **bonhomie** = la bonté
fondre *to dissolve*
il ne reste plus que Paris = Paris seul
existe

Intelligence du texte

1. Quelle est l'attitude du Français quand il voyage?
2. A-t-il la même attitude lorsqu'il est chez lui? Donnez un exemple ou deux.
3. Comment les directeurs d'hôtels et les patrons de restaurants accueillent-ils M. Taupin en voyage? Et quelle est la réaction de M. Taupin?

Appréciation des textes

1. Dans cette œuvre il s'agit d'un Anglais qui, dans ses carnets, caractérise les Français. Comment est le style—littéraire, poétique, ou journalistique? Quelles sortes de phrases l'auteur emploie-t-il? Y a-t-il des anecdotes? Si oui, à quoi servent-elles?
2. Relisez la première sélection et racontez comment, à la fin du texte, un exemple précis vient appuyer *(support)* l'argument principal qui a été présenté dans un style de reportage.
3. Comparez les procédés *(methods)* littéraires employés par Daninos et par Montesquieu pour décrire leurs compatriotes.
4. Le major Thompson présente ses observations sous forme de contrastes entre les Anglais et les Français. Anglais marié d'abord à une Anglaise, puis à une Française, il prétend bien connaître les deux peuples. Avez-vous l'impression qu'il a un faible *(weakness)* pour une nationalité plutôt que l'autre? Si oui, laquelle? Pourquoi?
5. Dans la troisième sélection, le major, en traitant le chauvinisme du Français, révèle aussi l'esprit critique de celui-ci. Relevez les arguments qui appuient l'un ou l'autre de ces deux traits.

Le Français méfiant

Environné d'ennemis comme l'Anglais d'eau, *harcelé* par d'insatiables *poursuivants* qui *en veulent à* son beau pays, à son *portefeuille*, à sa liberté, à ses droits, à son honneur, à sa femme, le Français, on le *concevra* aisément, demeure sur ses gardes.

Il est méfiant.

Puis-je même dire qu'il naît méfiant, grandit méfiant, se marie méfiant, fait carrière dans la méfiance et meurt *d'autant plus* méfiant qu'*à l'instar de* ces timides qui ont des *accès* d'audace, il a été *à diverses reprises* victime d'attaques *foudroyantes* de crédulité? Je pense que je puis.

De quoi donc se méfie le Français? *Yes, of what exactly?*

De tout.

Dès qu'il s'assied dans un restaurant, lui qui vit dans le pays où l'on mange les meilleures choses du monde, M. Taupin commence par se méfier de ce qu'on va lui servir. Des *huîtres*, oui.

«Mais, dit-il au *maître d'hôtel*, sont-elles vraiment bien? Vous me les garantissez?»

Je n'ai encore jamais entendu un maître d'hôtel répondre:

«Non, je ne vous les garantis pas!» *En revanche, il peut arriver de l'entendre dire:* «Elles sont bien . . . Mais (et là il *se penche* en confident vers son client) . . . pas pour vous, monsieur Taupin . . . (ou monsieur Delétang-Delbet ou monsieur Dupont)», ce qui constitue, surtout si M. Taupin est accompagné, une très flatteuse *consécration*.

D'ailleurs, M. Taupin sait très bien que, si les huîtres sont annoncées sur la carte, c'est qu'elles sont fraîches, mais il aime qu'on le rassure, et surtout il ne veut pas être pris pour quelqu'un à qui «on *tire* la jambe».

M. Taupin se méfie même de l'eau: il demande de l'eau fraîche comme s'il existait des carafes d'eau chaude ou polluée. Il veut du pain frais, du vin qui ne soit pas *frelaté*.

«Est-ce que votre *pomerol* est bien? . . . *On peut y aller?* . . . Ce n'est pas de la *bibine*, au moins!»

Good Lord! Que serait-ce dans un pays comme le mien où se mettre à table peut être une si horrible aventure!

Ayant ainsi fait un bon (petit) repas, M. Taupin refait mentalement l'addition.

«Par principe», me dit-il, et parce qu'il ne veut pas *qu'on la lui fasse à l'esbroufe*. Trop *commode*. S'il ne trouve pas d'erreur, il semble *déçu*. S'il en *déniche* une, il est furieux. Après quoi, il s'en va, plus méfiant que jamais, dans la rue.

Il y a quelque temps, comme je me rendais gare d'Austerlitz (il faut bien y passer) pour aller dans une petite ville du Sud-Ouest avec M. Taupin, celui-ci m'*avertit* qu'il ferait une courte halte dans une pharmacie pour acheter un médicament dont il avait besoin.

«*Too bad!* . . . Vous êtes *souffrant*? demandai-je.

—Non, pas du tout, mais je me méfie de la nourriture *gasconne*.

—Ne pouvez-vous acheter votre médecine sur place?

—On ne sait jamais, dans ces petites villes. . . . Je serai plus tranquille si je la prends à Paris.»

À ma grande surprise, notre taxi dépassa plusieurs pharmacies qui avaient tout à fait l'air de pharmacies, mais en lesquelles M. Taupin ne semblait pas avoir confiance. Je compris alors le sens de cette inscription française qui m'avait toujours laissé perplexe: *En vente dans toutes les bonnes pharmacies.* Celles que je venais de voir, évidemment, c'étaient les autres.

Vocabulaire

harcelé = importuné, tourmenté
le **poursuivant** *pursuer*
en vouloir à = être mal disposé envers
le **portefeuille** wallet
concevoir = comprendre
d'autant plus *all the more*
à l'instar de = à la manière de
l' **accès** (m) = attaque d'une maladie
à diverses reprises = à diverses occasions, souvent
foudroyant *overwhelming*
l' **huître** (f) *oyster*
le **maître d'hôtel** *headwaiter*
en revanche *on the other hand*
il peut arriver de l'entendre dire = on peut quelquefois l'entendre dire

se **pencher** *to lean over*
la **consécration** = l'honneur
tirer *to pull*
frelaté = adultéré
pomerol un vin de Bordeaux
On peut y aller? *One can risk it?*
la **bibine** (colloq.) un mauvais vin
qu'on la lui fasse à l'esbroufe *to be hustled*
commode = facile, simple
déçu = désappointé
dénicher = découvrir, trouver
avertir = informer
souffrant = un peu malade
gascon de la région de la Gascogne (dans le sud-ouest de la France)

Intelligence du texte

1. Comment expliquez-vous que le Français reste sur ses gardes?
2. Peut-on dire que cette méfiance lui est caractéristique?
3. De quoi M. Taupin se méfie-t-il d'abord dans un restaurant?
4. Expliquez comment le maître d'hôtel flatte M. Taupin.
5. À part les huîtres, quelles sont les autres choses dont M. Taupin se méfie sur la carte? Et vous, y a-t-il des plats dont vous vous méfiez? Pourquoi?
6. Que fait M. Taupin après avoir bien mangé? Avez-vous cette même habitude, vous aussi, quand vous mangez dans un restaurant? À votre avis, M. Taupin a-t-il raison ou a-t-il tort?
7. Pourquoi M. Taupin cherche-t-il un médicament avant de prendre le train? Pourquoi veut-il acheter ce médicament avant de partir?
8. Selon le Major, pourquoi le taxi dépasse-t-il plusieurs pharmacies?

9. Que pensez-vous de l'inscription: «En vente dans toutes les bonnes pharmacies»? À votre avis, à quoi sert cette inscription? Quel en est le mot le plus important?

Appréciation du texte

1. Étudiez le rôle de l'humour dans ce texte. Quels sont les endroits où l'humour se manifeste le mieux et en quoi, au juste, consiste-t-il?
2. Comment voyons-nous profilé ici le chauvinisme du Français moyen?
3. D'après vous, à quelle classe appartient M. Taupin? Quels sont les traits de son caractère qui vous portent à le classer ainsi? Est-ce que M. Taupin représente parfaitement le Français typique? Si non, citez d'autres caractéristiques du tempérament français que M. Taupin ne possède pas.

Exercices de grammaire

I. *Complétez les phrases suivantes en mettant les verbes entre parenthèses au temps approprié.*

1. Si on _____ (mettre) un volant entre les mains d'un à-pied, il deviendrait alors un en-voiture et il _____ (terroriser) tous les à-pied.
2. Lorsque j' _____ (aller) en France, je ne conduirai pas; je prendrai le taxi.
3. En France si on aborde une femme du monde, elle _____ (être) scandalisée.
4. Mais si on ne l'abordait pas, elle _____ (être) navrée.
5. Si quelque étranger suspect abordait une Anglaise, un policeman _____ (venir) à son secours.
6. Lorsque le voyageur français _____ (arriver) à l'étranger, il défendra son pays avec la foi d'un Croisé.
7. Mais s'il _____ (voyager) en France, il dénigrerait ses Corps constitués.
8. Que _____ (faire)-vous si un homme vous suivait dans la rue?
9. Mes amis voyageront davantage quand ils _____ (avoir) plus d'argent.

II. *Mettez les phrases suivantes au passé en employant le* **plus-que-parfait** *et le* **conditionnel passé** *selon le modèle.*
    modèle: Si je savais l'allemand, j'irais en Autriche.
        *Si j'*avais su *l'allemand, je* serais allé *en Autriche.*

1. Si les huîtres n'étaient pas bonnes, le maître d'hôtel ne les garantirait pas.
2. Si M. Taupin ne trouvait pas d'erreurs dans l'addition, il serait déçu.
3. Si on lui apportait du mauvais vin, il se méfierait.

4. Si les Anglais savaient bien conduire, ils pourraient aller aussi vite que les Français.

5. Si l'agent ne réglait pas la circulation, les en-voiture effrayeraient les à-pied.

III. *Complétez les phrases suivantes en employant le verbe* **devoir** *au temps convenable.*

1. Un fils _____ (*should*) connaître le portrait de sa mère.

2. Le peintre _____ (*must have*) exprimer quelqu'une de ses fantaisies.

3. Les architectes _____ (*had to*) hausser, baisser et élargir les portes selon les parures des femmes.

4. Une femme à la cour _____ (*has to*) toujours être à la mode.

5. Son mari _____ (*must*) dépenser beaucoup d'argent pour mettre sa femme à la mode.

6. Arthur _____ (*was supposed to*) acheter un habit neuf à sa femme hier soir.

7. Il _____ (*should have*) accompagner sa femme au magasin.

8. Elle _____ (*must have*) payer son habit très cher parce qu'Arthur s'est fâché.

9. Ma soeur _____ (*is supposed to*) aller chez le coiffeur cet après-midi.

10. Elle _____ (*will have to*) attendre très longtemps parce que c'est samedi après-midi et il _____ (*must*) y avoir beaucoup de clientes avant elle.

Vocabulaire satellite: Images de la France

le **trait** *trait, feature*
la **caractéristique** *characteristic*
le **tempérament** *temperament*
le **stéréotype** *stereotype*
le **cliché** *cliché*
la **qualité** *quality*
le **défaut** *fault*

la **mode** *fashion*
la **coiffure** *hair style*
le **gastronome** *gourmet*
la **cuisine** *cooking, kitchen*

le **caprice** *caprice, whim*
la **fantaisie** *fantasy*
s' **habiller** *to dress*
l' **amant** (m), l'**amante** (f) *lover*

galant *attentive to ladies*
scandalisé *scandalized*
navré *distressed*
remarquer *to notice*

suivre *to follow*
importuner *to pester*
aborder *to approach, to accost*
flirter *to flirt*

l' **individu** (m) *individual*
méfiant *mistrustful, cautious, suspicious*

bourgeois *middle-class, bourgeois*
sportif *athletic*
environné *surrounded*
harcelé *harassed*
demeurer sur ses gardes *to remain vigilant*
se **méfier de** *to mistrust, to be suspicious of*
en vouloir à *to bear a grudge against*
attaquer *to attack*
défendre *to defend*
accueillir *to greet*

sceptique *skeptical*
spirituel *witty*
chauvin *chauvinistic*
poli, impoli *polite, impolite*
économe *thrifty*

Pratique de la langue

1. Quelle image vous faites-vous de la France et des Français? Dressez une liste de caractéristiques prépondérantes et comparez votre liste à celles des autres étudiants. Sur quels points tombez-vous d'accord? Y a-t-il des contradictions? Discutez ces désaccords et tâchez (*try*) de faire valoir votre point de vue.
2. Préparez le même genre d'analyse pour les États-Unis et les Américains. Suivez le même procédé que pour la question précédente. Pensez-vous que les Français voient votre pays comme vous le voyez?
3. Comment se forme-t-on une image d'un pays et de ses habitants? Quelles sont les sources d'information? Est-ce que toutes ces sources se valent (ont la même valeur)? Comment avez-vous formé votre image de la France et des Français? Y a-t-il une part de stéréotype dans votre conception?
4. Jouez une petite scène qui illustre (de façon comique?) un ou plusieurs aspects de l'esprit français. Pour donner plus de relief à votre personnage principal, introduisez un ou deux autres personnages qui sont juste le contraire de votre héros (héroïne) français(e).

Sujets de discussion ou de composition

1. Racontez une anecdote évoquant les Américains ou la vie américaine du point de vue (à votre choix) d'un voyageur (une voyageuse) venant de l'Arabie, de l'Afrique, ou peut-être d'une autre planète.

2. Préparez deux ou trois paragraphes qui tracent le portrait d'un(e) Améri-
cain(e). Procédez par contraste, comme l'a fait Pierre Daninos dans *Les
Carnets du major Thompson,* en comparant l'Américain(e) à un(e) Fran-
çais(e). Racontez une petite anecdote qui illustre parfaitement la différence entre les deux.

8: La francophonie

Un Canadien: Yves Thériault

Canadian literature of French expression emerged very slowly after the English army under Wolfe had defeated the French under Montcalm in 1759. Not until nearly a century later did the first French Canadian novel worthy of the name appear. It naturally took many more years for able writers to begin expressing a collective consciousness through purely Canadian themes. In today's literature the novel and poetry constitute the most vital forms, while the theater, which came into its own only after 1945, is gaining an increasing audience.

The initial masterpiece of the French Canadian novel, *Maria Chapdelaine,* was written by Louis Hémon, who had come to Canada from France in 1911. Published in Montreal in 1916 and in Paris in 1922, it told the story of people eking out a primitive living in the wilderness. The first major generation of French Canadian novelists appeared in the 1940s. Gabrielle Roy's *Bonheur d'occasion* (1945) marked the emancipation of the novel, henceforth free of the limited traditional themes of the past and able to concentrate on an objective depiction of modern life. There soon developed a literature of revolt whose alienated heroes, oppressed and frustrated, break away from hostile surroundings. As the French Canadian novel continues to grow, it is reflecting more and more the moral crises of an increasingly pluralistic society, and is thus proving its own viability independent of the novel in France.

Yves Thériault (b. 1916) belongs to this generation of novelists who are openly critical of society's restrictions on the individual. His protagonists choose to live apart from a world that in many cases has already rejected them. They give free rein to their basic instincts, meet obstacles head-on, and are not excessively preoccupied with moral considerations. Thériault is French Canada's most prolific author: he has written over fifteen hundred texts for radio and television, in addition to numerous novels and short stories. Much of his work has broken new thematic ground. His *Contes pour un homme seul* (1944) introduced the element of eroticism. The novel *Aaron* (1954) treated the conflict of religious values between a young man and the grandfather who had raised him in strict Jewish orthodoxy. *Agakuk* (1958) is a psychological adventure novel dealing with Eskimos in Labrador.

The selection that follows comes from one of the author's earlier works, *La Fille laide* (1950). The laborer Fabien has married Édith, whom society has cast aside because of her ugliness. The two have settled in the mountains with their infant son, who is both blind and mentally deficient. Fabien and Édith believe they have found a solution for their son's problem.

Un père et son fils

Quand il se sut bien seul, il marcha lentement vers la *source*, murmurant des mots à l'oreille du petit qui *bâillait* dans ses bras, inerte et sans combat, une *loque.*

—Viens, disait-il, viens *mon petiot*. La mort sera douce pour toi . . . Viens . . .

La source apparut sous un *buisson*, claire et limpide, un petit *étang* où nageaient quelques poissons qui partaient ensuite dans le *ruisseau* allant se jeter dans le Gueuse, allant rejoindre ainsi la grande vie.

—Tu ne vois pas la source, dit Fabien à l'enfant aux yeux morts. Celui qui est derrière le monde, *à mener* la grande machine, a oublié de te donner des yeux pour la voir, cette source. C'est dommage. Il y a du *couchant* noyé dans l'eau. C'est rouge et rose. L'eau est limpide. *Elle aurait des milles de profond,* et on verrait nager la *truite.*

Ils étaient sur le bord, l'homme et l'enfant, et Fabien tenait le petit sur ses bras étendus, lui parlant *tout contre* la bouche, essayant de lui *entrer* par ce moyen les mots dans l'esprit.

Mais l'effort était vain.

—C'est la mort . . . continua Fabien. Je dis la mort. On dit un mot qu'on a appris en *tétant* le lait. Vie, mort, plaisir, douleur. On dit les mots et on ne sait plus trop bien ce qu'ils veulent dire. Pour toi, la mort est la vie. Édith, qui est ta mère, et qui t'a fait, elle ne sait pas comme je souffre.

Il resta longtemps devant la source, debout ainsi, tenant l'enfant.

Il ne parlait plus.

Puis il se remit à murmurer, très vite:

—Alors il n'y a que sa *chair* en toi, il n'y a que la chair de ta mère? Et si c'était ainsi, est-ce que je souffrirais moi aussi? Est-ce que j'aurais cette hésitation du geste? Demain tu ne seras plus sur la grande chaise. Demain, la grande chaise sera vide . . . Non! non! elle ne sera pas vide. J'y serai assis, moi. Nous serons l'un avec l'autre, ce qui restera de toi, le souvenir, et moi. L'un dans l'autre sur la chaise où tu étais toujours. Te haïr, moi? Te haïr parce que tu es ce que tu es? *Allons donc!*

Il s'agenouilla, posa les pieds de l'enfant sur la *berge de sable* doux, près de l'eau.

—Tu auras une mort douce, petit . . .

Il poussait sur le corps de l'enfant, poussait les pieds vers l'eau. Maintenant, les *talons* allaient rejoindre la surface, allaient se baigner dans le fluide froid.

L'enfant *se roidit*.

—Je te dis que ce sera une mort douce, petit. Mourir comme ça serait un bonheur. Pour toi ce sera un bonheur. Avant, après. Tellement mieux que la mort sur les *pentes*. Le tronc d'arbre qui vient vous *fracasser*, l'avalanche de pierres . . . J'ai songé à cette mort . . .

Il caressa doucement la tête du petit dont les pieds étaient dans l'eau.

Un *hibou* fit son chant, et Fabien entendit, *tout en bas*, et loin, comme des bruits de voix.

C'étaient les gens du *hameau* qui venaient . . .

—Tu es blond, dit Fabien, tu as les cheveux blonds. Je n'avais jamais vu comment ils étaient blonds. Et ta bouche est large. Belle et large. Une bouche à boire de la vie. Une bouche vaillante . . . Tu aurais pu goûter aux bons *mets* des soirs de fête.

Il eut un *sanglot* et *serra* fort l'enfant contre lui.

—Si seulement, *gémit*-il, tu n'avais pas été ce que tu es . . .

Mais il *se reprit* et poussa l'enfant plus avant dans l'eau. Jusqu'aux genoux.

—Le moment est venu, petit. Il fait presque nuit. Tu rejoindras la nuit bleue par notre nuit à nous, qui sera noire ce soir. *À savoir* si tu sauras reconnaître l'une de l'autre. Je te le souhaite. Ne *frémis* pas ainsi, l'enfant. Ne résiste pas. L'eau est froide, je le sais, mais il ne faut pas résister.

L'enfant avait peur de l'eau, et il essayait, de son corps sans force, de *se débattre*, de ne plus laisser cette eau monter, cette eau qui montait et *grimpait*, qui rejoignait les genoux et ensuite les *cuisses*, qui le *mouillait* jusqu'au ventre, à mesure que Fabien le descendait, le poussait vers le fond, vers la mort.

Et l'homme murmurait toujours ses paroles, en rythme doux, comme une *berceuse*, comme si l'enfant l'entendait, le comprenait.

Il avait des sanglots dans la voix, et deux grosses larmes lui *coulaient* sur les joues.

—Ton cou rose et *potelé, martelait*-il entre ses dents tout à coup. Ton cou rose et potelé, et toute ta peau fine et *duveteuse*. Il y a une *fossette* dans ton cou. Je ne l'avais jamais vue . . . Tout le corps, et puis voilà, maintenant, la tête. C'est mon adieu, petit, c'est mon adieu.

Alors, la voix lui *brisa*, et il se mit à *chantonner*, avec des sons qui n'étaient plus du chant, mais des pleurs . . .

—*Fais dodo*, l'enfant do! Fais dodo, l'enfant dormira bientôt . . .

La bouche du petit était sous l'eau, et il se débattait, il jetait ses bras vers le ciel, et il *secouait* ses jambes.

Il combattait la mort qui entrait en lui par cette bouche *grande ouverte*, buvant l'eau de la source.

Et tout à coup Fabien poussa un grand cri, et il se redressa, tenant toujours l'enfant, et il *hurla*, mot après cri, *à faire reculer la montagne:*

—Non!

Et il mit l'enfant par terre et enleva sa *vareuse*, avec laquelle il enveloppa le corps *trempé*, et en une *course* folle il revint vers la maison.

Et en courant, il criait:

—Viens! Petit! Viens, la chaleur t'attend! Ne souffre plus!

Dans la grande cuisine, il trouva Édith qui *geignait*, assise par terre, se tenant la poitrine, impuissante devant la douleur.

Et quand elle le vit qui entrait, tenant l'enfant, elle bondit, ses yeux soudain fiévreux, et elle *arracha* le petit des bras de son homme, et elle alla le porter devant le feu, à la chaleur, en l'enveloppant de ce qu'elle put trouver là qui fût chaud.

Elle pleurait et elle criait, et elle demandait à Fabien:

—Tu l'as ramené? Tu as ramené le petit? Tu ne l'as pas tué?

Et Fabien pleurait aussi, mais il restait devant la porte, n'osant plus approcher de la fille qui *emmaillotait* le petit, qui le *berçait*, et lui *fredonnait* des chansons, là-bas, devant l'*âtre*.

Yves Thériault, *La Fille laide*

Vocabulaire

Quand il se sut bien seul *When he knew that he was indeed alone*

la **source** *spring*
bâiller *to yawn*
la **loque** *rag*
mon petiot = mon petit
le **buisson** *bush*
l' **étang** (m) *pond*
le **ruisseau** *stream*
à mener = qui mène, qui dirige
le **couchant** *sunset*
Elle aurait des milles de profond *it could be miles deep*
la **truite** *trout*
tout contre *right next to*
entrer = forcer
téter *to suck*
la **chair** *flesh*
Allons donc! *Come on! (i.e., don't be silly)*
la **berge de sable** *sand bank*
le **talon** *heel*
se **roidir** *to stiffen*
la **pente** *slope*
fracasser *to shatter*
le **hibou** *owl*
tout en bas *way down below, at the very bottom*
le **hameau** = le petit village
les **mets** (m) = nourriture qu'on sert à table
le **sanglot** *sob*
serrer *to squeeze*

gémir *to moan*
se **reprendre** = redevenir maître de soi
à savoir = il reste à savoir
frémir = trembler
se **débattre** *to struggle*
grimper *to climb*
la **cuisse** *thigh*
mouiller *to wet*
la **berceuse** *lullaby*
couler *to flow*
potelé *chubby*
marteler *to hammer out*
duveteux *downy, fluffy*
la **fossette** *dimple*
briser *to break*
chantonner *to hum*
fais dodo *go to sleep (child's language)*
secouer = agiter
grand ouvert = ouvert le plus possible
hurler = crier
à faire reculer la montagne *as if to push back the mountain*
la **vareuse** *pea jacket*
trempé = mouillé
la **course** *run*
geindre *to whimper*
arracher = saisir de force
emmailloter *to swaddle*
bercer *to rock*
fredonner *to hum*
l' **âtre** (m) *hearth*

Intelligence du texte

1. Quelle description de l'enfant l'auteur nous donne-t-il au début de la scène?
2. Selon Fabien, que veut dire la mort pour l'enfant?
3. Fabien dit que la mort par noyade (*drowning*) sera un bonheur pour son fils «avant, après.» Quel est le sens de ces paroles?
4. Quels sont les traits que Fabien remarque plus particulièrement dans le visage de son fils?
5. Pourquoi la nuit de l'enfant sera-t-elle bleue, mais la nuit des parents noire?

6. Pour quelle raison une mère ou un père chantent-ils d'habitude une berceuse à leur enfant? Y a-t-il une analogie ici?
7. Par où et sous quelle forme la mort entrait-elle dans le corps de l'enfant? Y voyez-vous de l'ironie?
8. Comment Fabien exprime-t-il son changement d'avis?
9. Au moment où Fabien est arrivé dans la cuisine, comment était Édith?
10. Quelle a été sa réaction?
11. À votre avis, à quoi songe Fabien maintenant et que se passera-t-il?

Appréciation du texte

1. Il y a dans le texte de nombreuses allusions à la douleur et à la souffrance. Relevez les détails qui illustrent la vie difficile de cette petite famille.
2. Étudiez le cadre de cet épisode. Quel rôle jouent dans cet incident divers éléments de la nature?
3. Quels sont vos sentiments envers Fabien? Le blâmez-vous ou possède-t-il quelques traits qui vous le rendent sympathique?
4. Fabien mentionne à deux reprises certains aspects du corps du petit qu'il n'avait jamais remarqués auparavant. Quel rôle les parties du corps jouent-elles dans ce récit?

Les Antilles: la négritude de Guy Tirolien

French influence in the Western hemisphere was not limited to the North American continent. Martinique, Guadeloupe, and Haiti in the West Indies (*les Antilles*) witnessed a French presence as early as the seventeenth century. Haiti revolted against French rule at the end of the eighteenth century and has remained independent ever since. Martinique and Guadeloupe have maintained their ties with France and officially became overseas departments in 1946, as did French Guiana on the South American continent.

The presence of blacks in these areas dates back some three hundred years, when the French colonists imported slave labor from Africa to work in the sugar plantations. In the twentieth century numerous black writers from the Americas have joined blacks from all over the world in the negritude movement. The term *négritude* first appeared in print in 1939 in a long poem by Aimé Césaire of Martinique entitled *Cahier d'un retour au pays natal*. The movement itself was founded in the 1930s in Paris by three poets: Césaire, Léopold Sédar Senghor from Senegal, and Léon Damas from French Guiana. It has been variously defined as "the cultural patrimony, the values, and above all, the spirit of Negro African civilization" by Senghor; and as "the simple recognition of the fact of being black, the acceptance of this fact, of our black destiny, history, and culture" by Césaire. Negritude represents a revolt against timeless oppression and servitude, and more positively, a ringing assertion of the human dignity of the black person through an abiding awareness of a very rich African culture.

Guy Tirolien (b. 1917) is a native of Guadeloupe well acquainted with the work of Senghor and Césaire: he was a prisoner of the Germans with Senghor during the war, and he dedicated to Césaire his own poem "Négritude." The selection that follows is Tirolien's most cited work. Through exquisite imagery it develops several of the basic themes of African culture: dislike for the colonialist power, exploitation of masses of workers, the yearning for the traditional life, the imposition of a foreign culture, etc.

Prière d'un petit enfant nègre

Seigneur
je suis très fatigué
je suis né fatigué
et j'ai beaucoup marché depuis le chant du coq
5　et le *morne* est bien haut
qui mène à leur école.

Seigneur je ne veux plus aller à leur école;
faites je vous en prie *que je n'y aille plus,*

Je veux suivre mon père dans les ravines fraîches
10　quand la nuit flotte encore dans le mystère des bois
où *glissent* les esprits que l'*aube* vient chasser.

Je veux aller pieds nus par *les sentiers brûlés*
qui *longent* vers midi les *mares assoiffées.*

Je veux dormir ma sieste au pied des lourds *manguiers.*
15　Je veux me réveiller
lorsque là-bas *mugit* la sirène des blancs
et que l'usine
ancrée sur l'océan des *cannes*
vomit dans la campagne son *équipage* nègre.

20　Seigneur je ne veux plus aller à leur école;
faites je vous en prie que je n'y aille plus.

Ils racontent qu'il faut qu'un petit nègre y aille
pour qu'il devienne *pareil*
　　aux messieurs de la ville
25　　　aux messieurs *comme il faut;*
mais moi je ne veux pas
　　devenir comme ils disent
　　　un monsieur de la ville
　　　　un monsieur comme il faut.

30 Je préfère *flâner* le long des *sucreries*
    où sont les sacs *repus*
    que *gonfle* un sucre brun
    autant que ma peau brune.

    Je préfère
35 à l'heure où la lune amoureuse
    parle bas à l'oreille
    des *cocotiers penchés*
    écouter ce que dit
    dans la nuit
40 la *voix cassée* d'un vieux qui raconte en fumant
    les histoires de *Zamba*
    et de *compère Lapin*
    et bien d'autres choses encore
    qui ne sont pas dans leurs livres.
45 Les nègres vous le savez n'ont que trop travaillé
    pourquoi faut-il de plus
    apprendre dans des livres
    qui nous parlent de choses qui ne sont point d'ici.
    Et puis
50 elle est vraiment trop triste leur école
    triste comme
    ces messieurs de la ville
        ces messieurs comme il faut

qui ne savent plus danser le soir *au clair de lune*
55   qui ne savent plus marcher sur la *chair* de leurs pieds
qui ne savent plus *conter les contes* aux *veillées*—

Seigneur je ne veux plus aller à leur école.

Guy Tirolien, *Balles d'or*

Vocabulaire

le **Seigneur** *Lord*
le **morne** *a small, isolated mountain*
(French West Indies)
faites . . . que je n'y aille plus *don't let
me go there anymore*
glisser *to glide, to steal*
l' **aube** (f) *dawn*
les **sentiers brûlés** *the scorched paths*
longer *to run alongside*
les **mares assoiffées** *thirsty pools*
le **manguier** *mango tree*
mugir *to bellow*
la **canne** *(sugar) cane*
l' **équipage** (m) *crew*

pareil *similar*
comme il faut *correct, proper*
flâner *to loaf, to stroll*
la **sucrerie** *sugar refinery*
repu *stuffed*
gonfler *to swell*
le **cocotier** *coconut tree*
penché *stooped*
la **voix cassée** *trembling voice*
Zamba *popular character in folk tales*
le **compère Lapin** *old man Rabbit*
au clair de lune *in the moonlight*
la **chair** *flesh*
conter les contes *to tell stories*
la **veillée** *evening gathering*

Intelligence du texte

1. À quelle heure a commencé la journée de l'enfant?
2. Quels sont, dans la première strophe, les obstacles physiques qui empêchent l'enfant d'aller à l'école?
3. De quelle école s'agit-il?
4. Où veut-il aller avec son père et à quel moment du jour?
5. Comment expliquer l'attrait des bois?
6. Comment l'enfant veut-il aller par les sentiers brûlés?
7. Que veut-il faire au pied des lourds manguiers?
8. Pourquoi est-ce que la sirène appartient au monde des blancs?
9. À quoi le poète compare-t-il l'usine et quels termes de cette métaphore emploie-t-il?
10. Qui sont ceux qui racontent que l'enfant doit aller à l'école?
11. Quel est le but de l'instruction? L'enfant l'accepte-t-il?
12. Que préfère-t-il faire?
13. Comment le poète personnifie-t-il la lune?
14. Pourquoi l'enfant rejette-t-il les livres?
15. Qu'est-ce que les messieurs de la ville ne savent plus faire?

Appréciation du texte

1. Le poète met en relief les différences qui existent entre les deux mondes. Il obtient des effets frappants au moyen de ce contraste. Dressez la liste d'éléments qui contribuent à la juxtaposition des thèmes suivants: ville-campagne, livres-formation orale, jour-nuit, affaires graves-joie de vivre.
2. La vivacité de ce poème se fait sentir dans la lecture à haute voix. Préparez soigneusement une telle lecture et, en la faisant, tâchez de bien rendre le rythme et le sens de la poésie.
3. Avez-vous remarqué que dans la première moitié du poème l'enfant décrit toute une journée idéale? Relevez dans le texte les éléments qui indiquent la progression du temps.

L'Afrique: le Sénégalais Birago Diop

Africa is a land of many languages. There are said to be over four hundred different tribal dialects in use today, the vast majority of which are exclusively oral. One can speak legitimately of an oral literature transmitted by troubadour[L]-historians called *griots*. A *griot* sings, tells stories, hands on myths and legends, and generally pre-

Une Sénégalaise et son enfant

serves historical and literary oral traditions. He serves as a chronicler and genealogist, and plays a prominent artistic and cultural role in community events. The *griot* commands the respect of everyone, and in West Africa, is commissioned by governments to teach and conserve the artistic heritage of the people.

Birago Diop (b. 1906) is a native Senegalese who studied veterinary medicine in France and eventually returned to practice in Africa. On his medical rounds, as well as around the home fires, he listened attentively to the many tales narrated in the native Wolof dialect by the *griot* Amadou Koumba N'gom. Diop later retold these stories in written French in works that he modestly described as translations: *Les Contes d'Amadou Koumba* (1947), *Les Nouveaux Contes d'Amadou Koumba* (1958), *Contes et Lavanes* (1963). He thus afforded the French reader unique insights into African culture. The stories may be divided into two major categories: the *contes*, which deal with spirits and the supernatural as well as with humans, and the *fables*, which focus on the real world and the problems of men. Permeating the *contes* is one of the most extraordinary features of African civilization. the spirit of animism. Everything lives and possesses a soul; there are no dividing lines between humans and nonhumans, between animate and inanimate objects. Beings readily convert from one state to another, as all elements in nature share in a common vital force emanating from God. Each of Diop's stories has a double purpose—to instruct and to entertain; in African art the two go hand in hand, each enhancing the other.

The following selection illustrates the author's remarkable ability to capture and preserve in written form the essentially oral charm of these African tales.

Khary-Gaye

Un jour, au *crépuscule Samba* n'était pas rentré de la chasse, Khary s'*était parée* des bijoux de Koumba la morte. Penda, la *marâtre*, sortit de sa *case* et ordonna à la petite fille:

—Prends cette *calebasse* et va me chercher de l'eau.

La calebasse était immense et plus que lourde, car elle était faite dans le bois d'un vieux *caïlcédrat*.

Khary s'était levée de son petit *tabouret* et commençait à enlever sa *parure*.

—Inutile d'enlever ces beaux bijoux qui te vont si bien, tu iras ainsi au *puits*, *intima* la marâtre.

Et Khary, l'orpheline, *s'en fut* au puits. Elle tira de l'eau, puis essaya vainement, *à plusieurs reprises*, de *soulever* la grande calebasse pleine d'eau. Puis elle se mit à chanter en pleurant:

> Voye vôlô! voye vôlou!
> Qui me *chargera*? O! qui me chargera?
> Voye vôlô! voye vôlou!
>
> O! à l'aide! O! à l'aide!
> Kou mâ yénê? Kou mâ yénê?
> Voye vôlô! voye vôlou!

« . . . *Va me chercher de l'eau.* »

Et, d'un *trou* humide de la *margelle* du puits, sortit *M'Bott-le-Crapaud*, qui s'avança top! clop! et déclara:

> Mâ fi né!
> Té kou mâ yénê
> N'ga yôle ma!

> Je suis le seul ici!
> Et quand je charge
> L'on me paie!

—*Sauve-toi* vite, *minable*, avec ta large bouche, *fit dédaigneusement* la petite Khary, tu ne peux même pas soulever une plume de poulet.

Et elle se remit à implorer:

> Voye vôlô! voye vôlou!
> Qui me chargera? Kou mâ yénê?
> O! à l'aide! Voye vôlou!

Bagg-le-Lézard arriva en courant, brrr . . . br . . . souleva et rabaissa la tête, gonfla sa gorge *écailleuse* et affirma:

> Je suis le seul ici!
> Et quand je charge
> L'on me paie!

—Va-t'en loin d'ici, avec ton gros cou et ton ventre *flasque,* lui dit Khary-l'Orpheline, qui se remit à pleurer et à chanter.

Voye vôlô! ô! à l'aide!
Kou mâ yénê? Qui me chargera?
Voye vôlô! ô! à l'aide!

Puis vint *Mère M'Bonatt-la-Tortue* sur ses jambes *raides, étirant* son cou le plus qu'elle pouvait. Elle dit doucement à Khary-l'Orpheline:

Mâ fi né!
Té kou mâ yénê
N'ga yôle ma!

—Éloigne-toi, lui conseilla Khary-l'Orpheline, tu risques de retomber sur le dos en essayant de soulever cette calebasse trop lourde.
Et la nuit était tombée et Khary-l'Orpheline chantait toujours:

Voye vôlô! voye vôlou!
Qui me chargera? O! qui me chargera?
O! à l'aide! O! à l'aide!

Soudain, devant elle, se dressa un immense python, qui avait soulevé la lourde calebasse en caïlcédrat pleine d'eau et la portait sur sa tête:

Je suis le seul ici!
Et quand je charge
L'on me paie!

Et il posa la calebasse sur le *rouleau de chiffon* que Khary-l'Orpheline portait sur sa tête.
—Que veux-tu pour ta paie? s'informa la petite fille, qui ne sentait pas le poids de la calebasse de caïlcédrat devenue moins lourde, beaucoup moins lourde que lorsqu'elle était vide. La calebasse *pesait* juste pour que son cou, qu'entouraient les *colliers* d'or et d'ambre, pour que son cou fût tout droit, gracieux sous la charge.
Le python répondit:
—Rentre chez toi. Je te dirai ce que je veux comme prix quand tu seras plus grande. Je reviendrai et je t'appellerai.
Et le python s'en fut dans la nuit noire.
Khary-l'Orpheline rentra chez elle, où Penda-la-Marâtre l'*accueillit* avec des cris, lui reprocha le temps qu'elle avait mis pour aller au puits et rapporter l'eau. Elle alla jusqu'à la menacer de la battre, car Samba n'était pas encore rentré de la chasse.
Et Samba ne rentra jamais plus. L'on ne retrouva, dans la *brousse,* que ses *os* quand les hommes du village se mirent le lendemain à sa recherche, des os que les *fourmis,* après le passage des lions, des hyènes, des *vautours,* avaient *récurés à blanc* dans l'espace de la nuit et la durée du matin . . .
Tous les soins du ménage, toutes les dures *corvées* furent *désormais*

pour la pauvre orpheline, à qui Penda-la-Marâtre n'accordait plus un seul instant de répit ni de repos, ni le matin ni le soir, ni de jour ni de nuit. Elle lui avait pris tous les bijoux que sa mère Koumba-la-Morte lui avait laissés.

Le temps passait, et Khary-Gaye-l'Orpheline, *au grand courroux* de sa marâtre, devenait chaque jour plus belle et, ses malheurs aidant, elle augmentait chaque jour sa sagesse et son intelligence. Elle se rappelait, souvent, les leçons de sa tendre mère morte, qu'elle croyait n'avoir pas écoutées quand Koumba les lui donnait.

Elle allait au puits avec ses amies, les jeunes filles de son âge. Elle y allait aussi hélas! très souvent seule, à toutes les heures du jour et parfois la nuit, selon l'humeur de Penda-la-Marâtre.

Et toutes les amies commençaient à parler, chacune, du jeune homme, qui l'avait regardée le plus longuement, qui passait le plus souvent devant sa *demeure*, qui travaillait le plus *vaillamment* au champ familial quand c'était le tour de ses parents de recevoir l'aide des jeunes gens du village et des autres villages, pour les *labours*.

Et le temps passait . . .

Les jeunes filles étaient, ce jour-là, au puits, parlant, chacune, du jeune homme qui l'avait remarquée.

—Et toi Khary, qui t'a choisie demandèrent perfidement, sous leur gentillesse, quelques amies.

—Et qui voulez-vous qui me choisisse, moi le *souillon*, sans père ni mère. M'Bott-le-Crapaud ni Bagg-le-Lézard, ni même Djann-le-Serpent ne voudraient de moi!

À peine Khary-l'Orpheline avait-elle *achevé* de parler qu'un immense python *se dressa* au milieu du cercle que formaient les jeunes filles. Elles s'enfuirent terrifiées, en brisant les calebasses pleines et les calebasses vides, sauf celle de Khary-l'Orpheline, qui était faite en bois de caïlcédrat. Elles rentrèrent au village et s'enfermèrent tremblantes, dans les cases, tandis que, de loin, du puits, *parvenait* un appel, un chant:

Khary-Gaye
Tjakh fî, tjakh fâ!
Lambourdé bé batam fèss!
Kou ma ghissal Khary-Gaye?
Môye sama yôle!

Khary-Gaye
Colliers ici, colliers là!
De l'ambre plein le cou!
Qui a vu pour moi Khary-Gaye?
C'est elle mon salaire!

Le chant *retentit* jusqu'au cœur du village, où tout le monde, grands et petits, hommes et femmes, se *terrait*.

Et le chant *emplissait* le feuillage des arbres du village et les toits des cases, et tout le monde croyait qu'il montait *juste du sol* des cases et des pointes des *clôtures* des maisons.

Khary-Gaye!
Tjakh fî, colliers là!
De l'ambre plein le cou!

Penda-la-Marâtre, dans un rire sonore, ayant *maîtrisé* sa peur, dit à Khary-l'Orpheline:
—Mais c'est bien toi que l'on appelle, ma pauvre fille.

Qui a vu pour moi Khary-Gaye?
C'est elle mon salaire!

—Va, reprit la marâtre, va répondre; et, mettant la jeune fille à la porte de la case, elle la chassa de la maison.
Et Khary-l'Orpheline s'en fut vers le puits, d'où venait toujours l'appel, le chant:

Khary-Gaye!
Colliers ici, colliers là!
De l'ambre plein le cou!
Qui a vu pour moi Khary-Gaye?
C'est elle mon salaire!

Elle sortit du village. Elle aperçut au milieu des débris de calebasses et buvant dans sa calebasse en caïlcédrat, un grand cheval tout blanc, *harnaché de soie* et d'or. Un jeune homme plus beau que le jour, grand et fort, la taille aussi fine qu'un *tambour maure,* richement vêtu, tenait la *bride* du cheval et chantait d'une voix jamais entendue de mémoire d'homme:

> Kou ma ghissal Khary-Gaye?
> Môye Sama yôle!
> Qui a vu pour moi Khary-Gaye?

Khary-Gaye-l'Orpheline s'avança jusqu'au puits, jusqu'au beau jeune homme qui tenait le grand cheval blanc. Le jeune homme lui dit alors:

—Je t'avais aidée à porter ta lourde calebasse sur la tête, je viens chercher mon dû. Tu as dit, tout à l'heure, à tes amies, que personne ne voudrait de toi comme épouse, veux-tu de moi pour mari? Tu seras mon salaire! Je suis le Prince du Grand Fleuve qui est *tout là-bas.*

Et il emporta, sur son grand cheval blanc, Khary-l'Orpheline, il l'emporta tout là-bas au plus profond des eaux du Grand Fleuve.

Birago Diop, Les Nouveaux Contes d'Amadou Koumba

Vocabulaire

le **crépuscule** *dusk, twilight*
Samba *father of Khary-Gaye and husband of Penda; Samba married Penda after the death of Koumba, his first wife and Khary's mother*
parer = embellir
la **marâtre** *stepmother*
la **case** *hut, cabin*
la **calebasse** *calabash, gourd*
le **caïlcédrat** *a large shade tree of Senegal*
le **tabouret** *stool*
la **parure** = les bijoux
le **puits** *well*
intimer = annoncer
s'en fut = s'en alla
à plusieurs reprises = à plusieurs occasions, plus d'une fois
soulever = lever
charger *to load*
le **trou** *hole*
la **margelle** = le bord
M'Bott-le-Crapaud *M'Bott the Toad (traditional character in Senegalese folk tales)*
se **sauver** = s'en aller
minable *seedy-looking*

fit dédaigneusement = dit avec dédain
Bagg-le-Lézard *Bagg the Lizard (another folk tale character)*
écailleux *scaly*
flasque *flabby*
Mère M'Bonatt-la-Tortue *Mother M'Bonatt the Tortoise*
raide *stiff*
étirer *to stretch*
le **rouleau de chiffon** *roll of cloth (to cushion the weight)*
peser *to weigh*
le **collier** *necklace*
accueillir *to greet*
la **brousse** *the bush (as opposed to the clearing)*
l' **os** (m) *bone*
la **fourmi** *ant*
le **vautour** *vulture*
récurer à blanc *to scour clean*
la **corvée** = le travail dur
désormais *henceforth*
au grand courroux *much to the displeasure*
la **demeure** = la maison
vaillamment = vigoureusement

le **labour** *tilling*
le **souillon** *scrubwoman*
   achever = finir
se **dresser** = s'élever
   parvenir = arriver
   retentir *to echo*
se **terrer** *to take cover (usually said of rabbits and other animals who seek shelter underground)*

   emplir *to fill*
   juste du sol *right from the floor*
la **clôture** *fence*
   maîtriser = dominer
   harnaché de soie *harnessed with silk*
un **tambour maure** *a Moorish drum*
la **bride** *bridle*
   tout là-bas *way over there*

Intelligence du texte

1. Qu'avait fait Khary en l'absence de son père?
2. Pourquoi sa marâtre lui a-t-elle dit de ne pas enlever sa parure?
3. Pourquoi n'a-t-elle pas pu rapporter l'eau immédiatement?
4. Quelles offres d'aide a-t-elle reçues?
5. Que demandait chacun des volontaires?
6. Qui a consenti enfin à soulever la calebasse?
7. Qu'est-ce que le python a demandé comme récompense?
8. Pourquoi la marâtre a-t-elle pu maltraiter Khary?
9. Quel était souvent le sujet de conversation des jeunes filles qui allaient au puits?
10. Selon Khary, pour quelles raisons est-ce que personne ne voulait d'elle?
11. Qu'est-ce qui est apparu un jour et quelle a été la réaction des jeunes filles?
12. Qu'est-ce qui retentissait jusqu'au cœur du village?
13. Qu'est-ce que Khary a aperçu quand elle est sortie du village?
14. Comment s'est terminé l'épisode?

Appréciation du texte

1. Appréciez dans le texte l'animisme africain. Comment trouvez-vous les rapports qui existent entre les animaux et les hommes?
2. Le style oral de l'auteur se voit dans les nombreuses répétitions si nécessaires pour orienter celui qui entend un récit plutôt que le lire. Pouvez-vous en donner quelques exemples?
3. Le rythme de la prose de Birago Diop est manifeste dans ses dialogues animés. Définissez le rôle des cris et des pleurs, du chant avec ses nombreux refrains pourtant variés.
4. Qu'est-ce que c'est qu'un conte de fées? Est-ce que ce récit en est un? Est-ce seulement pour les enfants?
5. À quel conte de fées célèbre de l'Europe ce conte sénégalais ressemble-t-il? De telles ressemblances sont assez communes dans la littérature folklorique du monde. Comment peut-on expliquer ce phénomène?

Exercices de grammaire

I.　*Complétez les phrases suivantes avec le* **pronom relatif** *convenable.*

1. Le petit, _____ (*whom*) la fille emmaillotait et _____ (*whom*) elle berçait, commençait à se réchauffer.
2. C'était un petit étang _____ (*in which*) nageaient quelques poissons.
3. Demain tout _____ (*that*) restera de l'enfant sera un souvenir.
4. Fabien a enlevé sa vareuse _____ (*with which*) il a enveloppé le corps du petit.
5. Ces mots, on ne sait plus trop _____ (*what*) ils veulent dire.
6. Le petit enfant préfère écouter le vieux _____ (*who*) raconte les histoires de Zamba.
7. Il aime les bois _____ (*where*) glissent les esprits de la nuit _____ (*which*) l'aube vient chasser.
8. Dans l'école _____ (*of which*) il parle, il ne s'agit pas de formation livresque.
9. Au crépuscule, à l'heure _____ (*when*) l'on voit la lune dans le ciel, on écoute _____ (*what*) dit la voix cassée du vieux raconteur.
10. L'enfant déteste les livres _____ (*in which*) on parle de choses _____ (*that*) ne sont point d'ici.
11. Les sacs _____ (*which*) gonfle le sucre brun sont repus.
12. Le python posa la calebasse sur le rouleau de chiffon _____ (*that*) Khary-l'Orpheline portait sur sa tête.
13. Après la mort de Samba, toutes les corvées étaient pour la pauvre orpheline _____ (*to whom*) Penda-la-Marâtre n'accordait plus un seul instant de répit.
14. «Je te dirai _____ (*what*) je veux,» dit le python.
15. Les autres jeunes filles se demandaient _____ (*what*) était arrivé à Khary auprès du puits.
16. Tous admiraient le grand cheval blanc _____ (*on which*) le beau jeune homme emporta Khary-l'Orpheline.
17. Ainsi le Prince du Grand Fleuve reçut l'amour de la jeune fille _____ (*whose calabash he had lifted*).

II.　*Complétez les phrases suivantes avec le* **démonstratif** *convenable.*

1. _____ (*It was*) un petit étang où nageaient plusieurs poissons.
2. «_____ (*He who*) est derrière le monde, à mener la grande machine, a oublié de te donner des yeux pour la voir, _____ (*this*) source. _____ (*It's*) dommage.»
3. «Je te dis que _____ (*it*) sera une mort douce, petit.»
4. Fabien a songé à _____ (*that*) mort. Mourir comme _____ (*that*) serait un bonheur.

5. La mort du petit sera douce; _____ (*Fabien's*) sera plus difficile.
6. L'enfant aime les messieurs de la campagne; il n'aime pas _____ (*those*) de la ville.
7. Il ne veut pas _____ (*those*) livres; il préfère _____ (*the ones*) qui parlent de choses d'ici.
8. L'enfant connaît la flânerie et l'école; il tolère _____ (*the latter*) mais il aime mieux _____ (*the former*).
9. Il n'écoute pas _____ (*those*) qui disent qu'il faut qu'il aille à l'école.
10. L'enfant tient beaucoup à _____ (*that*) homme parce qu'il raconte si bien les histoires.
11. _____ (*That day*), les jeunes filles parlaient de leurs amis.
12. En voyant le python, Khary a dit: «_____ (*He's the one*) qui a soulevé ma calebasse.»
13. _____ (*He is*) le seul qui n'ait pas demandé de salaire.
14. Il n'a pas réclamé _____ (*this*) ou _____ (*that*); il a tout simplement dit qu'il reviendrait.
15. Dans sa jeunesse, Birago Diop a entendu beaucoup de contes mais il s'est rappelé _____ (*those*) d'Amadou Koumba.

Vocabulaire satellite: La francophonie

la **patrie** *homeland*
la **métropole** *mother country*
une **ancienne colonie** *a former colony*
une **culture étrangère** *an alien culture*
le **colon** *colonist*
l' **indigène** (m, f) *native*
l' **esclave** (m, f) *slave*
l' **esclavage** (m) *slavery*
exploiter *to exploit*
opprimer *to oppress*

bilingue *bilingual*
franciser *to Frenchify*
angliciser *to Anglicize*
américaniser *to Americanize*
le **franglais** *highly Anglicized French*
franco-américain *Franco-American*
le **francophile** *Francophile*
le **francophobe** *Francophobe*
francophone *French-speaking*

être d'origine française *to be of French origin*
porter un nom français *to have a French name*
exercer une influence *to exert an influence*
subir une influence *to feel an influence*
se **faire sentir** *to make itself felt*
laisser des traces *to leave traces*
appartenir à *to belong to*
donner lieu à *to give rise to*

se **sentir inférieur, supérieur à** *to feel inferior, superior to*
résister à *to resist (someone or something)*
se **libérer de** *to free oneself from*
rivaliser avec *to compete with*
élargir ses perspectives *to broaden one's outlook*
avoir l'esprit ouvert *to have an open mind*

Pratique de la langue

1. Le récit de Birago Diop, nous l'avons vu, est de qualité dramatique et abonde en dialogues. Préparez une représentation de l'épisode de «Khary-Gaye.» Les étudiants joueront dans une première scène les rôles de Khary, de Penda, de M'Bott-le-Crapaud, de Bagg-le-Lézard, de Mère M'Bonatt-la-Tortue et du python. Dans une deuxième scène autour du puits, un second groupe d'étudiants pourra reprendre les rôles de Khary, de quelques-unes de ses amies, du python et de Penda. Le cas échéant (*if need be*), chacune des deux scènes pourra profiter des services d'un narrateur.

2. Quels produits français sont exportés aux États-Unis (citez autant de catégories que possible)? Par contre, comment se fait sentir la présence américaine en France? D'après cet échange de marchandises et d'influences, pouvez-vous tirer certaines conclusions concernant le caractère national des Français et des Américains?

3. Plusieurs explorateurs français ont joué un rôle important dans l'histoire de l'Amérique (par ex., Jacques Cartier, Samuel de Champlain, le Père Jacques Marquette, Louis Joliet, Robert Cavelier de La Salle). Dans quelles régions ont-ils pénétré et à quelle époque? De quelle façon les noms de ces explorateurs sont-ils commémorés aujourd'hui en Amérique?

4. Voici une liste de villes americaines qui portent des noms d'origine française. Que signifient ces noms? Comment s'expliquent-ils?

   a. Detroit
   b. Eau Claire
   c. Louisville
   d. Fond du Lac
   e. Baton Rouge
   f. Des Moines
   g. Prairie du Chien
   h. Saint Louis
   i. Terre Haute
   j. Des Plaines

   Citez d'autres villes si vous en connaissez. Dans quelles régions se trouvent la plupart de ces villes? Comment expliquez-vous ces emplacements? (Cf. la question 3.)

5. Lesquels des pays suivants sont francophones au moins en partie? Indiquez ceux qui appartiennent toujours à la France, et ceux qui y appartenaient autrefois.

a. le Canada	g. Tahiti
b. la Guyane	h. le Liban
c. la Suisse	i. la Louisiane
d. la Guadeloupe	j. le Panama
e. Cuba	k. Haïti
f. le Luxembourg	l. la Belgique

6. La négritude met en relief les valeurs de la civilisation africaine. Quelles sont les principales manifestations de la culture noire à travers le monde?

Sujets de discussion ou de composition

1. Dressez une liste de mots français qui sont passés dans la langue anglaise (par ex., détente, faux pas, hors d'œuvre, laissez faire, etc.). Une fois que vous avez une vingtaine de mots, tâchez de voir de quels domaines ils sont tirés (par ex., cuisine, mode, arts, etc.).
2. Le poème de Guy Tirolien présente un paradoxe: le thème du poème est peut-être francophobe, mais le poète s'exprime quand même en français. Pourquoi un écrivain s'exprimerait-il de préférence dans la langue d'une culture étrangère—surtout dans celle d'une culture qu'il croit avoir exploité sa race ou son peuple?
3. Avez-vous jamais connu des francophobes ou des francophiles? Ou des étrangers qui adorent ou qui détestent les Américains et les choses américaines? Comment ces phénomènes s'expliquent-ils?
4. La littérature de langue anglaise a dépassé les frontières de l'Angleterre et a donné lieu à d'autres littératures nationales comme la littérature américaine. Quelles possibilités prévoyez-vous pour la littérature d'expression française? D'après vous, est-ce que quelque pays francophone parviendra à rivaliser un jour avec la France? Pourquoi ou pourquoi pas?

4ème Partie:
Vie culturelle

9: La communication

Charles Baudelaire

The art of communication has been refined to an unprecedented degree in this twentieth century. The invention of the telephone has allowed two persons to communicate directly and simultaneously, no matter how widely separated. The airplane not only carries people rapidly to a remote destination, but permits the exchange of written correspondence over vast distances within a matter of days. On a broader basis, the general communication of information has been amazingly enhanced first by radio and then by television, which can bring to immediate universal attention happenings on the other side of the world and even in outer space. The size of the globe has shrunk considerably, which tends to diminish the strangeness of foreign cultures and thus promote—potentially, at least—a better understanding among all peoples.

Although our access to factual information is increasing daily, communication—or the lack of it—continues to plague the relationships of individuals. People are the same, yet different in their abilities, perceptions, and emotional outlook. The inability of two human beings to adequately convey their innermost thoughts to each other is still the greatest cause of breakdowns in personal relationships. This difficulty of communication is keenly illustrated in the following selection from Baudelaire's *Petits Poèmes en prose* (1869).[1]

Les yeux des pauvres

Ah! vous voulez savoir pourquoi je vous *hais* aujourd'hui. Il vous sera sans doute moins facile de le comprendre qu'à moi de vous l'expliquer; car vous êtes, je crois, le plus bel exemple d'*imperméabilité* féminine qui se puisse rencontrer.

Nous avions passé ensemble une longue journée, qui m'avait paru courte. Nous nous étions bien promis que toutes nos pensées nous seraient communes à l'un et à l'autre, et que nos deux âmes désormais n'en feraient plus qu'une;—un rêve qui n'a rien d'original, après tout, *si ce n'est que*, rêvé par tous les hommes, il n'a été réalisé par aucun.

[1] See Chapter 4, pp. 51–53, for a general introduction to the works of Baudelaire.

Le soir, un peu fatiguée, vous voulûtes vous asseoir devant un café neuf qui formait le coin d'un boulevard neuf, encore tout plein de *gravois* et montrant déjà glorieusement ses splendeurs *inachevées*. Le café *étincelait*. . . .

Droit devant nous, sur la *chaussée*, était planté *un brave homme* d'une quarantaine d'années, au visage fatigué, à la barbe *grisonnante*, tenant d'une main un petit garçon et portant sur l'autre bras un petit être trop faible pour marcher. Il *remplissait l'office* de *bonne* et faisait prendre à ses enfants l'air du soir. Tous en *guenilles*. Ces trois visages étaient extraordinairement sérieux, et ces six yeux contemplaient fixement le café nouveau avec une admiration égale, mais *nuancée* diversement par l'âge.

Les yeux du père disaient: «Que c'est beau! que c'est beau! on dirait que tout l'or du *pauvre monde* est venu se porter sur ces murs.»—Les yeux du petit garçon: «Que c'est beau! que c'est beau! mais c'est une maison où peuvent seuls entrer les gens qui ne sont pas comme nous.»—*Quant aux* yeux du plus petit, ils étaient trop fascinés pour exprimer autre chose qu'une joie *stupide* et profonde.

Les *chansonniers* disent que le plaisir rend l'âme bonne et *amollit* le coeur. La chanson avait raison ce soir-là, relativement à moi. Non seulement j'étais *attendri* par cette famille d'yeux, mais je me sentais un peu honteux de nos verres et de nos carafes, plus grands que notre soif. Je tournais mes regards vers les vôtres, cher amour, pour y lire ma pensée; je plongeais dans vos yeux si beaux et si bizarrement doux, dans vos yeux verts, habités par le Caprice et inspirés par la Lune, quand vous me dîtes: «Ces gens-là me sont insupportables avec leurs yeux ouverts comme des *portes cochères!* Ne pourriez-vous pas prier le maître du café de les *éloigner* d'ici?»

Tant il est difficile de s'entendre, mon cher ange, et tant la pensée est incommunicable, même entre gens qui s'aiment!

Vocabulaire

haïr = détester
l **'imperméabilité** (f) *impermeability, insensitivity*
si ce n'est que *except for the fact that*
les **gravois** (m) *plaster*
inachevé = non terminé
étinceler *to sparkle*
la **chaussée** *pavement*
un brave homme = un homme bon et sympathique
grisonnant = qui devient gris
remplir l'office = jouer le rôle

la **bonne** *nursemaid*
les **guenilles** (f) *rags*
nuancé = varié
le **pauvre monde** *this poor world*
quant à *as for*
stupide = étonné
le **chansonnier** *songwriter*
amollir = toucher, émouvoir
attendri = ému, touché
la **porte cochère** *carriage entrance*
éloigner = envoyer loin

Intelligence du texte

1. Pourquoi le narrateur aura-t-il tellement de peine à expliquer sa haine à son amie?
2. Quelle sorte de journée avaient-ils passée ensemble? Comment expliquez-vous que la journée avait paru courte au narrateur?
3. Quel rêve avaient-ils promis de partager? Que dit le narrateur à propos de ce rêve? Êtes-vous d'accord?
4. Décrivez ce qu'ils ont vu devant eux sur la chaussée. Qu'est-ce que ces trois personnes faisaient là? Quelle est votre impression de ces trois personnes?
5. Racontez la réaction du père et celle des deux enfants devant le café neuf. Réagissent-ils tous trois de la même façon? Si non, comment diffère la réaction de chacun?
6. Racontez la réaction du narrateur devant les trois personnes. Quel est ce plaisir dont il parle?
7. Pourquoi se tourne-t-il vers son amie? Quelle est la réaction de celle-ci?
8. Qu'est-ce qui explique, d'après vous, le manque de communication? Est-ce que la différence entre les sexes ou les classes sociales joue un rôle?
9. Racontez cette histoire à votre façon.

Appréciation du texte

1. Étudiez le rôle des yeux comme moyen de communication dans ce texte. Que voit-on dans les yeux de chacun des cinq personnages? Que veut dire le narrateur quand il dit que les yeux de sa bien-aimée sont «habités par le Caprice et inspirés par la Lune»? Par quoi le narrateur est-il attendri? L'amie du narrateur trouve-t-elle que les yeux des trois personnes sont grands? Quel autre élément du texte est «grand»—même trop grand—selon le narrateur?
2. Dans la description des trois membres de la famille (4ème paragraphe), quels sont les mots qui nous les rendent sympathiques? Pourquoi le narrateur dit-il que l'homme était «planté» sur la chaussée? Expliquez l'ironie du mot «bonne.»
3. Dans la première phrase du texte, le narrateur emploie le verbe «haïr» tandis que le dernier mot du texte est le verbe «aimer.» Quels sont en fin de compte (*in the end*) les rapports entre le narrateur et son amie?

Eugène Ionesco: le théâtre de l'absurde

The difficulty of meaningful communication is illustrated nowhere better than in the twentieth-century phenomenon known as the theater of the absurd, and particularly in the plays of Eugène Ionesco.

The theater of the absurd is the work of an avant-garde group of playwrights who came into prominence in the 1950s. They did not constitute a formal, unified school; they shared no common goals. Writers like Eugène Ionesco, Samuel Beckett, Jean Genet, and Arthur Adamov were all preoccupied, however, with the fundamental problems of mankind and were struck by the absurdity of the human condition. In their view contemporary life made no sense, was devoid of meaning, could not be examined rationally. The basic assumptions and eternal truths of previous generations no longer related to man's unique plight and thus offered nothing by way of explanation and solace. Nor did this new generation of authors propose any solutions of their own. Their plays contained no moral, no esoteric message, but instead asked the questions and formulated the problems as they alone proved capable of defining them.

The playwrights of the absurd are not terribly avant-garde with respect to their subject matter. The human condition has served as the subject of many a literary investigation in the past, and in its rich potential will undoubtedly inspire many a future consideration, too. Even the notion of the absurd had been explored by Albert Camus in his novel *L'Étranger* in 1942. The originality of the theater of the absurd lies in its use of nonconventional means, in its creation of new dramatic forms. The audience may no longer complacently rely on ordinary formats. It cannot "expect" anything. It will find no traditional plot line to follow, no extensive character development to appreciate, no realistic portrayal of everyday life. The goal of the theater of the absurd is to convey the senselessness of the human condition by keeping the audience off balance, disoriented, uneasy. The spectators must never be allowed inside the play, must never be able to identify with the characters. They must be made to feel the discomfort of absurdity.

Eugène Ionesco

Eugène Ionesco (b. 1912), the Romanian-born immigrant who writes in French, is the first to come to mind when one thinks of playwrights of the absurd. The recognition he enjoys today did not come instantaneously. The premiere of *La Cantatrice chauve* in Paris in 1950 was less than a roaring success: the actors played to small houses until eventually, after six weeks, the play folded. The same fate befell *La Leçon* (1950) and *Les Chaises* (1952). It was not until the mid-1950s that the public accepted Ionesco's theater. By the time *Rhinocéros* was performed in 1960, however, Ionesco had achieved an international reputation.

The following two excerpts are from Ionesco's *La Cantatrice chauve*, which at first glance appears to portray a typical English middle-class family, the Smiths, spending a quiet evening in their living room. Ionesco describes the setting thus:

Intérieur bourgeois anglais, avec des fauteuils anglais. Soirée anglaise. M. Smith, Anglais, dans son fauteuil anglais et ses *pantoufles*[1] anglaises, fume sa pipe anglaise et lit un journal anglais, près d'un feu anglais. Il a des lunettes anglaises, une petite moustache grise, anglaise. À côté de lui, dans un autre fauteuil anglais, Mme Smith, Anglaise, *raccommode*[2] des chaussettes anglaises. Un long moment de silence anglais. La *pendule*[3] anglaise frappe dix-sept coups anglais.

[1] la **pantoufle** *slipper*
[2] **raccommoder** *to darn*
[3] la **pendule** *clock*

The play's zany tone is established from the outset as Mrs. Smith reacts to the clock's striking seventeen by saying: "Tiens, il est neuf heures." *La Cantatrice chauve* demonstrates the absurdity of an everyday life which is dominated by thoughtless routine. The characters don't really say anything when they speak because they are no longer capable of genuine thought or feeling. There is no inner vitality to give meaning to their existence. This lack of personal expression, this failure to communicate leads to an eventual identity crisis. In fact, the play ends as the power of speech disintegrates and another couple, the Martins, begin the play all over again by assuming the Smiths' role and repeating the same lines which the Smiths had uttered in the first scene.

Les Bobby Watson

M. Smith, toujours dans son journal: Tiens, c'est écrit que Bobby Watson est mort.

Mme Smith: Mon Dieu, le pauvre, quand est-ce qu'il est mort?

M. Smith: Pourquoi prends-tu cet air étonné? Tu le savais bien. Il est mort il y a deux ans. Tu te rappelles, on a été à son enterrement, il y a un an et demi.

Mme Smith: Bien sûr que je me rappelle. Je me suis rappelé tout de suite, mais je ne comprends pas pourquoi toi-même tu as été si étonné de voir ça sur le journal.

M. Smith: Ça n'y était pas sur le journal. Il y a déjà trois ans qu'on a parlé de son décès. Je m'en suis souvenu par association d'idées!

Mme Smith: Dommage! Il était si bien conservé.

M. Smith: C'était le plus joli cadavre de Grande-Bretagne! Il ne paraissait pas son âge. Pauvre Bobby, il y avait quatre ans qu'il était mort et il était encore chaud. Un véritable cadavre vivant. Et comme il était gai!

Mme Smith: La pauvre Bobby.

M. Smith: Tu veux dire ''le'' pauvre Bobby.

Mme Smith: Non, c'est à sa femme que je pense. Elle s'appelait comme lui, Bobby, Bobby Watson. Comme ils avaient le même nom, on ne pouvait pas les distinguer l'un de l'autre quand on les voyait ensemble. Ce n'est qu'après sa mort à lui, qu'on a pu vraiment savoir qui était l'un et qui était l'autre. Pourtant, aujourd'hui encore, il y a des gens qui la confondent avec le mort et lui présentent des condoléances. Tu la connais?

M. Smith: Je ne l'ai vue qu'une fois, par hasard, à l'enterrement de Bobby.

Mme Smith: Je ne l'ai jamais vue. Est-ce qu'elle est belle?

M. Smith: Elle a des *traits* réguliers et pourtant on ne peut pas dire qu'elle est belle. Elle est trop grande et trop forte. Ses traits ne sont pas réguliers et pourtant on peut dire qu'elle est très belle. Elle est un peu trop petite et trop maigre. Elle est professeur de chant.

La pendule sonne cinq fois. Un long temps.

Mme Smith: Et quand pensent-ils se marier, tous les deux?

M. Smith: Le printemps prochain, au plus tard.

Mme Smith: Il faudra sans doute aller à leur mariage.

M. Smith: Il faudra leur faire un cadeau de *noces*. Je me demande lequel?

Mme Smith: Pourquoi ne leur offririons-nous pas un des sept *plateaux* d'argent dont on nous a fait cadeau à notre mariage à nous et qui ne nous ont jamais servi à rien?

Court silence. La pendule sonne deux fois.

Mme Smith: C'est triste pour elle d'être demeurée *veuve* si jeune.

M. Smith: Heureusement qu'ils n'ont pas eu d'enfants.

Mme Smith: *Il ne leur manquait plus que cela!* Des enfants! Pauvre femme, qu'est-ce qu'elle en aurait fait!

M. Smith: Elle est encore jeune. Elle peut très bien se remarier. *Le deuil lui va si bien!*

Mme Smith: Mais qui prendra soin des enfants? Tu sais bien qu'ils ont un garçon et une fille. Comment s'appellent-ils?

M. Smith: Bobby et Bobby comme leurs parents. L'oncle de Bobby Watson, le vieux Bobby Watson, est riche et il aime le garçon. Il pourrait très bien se charger de l'éducation de Bobby.

Mme Smith: Ce serait naturel. Et la tante de Bobby Watson, la vieille Bobby Watson, pourrait très bien, à son tour, se charger de l'éducation de Bobby Watson, la fille de Bobby Watson. Comme ça, la maman de Bobby Watson, Bobby, pourrait se remarier. Elle a quelqu'un en vue?

M. Smith: Oui, un cousin de Bobby Watson.

Mme Smith: Qui? Bobby Watson?

M. Smith: De quel Bobby Watson parles-tu?

Mme Smith: De Bobby Watson, le fils du vieux Bobby Watson, l'autre oncle de Bobby Watson, le mort.

M. Smith: Non, ce n'est pas celui-là, c'est un autre. C'est Bobby Watson, le fils de la vieille Bobby Watson, la tante de Bobby Watson, le mort.

Mme Smith: Tu veux parler de Bobby Watson, le *commis voyageur?*

M. Smith: Tous les Bobby Watson sont commis voyageurs.

Mme Smith: Quel dur métier! Pourtant, on y *fait de bonnes affaires*.

M. Smith: Oui, quand il n'y a pas de *concurrence*.

Mme Smith: Et quand n'y a-t-il pas de concurrence?

M. Smith: Le mardi, le jeudi et le mardi.

Mme Smith: Ah! trois jours par semaine? Et que fait Bobby Watson pendant ce temps-là?

M. Smith: Il se repose, il dort.

Mme Smith: Mais pourquoi ne travaille-t-il pas pendant ces trois jours s'il n'y a pas de concurrence?

M. Smith: Je ne peux pas tout savoir. Je ne peux pas répondre à toutes tes questions idiotes!

Mme Smith, offensée: Tu dis ça pour m'humilier?

M. Smith, tout souriant: Tu sais bien que non.

Mme Smith: Les hommes sont tous pareils! Vous restez là, toute la journée, la cigarette à la bouche ou bien vous vous mettez de la poudre et vous *fardez* vos lèvres, cinquante fois par jour, si vous n'êtes pas en train de boire sans arrêt!

M. Smith: Mais qu'est-ce que tu dirais si tu voyais les hommes faire comme les femmes, fumer toute la journée, se poudrer, se mettre du rouge aux lèvres, boire du whisky?

Mme Smith: Quant à moi, *je m'en fiche!* Mais si tu dis ça pour m'*embêter*, alors . . . je n'aime pas ce genre de plaisanterie, tu le sais bien!

Elle jette les chaussettes très loin et montre ses dents. Elle se lève.

M. Smith, se lève à son tour et va vers sa femme, tendrement: Oh! mon petit poulet rôti, pourquoi *craches*-tu du feu! Tu sais bien que je dis ça pour rire! (*Il la prend par la* taille *et l'embrasse.*) Quel ridicule couple de vieux amoureux nous faisons! Viens, nous allons *éteindre* et nous allons *faire dodo!*

Vocabulaire

le **trait** *feature*
les **noces** (f) *wedding*
le **plateau** *tray*
   veuve *widowed*
   Il ne leur manquait plus que cela!
   That's all they needed!
   Le deuil lui va si bien! *Mourning really becomes her!*
le **commis voyageur** *traveling salesman*
   faire de bonnes affaires *to thrive, to succeed in business*

la **concurrence** *competition*
   farder *to put on makeup*
   je m'en fiche! *I don't give a damn!*
   embêter = *irriter*
   cracher *to spit*
la **taille** *waist*
   éteindre *to put out the lights*
   faire dodo *to go nighty-night*

Intelligence du texte

1. Savez-vous quand Bobby Watson est mort? Expliquez. Pourquoi M. Smith mentionne-t-il sa mort?
2. Pourquoi ne pouvait-on pas distinguer le mari Bobby Watson de la femme Bobby Watson? Qu'est-ce qui a permis de savoir qui était l'un et qui était l'autre? Qu'est-ce qui montre qu'on les confond encore aujourd'hui?
3. Résumez la description de Mme Bobby Watson faite par M. Smith.

4. Selon M. Smith, est-ce que les Watson ont eu des enfants? Et selon Mme Smith? Comment s'appellent les enfants?
5. Selon les Smith, comment pourrait-on se charger de l'éducation des deux enfants?
6. La veuve Bobby Watson songe à se remarier. Qui a-t-elle en vue?
7. Quel métier Bobby Watson exerce-t-il? Combien de jours par semaine ne travaille-t-il pas? Quels jours?
8. Selon les Smith, quelles sont quelques-unes des activités typiques des hommes et des femmes? Quelle différence y a-t-il entre les deux?

Appréciation du texte

1. Dites votre impression générale de cette sélection.
2. Ionesco met en scène des personnages qui se contredisent (*contradict themselves*). Relevez tous les exemples de contradictions dans le texte. Quelle est l'importance de ces contradictions? Qu'est-ce que l'auteur essaie d'illustrer ainsi?

> M. et Mme Martin ont été invités à dîner chez les Smith. Mais ceux-ci ne sont pas prêts à les recevoir. Au moment où les Martin arrivent, les Smith sortent pour aller s'habiller.

Les Martin

Mme et M. Martin s'assoient l'un en face de l'autre, sans se parler. Ils se sourient, avec timidité.

M. Martin (*le dialogue qui suit doit être dit d'une voix* traînante, *monotone, un peu chantante,* nullement *nuancée*): Mes excuses, Madame, mais il me semble, si je ne me trompe, que je vous ai déjà rencontrée *quelque part*.

Mme Martin: À moi aussi, Monsieur, il me semble que je vous ai déjà rencontré quelque part.

M. Martin: Ne vous aurais-je pas déjà aperçue, Madame, à Manchester, par hasard?

Mme Martin: C'est très possible. Moi, je suis *originaire* de la ville de Manchester! Mais je ne me souviens pas très bien, Monsieur, je ne pourrais pas dire si je vous y ai aperçu ou non!

M. Martin: Mon Dieu, comme c'est curieux! Moi aussi je suis originaire de la ville de Manchester, Madame!

Mme Martin: Comme c'est curieux!

M. Martin: Comme c'est curieux! . . . Seulement, moi, Madame, j'ai quitté la ville de Manchester, il y a cinq semaines, environ.

Mme Martin: Comme c'est curieux! quelle bizarre coïncidence! Moi aussi, Monsieur, j'ai quitté la ville de Manchester, il y a cinq semaines, environ.

M. Martin: J'ai pris le train d'*une demie après huit* le matin, qui arrive à Londres *à un quart avant cinq*, Madame.

Mme Martin: Comme c'est curieux! comme c'est bizarre! et quelle coïncidence! J'ai pris le même train, Monsieur, moi aussi!

M. Martin: Mon Dieu, comme c'est curieux! Peut-être bien alors, Madame, que je vous ai vue dans le train?

Mme Martin: C'est bien possible, ce n'est pas exclu, c'est plausible et, après tout, pourquoi pas! . . . Mais je n'en ai aucun souvenir, Monsieur!

M. Martin: Je voyageais en deuxième classe, Madame. Il n'y a pas de deuxième classe en Angleterre, mais je voyage quand même en deuxième classe.

Mme Martin: Comme c'est bizarre, que c'est curieux, et quelle coïncidence! moi aussi, Monsieur, je voyageais en deuxième classe!

M. Martin: Comme c'est curieux! Nous nous sommes peut-être bien rencontrés en deuxième classe, chère Madame!

Mme Martin: La chose est bien possible et ce n'est pas du tout exclu. Mais je ne m'en souviens pas très bien, cher Monsieur!

M. Martin: Ma place était dans le wagon n° 8, sixième compartiment, Madame!

Mme Martin: Comme c'est curieux! ma place aussi était dans le wagon n° 8, sixième compartiment, cher Monsieur!

M. Martin: Comme c'est curieux et quelle coïncidence bizarre! Peut-être nous sommes-nous rencontrés dans le sixième compartiment, chère Madame?

Mme Martin: C'est bien possible, après tout! Mais je ne m'en souviens pas, cher Monsieur!

M. Martin: À vrai dire, chère Madame, moi non plus je ne m'en souviens pas, mais il est possible que nous nous soyons aperçus là, et, si j'y pense bien, la chose me semble même très possible!

Mme Martin: Oh! vraiment, bien sûr, vraiment, Monsieur!

M. Martin: Comme c'est curieux! . . . J'avais la place n° 3, près de la fenêtre, chère Madame.

Mme Martin: Oh, mon Dieu, comme c'est curieux et comme c'est bizarre, j'avais la place n° 6, près de la fenêtre, en face de vous, cher Monsieur.

M. Martin: Oh, mon Dieu, comme c'est curieux et quelle coïncidence! . . . Nous étions donc vis-à-vis, chère Madame! C'est là que nous avons dû nous voir!

Mme Martin: Comme c'est curieux! C'est possible mais je ne m'en souviens pas, Monsieur!

M. Martin: À vrai dire, chère Madame, moi non plus je ne m'en souviens pas. Cependant, il est très possible que nous nous soyons vus à cette occasion.

Mme Martin: C'est vrai, mais je n'en suis pas sûre du tout, Monsieur.

M. Martin: Ce n'était pas vous, chère Madame, la dame qui m'avait prié de mettre sa valise dans le *filet* et qui ensuite m'a remercié et m'a permis de fumer?

Mme Martin: Mais si, ça devait être moi, Monsieur! Comme c'est curieux, comme c'est curieux, et quelle coïncidence!

M. Martin: Comme c'est curieux, comme c'est bizarre, quelle coïncidence! Eh bien alors, alors nous nous sommes peut-être connus à ce moment-là, Madame?

Mme Martin: Comme c'est curieux et quelle coïncidence! c'est bien possible, cher Monsieur! Cependant, je ne crois pas m'en souvenir.

M. Martin: Moi non plus, Madame.

Un moment de silence. La pendule sonne 2, 1.

M. Martin: Depuis que je suis arrivé à Londres j'habite rue Bromfield, chère Madame.

Mme Martin: Comme c'est curieux, comme c'est bizarre! moi aussi, depuis mon arrivée à Londres j'habite rue Bromfield, cher Monsieur.

M. Martin: Comme c'est curieux, mais alors, mais alors, nous nous sommes peut-être rencontrés rue Bromfield, chère Madame.

Mme Martin: Comme c'est curieux; comme c'est bizarre! c'est bien possible, après tout! Mais je ne m'en souviens pas, cher Monsieur.

M. Martin: Je demeure au n° 19, chère Madame.

Mme Martin: Comme c'est curieux, moi aussi j'habite au n° 19, cher Monsieur.

M. Martin: Mais alors, mais alors, mais alors, mais alors, mais alors, nous nous sommes peut-être vus dans cette maison, chère Madame?

Mme Martin: C'est bien possible, mais je ne m'en souviens pas, cher Monsieur.

M. Martin: Mon appartement est au cinquième étage, c'est le n° 8, chère Madame.

Mme Martin: Comme c'est curieux, mon Dieu, comme c'est bizarre! et quelle coïncidence! moi aussi j'habite au cinquième étage, dans l'appartement n° 8, cher Monsieur!

M. Martin, songeur: Comme c'est curieux, comme c'est curieux, comme c'est curieux et quelle coïncidence! vous savez, dans ma chambre à coucher j'ai un lit. Mon lit est couvert d'un *édredon* vert. Cette chambre, avec ce lit et son édredon vert, se trouve au fond du corridor, entre les *waters* et la bibliothèque, chère Madame!

Mme Martin: Quelle coïncidence, ah mon Dieu, quelle coïncidence! Ma chambre à coucher a, elle aussi, un lit avec un édredon vert et se trouve au fond du corridor, entre les waters, cher Monsieur, et la bibliothèque!

M. Martin: Comme c'est bizarre, curieux, étrange! alors, Madame, nous habitons dans la même chambre et nous dormons dans le même lit, chère Madame. C'est peut-être là que nous nous sommes rencontrés!

Mme Martin: Comme c'est curieux et quelle coïncidence! C'est bien possible que nous nous y soyons rencontrés, et peut-être même la nuit dernière. Mais je ne m'en souviens pas, cher Monsieur!

M. Martin: J'ai une petite fille, ma petite fille, elle habite avec moi, chère Madame. Elle a deux ans, elle est blonde, elle a un œil blanc et un œil rouge, elle est très jolie et s'appelle aussi Alice, chère Madame.

Mme Martin: Quelle bizarre coïncidence! moi aussi j'ai une petite fille, elle a deux ans, un œil blanc et un œil rouge, elle est très jolie et s'appelle aussi Alice, cher Monsieur!

M. Martin, même voix traînante, monotone: Comme c'est curieux et quelle coïncidence! et bizarre! c'est peut-être la même, chère Madame!

Mme Martin: Comme c'est curieux! c'est bien possible, cher Monsieur.
Un assez long moment de silence . . . La pendule sonne vingt-neuf fois.
M. Martin, après avoir longuement réfléchi, se lève lentement et, sans se presser, se dirige vers Mme Martin qui, surprise par l'air solennel de M. Martin, s'est levée, elle aussi, tout doucement; M. Martin a la même voix rare, monotone, vaguement chantante. Alors, chère Madame, je crois qu'il n'y a pas de doute, nous nous sommes déjà vus et vous êtes ma propre épouse . . . Elisabeth, je t'ai retrouvée!

Mme Martin, s'approche de M. Martin sans se presser. Ils s'embrassent sans expression. La pendule sonne une fois, très fort. Le coup de la pendule doit être si fort qu'il doit faire sursauter *les spectateurs. Les époux Martin ne l'entendent pas.*

Mme Martin: Donald, c'est toi, darling!
Ils s'assoient dans le même fauteuil, se tiennent embrassés et s'endorment. La pendule sonne encore plusieurs fois. Mary,[1] *sur la pointe des pieds, un doigt sur ses lèvres, entre doucement en scène et s'adresse au public.*

Mary: Elisabeth et Donald sont, maintenant, trop heureux pour pouvoir m'entendre. Je puis donc vous révéler un secret. Elisabeth n'est pas Elisabeth, Donald n'est pas Donald. En voici la preuve: l'enfant dont parle Donald n'est pas la fille d'Elisabeth, ce n'est pas la même personne. La fillette de Donald a un œil blanc et un autre rouge tout comme la fillette d'Elisabeth. Mais tandis que l'enfant de Donald a l'œil blanc à droite et l'œil rouge à gauche, l'enfant d'Elisabeth, lui, a l'œil rouge à droite et le blanc à gauche! Ainsi tout le système d'argumentation de Donald *s'écroule* en *se heurtant à* ce dernier obstacle qui *anéantit* toute sa théorie. Malgré les coïncidences extraordinaires qui semblent être des preuves définitives, Donald et Elisabeth n'étant pas les parents du même enfant ne sont pas Donald et Elisabeth. *Il a beau croire* qu'il est Donald, elle a beau se croire Elisabeth. Il a beau croire qu'elle est Elisabeth. Elle a beau croire qu'il est Donald: ils se trompent *amèrement.* Mais qui est le véritable Donald? Quelle est la véritable Elisabeth? *Qui donc a intérêt* à faire durer cette confusion? Je n'en sais rien. Ne tâchons pas de le savoir. Laissons les choses comme elles sont. *(Elle fait quelques pas vers la porte, puis revient et s'adresse au public.)* Mon vrai nom est Sherlock Holmès.

Eugène Ionesco, *La Cantatrice chauve*

[1] Mary est la bonne de la famille Smith.

Vocabulaire

traînant *droning*
nullement = pas du tout
quelque part = en quelque lieu
être originaire de = être né à
**d'une demie après huit . . . à un quart
avant cinq** *these expressions are literal
translations from English, and of course
incorrect in French*
le **filet** *luggage net*
l' **édredon** (m) *quilt (lit., an eiderdown quilt)*

les **waters** (m) = les water-closets (les
toilettes)
sursauter *to start, to jump*
s' **écrouler** *to crumble*
se **heurter à** = rencontrer (un obstacle)
anéantir = abolir, détruire
il a beau croire = il croit en vain
amèrement = cruellement
qui donc a intérêt *so to whose interest
is it*

Intelligence du texte

1. Que font M. et Mme Martin au début de la scène et quelle est leur attitude?
2. Quelle impression M. Martin a-t-il dès le début? Et Mme Martin?
3. Pour quelle raison M. et Mme Martin auraient-ils pu s'apercevoir à Manchester?
4. Quel train ont-ils pris tous les deux?
5. En quelle classe voyagent-ils tous les deux? Est-ce étrange?
6. Situez les Martin dans le train aussi précisément que possible.
7. Que s'est-il passé entre lui et elle dans le train?
8. Où habitent les Martin depuis leur arrivée à Londres?
9. Décrivez l'intérieur de leur appartement, y compris la chambre à coucher.
10. Donnez la description de leur petite fille.
11. Qu'est-ce qui se passe après que les Martin ont échangé tous ces renseignements?
12. Y a-t-il moyen de savoir l'heure qu'il est pendant cette scène? Expliquez.
13. Comment Mary entre-t-elle en scène?
14. Quel secret révèle-t-elle? Quelle en est la preuve?
15. Quelle est la dernière chose que Mary révèle au public?

Appréciation du texte

1. Répondez à la dernière question de Mary: «Qui donc a intérêt à faire durer cette confusion?»
2. Dites comment chacun des éléments suivants contribue à développer le thème essentiel de la pièce:
   a. la répétition, les formules, les refrains dans les propos des Martin (quels sont-ils?)

b. le fait que, suivant les indications scéniques, le dialogue doit être dit d'une voix traînante, monotone, etc.

c. le monologue de Mary après le dialogue des Martin

3. À la première représentation de sa pièce, Ionesco fut presque étonné d'entendre rire les spectateurs. À votre avis, *La Cantatrice chauve* est-elle une comédie ou une tragédie? Expliquez.

Exercices de grammaire

I. *Complétez les phrases suivantes en employant* **le subjonctif, l'indicatif** *ou* **l'infinitif.**

1. Ah! Vous voulez _____ (savoir) pourquoi je vous hais aujourd'hui.

2. Je crois que vous _____ (être) le plus bel exemple d'imperméabilité féminine qui se _____ (pouvoir) rencontrer.

3. Il voulait que leurs deux âmes ne _____ (faire) plus qu'une.

4. Il savait que son rêve n' _____ (avoir) rien d'original mais il doutait qu'il _____ (être) réalisable.

5. Bien que le père et ses deux enfants _____ (être) tous les trois en guenilles, ils contemplaient fixement le café nouveau.

6. C'était le plus beau café qu'ils _____ (jamais voir).

7. Ils s'étonnaient qu'il y _____ (avoir) quelque chose de si beau devant eux.

8. Les chansonniers disent que le plaisir _____ (rendre) l'âme bonne.

9. Il tournait ses regards vers ceux de son amie pour qu'elle _____ (lire) sa pensée.

10. «Que le maître d'hôtel _____ (bannir) ces gens-là aussitôt que possible,» lui dit-elle.

11. Il a fallu qu'il _____ (finir) par comprendre que la pensée est incommunicable.

II. *Complétez les phrases suivantes en employant* **le subjonctif, l'indicatif** *ou* **l'infinitif.**

1. On lui a dit que Bobby Watson _____ (mourir).

2. C'était le plus joli cadavre qu'il _____ (jamais voir).

3. Quoiqu'elle _____ (avoir) des traits réguliers, on ne peut pas dire qu'elle est belle.

4. Il faudra _____ (aller) à leur mariage.

5. C'est dommage qu'elle _____ (devenir) veuve si jeune.

6. On ne pense pas qu'elle _____ (vouloir) se remarier tout de suite, si solitaire qu'elle _____ (être).

7. Mme Smith savait que Bobby était mort avant que son mari le lui _____ (dire).

8. M. Smith voulait que sa femme éteigne et qu'ils _____ (aller) tous les deux faire dodo.

III. *Complétez les phrases suivantes en employant* **le subjonctif, l'indicatif** *ou* **l'infinitif.**

1. Pardon, Madame, mais il me semble que je vous _____ (déjà rencontrer) quelque part.
2. Se peut-il que nous nous _____ (connaître) l'année dernière à Manchester?
3. Il est possible, Monsieur, que nous nous _____ (apercevoir) à ce moment-là mais je ne m'en souviens pas.
4. Je sais que nous _____ (habiter) la même chambre et je suis surpris que vous ne me _____ (reconnaître) pas.
5. Il vaut mieux _____ (ne rien faire) jusqu'à ce que nous _____ (être) certains.
6. Je ne pourrai jamais vous tutoyer à moins que vous _____ (prouver) que vous êtes mon mari.
7. Je veux bien vous offrir des preuves de mon identité pourvu que vous les _____ (accepter).
8. Je ne pensais jamais _____ (avoir) un problème de ce genre.
9. Moi non plus! Mais il faut que nous _____ (rester) ici au moins jusqu'à demain pour le résoudre.
10. D'accord! Que Dieu nous _____ (venir) en aide!

Vocabulaire satellite: La communication

le **rapport** *relationship*
l' **échange** (m) *exchange*
l' **information** (f) *information*
le **renseignement** *piece of information*
la **nouvelle** *piece of news*

le **téléphone** *telephone*
le **télégramme** *telegram*
la **correspondance** *correspondence*
la **conversation** *conversation*
le **tête-à-tête** *private conversation*
le **dialogue** *dialogue*
la **discussion** *discussion*
le **débat** *debate*

le **geste** *gesture*
l' **expression** (f) **du visage** *facial expression*
l' **attitude** (f) *attitude*
la **physionomie** *appearance, look*
le **caractère** *character*
le **tempérament** *temperament*

recevoir une communication *to receive a message*
couper les communications *to cut off communications*
établir une relation *to establish a relationship*
engager une conversation *to begin a conversation*
prendre part à *to take part in*

franc *frank, honest*
menteur *lying, false*
sincère *sincere*
hypocrite *hypocritical*
spontané *spontaneous*
ouvert *open*
secret *secret*
communicatif *communicative*
poli *polite*
impoli *impolite*
loyal *loyal*
compréhensif *understanding*
patient *patient*
impatient *impatient*
accueillant *hospitable, affable*
hostile *hostile*

exprimer sa pensée, ses sentiments *to express one's thought, one's emotions*
dire la vérité *to tell the truth*
mentir *to lie*
se **soucier (de)** *to care, to be concerned (about)*
s' **intéresser à** *to be interested in*
s' **entendre** *to get along (with someone)*

accessible *accessible*
généreux *generous*
égoïste *selfish*

Pratique de la langue

1. De quelle façon communiquez-vous le plus efficacement: face à face, au téléphone, par correspondance, etc.? Expliquez vos préférences.
2. Quel est le rôle des gestes et des expressions du visage dans la communication? Comment aident-ils ou nuisent-ils (*do harm*)? Sont-ils absolument nécessaires?
3. Jouez aux charades avec les autres membres de la classe. Chaque étudiant choisira le titre d'une œuvre française qu'il essaiera de communiquer aux autres en mimant ce que les mots expriment. Choisissez parmi les titres qui ont déjà été mentionnés dans ce livre.
4. Quelles sont les parties du corps qui peuvent aider à exprimer la pensée? Chaque étudiant choisira une partie du corps au moyen de laquelle il tâchera d'exprimer une pensée sans se servir de paroles. Les autres étudiants essaieront d'interpréter oralement cette mimique.
5. Avez-vous jamais remarqué dans une conversation—de vos amis, de votre famille, ou même de vos professeurs—des propos aussi absurdes (ou presque) que ceux des Martin dans *La Cantatrice chauve*? Donnez des exemples. Quelles conclusions en tirez-vous sur nos façons de penser et de parler?

Sujets de discussion ou de composition

1. Pour que la communication soit bonne entre deux personnes, que faut-il qu'elles fassent? Que ne faut-il pas qu'elles fassent?

2. Que veut dire le proverbe «Loin des yeux, loin du cœur»? Est-ce un proverbe valable? Est-il possible de rester en communication avec quelqu'un même lorsqu'on en est séparé?

3. Discutez le rôle de la communication au cœur de la famille, entre les deux sexes, les classes sociales, ou à l'égard des étrangers. Connaissez-vous quelques petits trucs (*tricks, gimmicks*) qui facilitent la communication dans un groupe?

4. Jusqu'à quel point faut-il que deux époux se révèlent l'un à l'autre? Faut-il tout savoir pour bien se connaître?

5. Racontez *Les Yeux des pauvres* du point de vue de l'amie du narrateur.

10 : La scène et les lettres

La création littéraire

It is rare for the reader to get a glimpse into the various stages of development in a work of literature, since writers are generally reluctant to discuss such matters, preferring to let the finished product stand on its own merits. Literary creation is of course a very personal and, to some degree, unique quality that cannot be reproduced or imitated. Nevertheless, just as criticism of a written work enhances the reader's appreciation, so too does an acquaintance with the progressive phases of creative elaboration. Through the years, many writers and critics have been fascinated by the creative process itself. The French poet Paul Valéry (1871–1945), for instance, in his own writings demonstrated a lifelong interest in artistic creation, going so far as to state that once a work was complete, it no longer interested him.

In his *Notes et contrenotes* (1962), Eugène Ionesco reflects on the origin and development of his personal literary art. In particular, he discusses how he came to write his first play, *La Cantatrice chauve*. (See Chapter 9 for a general introduction to the works of Ionesco.)

Comment on devient auteur dramatique

En 1948, avant d'écrire ma première *pièce: La Cantatrice chauve,* je ne voulais pas devenir un auteur dramatique. J'avais tout simplement l'ambition de connaître l'anglais. L'*apprentissage* de l'anglais ne mène pas nécessairement à la dramaturgie. Au contraire, c'est parce que je n'ai pas réussi à apprendre l'anglais que je suis devenu écrivain de théâtre. Je n'ai pas écrit non plus ces pièces pour me venger de mon *échec,* bien que l'on ait dit que *La Cantatrice chauve* était une satire de la bourgeoisie anglaise. Si j'avais voulu et n'avais pas réussi à apprendre l'italien, le russe ou le turc, on aurait pu *tout aussi bien* dire que la pièce résultant de cet effort vain était une satire de la société italienne, russe ou turque. Je sens que je dois m'expliquer. Voici ce qui est arrivé: donc pour connaître l'anglais j'achetai, il y a neuf ou dix ans, un manuel de conversation franco-anglaise, à l'usage des *débutants*. Je me mis au travail. Consciencieusement, je copiai, pour les apprendre par cœur, les phrases tirées de mon manuel. En les relisant attentivement, j'appris donc, non pas l'anglais, mais des vérités surprenantes: qu'il y a sept jours dans la semaine, par exemple, ce que je savais d'ailleurs; ou bien que le plancher est *en bas*, le plafond *en haut*, chose que je savais également, peut-être, mais à laquelle je n'avais jamais réfléchi sérieusement ou que j'avais oubliée, et qui m'apparaissait, tout à coup, aussi stupéfiante qu'indiscutablement vraie. J'ai sans doute assez d'esprit philosophique pour m'être aperçu que ce n'était pas de simples phrases anglaises dans leur traduction française que je recopiais sur mon cahier, mais bien des vérités fondamentales, des *constatations* profondes.

Je n'abandonnai pas encore l'anglais *pour autant*. Heureusement, *car*, après les vérités universelles, l'auteur du manuel me révélait des vérités particulières; et *pour ce faire*, cet auteur, inspiré, sans doute, de la *méthode platonicienne*, les exprimait par le moyen du dialogue. Dès la troisième leçon, deux personnages *étaient mis en présence*, dont je ne sais toujours pas s'ils étaient réels ou inventés: M. et Mme Smith, un couple d'Anglais. À mon grand *émerveillement*, Mme Smith faisait connaître à son mari qu'ils avaient plusieurs enfants, qu'ils habitaient dans les environs de Londres, que leur nom était Smith, que M. Smith était employé de bureau, qu'ils avaient une domestique, Mary, Anglaise également, qu'ils avaient, depuis vingt ans, des amis nommés Martin, que leur maison était un palais car «la maison d'un Anglais est son vrai palais.»

Je me disais bien que M. Smith *devait être* un peu *au courant de* tout ceci; mais, sait-on jamais, il y a des gens tellement *distraits*; d'autre part, il est bon de rappeler à nos *semblables* des choses qu'ils peuvent oublier ou dont ils ont insuffisamment *conscience*. Il y avait aussi, *en dehors de* ces vérités particulières permanentes, d'autres vérités du moment qui se manifestaient: par exemple, que les Smith venaient de dîner et qu'il était 9 heures du soir, d'après la pendule, heure anglaise.

Je me permets d'attirer votre attention sur le caractère indubitable, parfaitement axiomatique, des affirmations de Mme Smith, ainsi que sur la *démarche* tout à fait *cartésienne* de l'auteur de mon manuel d'anglais, car, ce qui y était remarquable, c'était la progression supérieurement méthodique de la *recherche* de la vérité. À la cinquième leçon, les amis des Smith, les Martin, arrivaient; la conversation s'engageait entre les quatre et, sur les axiomes élémentaires, *s'édifiaient* des vérités plus complexes: «la campagne est plus calme que la grande ville,» affirmaient les uns; «oui, mais à la ville la population est plus dense, il y a aussi *davantage de* boutiques,» répliquaient les autres, ce qui est également vrai et prouve, par ailleurs, que des vérités antagonistes peuvent très bien coexister.

C'est alors que j'eus une illumination. Il ne s'agissait plus pour moi de *parfaire* ma connaissance de la langue anglaise. *M'attacher à* enrichir mon vocabulaire anglais, apprendre des mots, pour traduire en une autre langue ce que je pouvais aussi bien dire en français, sans *tenir compte du «contenu»* de ces mots, de ce qu'ils révélaient, *c'eût été* tomber dans le péché de formalisme qu'aujourd'hui les *directeurs de pensée* condamnent avec juste raison. Mon ambition était devenue plus grande: communiquer à mes contemporains les vérités essentielles dont m'avait fait *prendre conscience* le manuel de conversation franco-anglaise. D'autre part, les dialogues des Smith, des Martin, des Smith et des Martin, c'était proprement du théâtre, le théâtre étant dialogue. C'était donc une pièce de théâtre qu'il me fallait faire.

Plus tard, analysant cette œuvre, des critiques sérieux et savants l'interprétèrent uniquement comme une critique de la société bourgeoise et une parodie du théâtre de Boulevard.[L] Je viens de dire que j'admets aussi cette interprétation: cependant, il ne s'agit pas, dans mon esprit, d'une satire de la mentalité petite-bourgeoise *liée* à telle ou telle société. Il s'agit, surtout, d'une sorte de petite bourgeoisie universelle, le petit-bourgeois étant l'homme des *idées reçues*, des slogans, le conformiste de partout: ce conformisme, bien sûr, c'est son langage automatique qui le révèle. Le texte de *La Cantatrice chauve* ou du manuel pour apprendre l'anglais (ou le russe, ou le portugais), composé d'expressions *toutes faites*, des clichés les plus *éculés*, me révélait, *par cela même*, les automatismes du langage, du *comportement* des gens, le «parler pour ne rien dire,» le parler parce qu'il n'y a rien à dire de personnel, l'absence de vie intérieure, la mécanique du *quotidien*, l'homme baignant dans son milieu social, ne s'en distinguant plus. Les Smith, les Martin ne savent plus parler, parce qu'ils ne savent plus penser, ils ne savent plus penser parce qu'ils ne savent plus *s'émouvoir*, n'ont plus de passions, ils ne savent plus être, ils peuvent «devenir» *n'importe qui*, n'importe quoi car, n'étant pas, ils ne sont que les autres, le monde de l'impersonnel, ils sont interchangeables: on peut mettre Martin à la place de Smith et vice versa, on ne s'en apercevra pas. Le personnage tragique ne change pas, il se *brise*; il est lui, il est réel. Les personnages comiques, ce sont les gens qui n'existent pas.

Eugène Ionesco, *Notes et contrenotes*

Vocabulaire

la **pièce** = oeuvre dramatique
l' **apprentissage** (m) = l'action d'apprendre
l' **échec** (m) = l'insuccès, le manque de succès
tout aussi bien *just as well*

le **débutant** = celui qui commence (une étude)
en bas . . . en haut *below . . . above*
la **constatation** *observation, finding*
pour autant = pour cette raison

car *for*
pour ce faire = pour faire cela
la **méthode platonicienne** la méthode du philosophe Platon, basée sur la discussion logique
étaient mis en présence = étaient présentés
l' **émerveillement** (m) = grande surprise
devait être . . . au courant de = devait savoir
distrait = absorbé par autre chose
le **semblable** *fellow man*
la **conscience** *consciousness, awareness*
en dehors de = indépendamment de
la **démarche** = la méthode
cartésien selon le philosophe Descartes (donc rationnel et méthodique)
la **recherche** = la poursuite
s' **édifier** = se construire, se développer
davantage de = plus de
parfaire = compléter, perfectionner

s' **attacher à** = s'appliquer à
tenir compte de = prendre en considération
le **contenu** = la substance, le sens
c'eût été = cela aurait été
le **directeur de pensée** *spiritual advisor*
prendre conscience de = découvrir, percevoir
lié = attaché
l' **idée reçue** = une idée souvent répétée, donc banale
toutes faites *ready-made*
éculé *worn (usually said of the heel of a shoe)*
par cela même *by that very fact*
le **comportement** = la conduite
le **quotidien** = l'expérience de tous les jours
s' **émouvoir** = être ému, être touché
n'importe qui *anybody*
briser = mettre en pièces, détruire

Intelligence du texte

1. Avant d'écrire *La Cantatrice chauve,* que voulait faire Ionesco?
2. Comment est-ce que, chez Ionesco, l'apprentissage de l'anglais a mené à la dramaturgie?
3. Qu'est-ce que Ionesco a fait pour apprendre l'anglais?
4. Qu'est-ce qu'il a appris en relisant les phrases qu'il avait copiées?
5. Que révélait l'auteur du manuel après les vérités universelles? De quelle façon?
6. Quelles sont quelques-unes des vérités que Mme Smith apprenait à son mari?
7. M. Smith n'était-il pas au courant de tout ceci? Quelles réflexions Ionesco se fait-il là-dessus?
8. Expliquez la démarche cartésienne de l'auteur du manuel d'anglais.
9. En quoi consiste, selon Ionesco, le péché de formalisme en matière de langue?
10. Quelle était, après son illumination, la nouvelle ambition de l'auteur?
11. Pourquoi a-t-il choisi le genre du théâtre pour s'exprimer?
12. Comment certains critiques ont-ils interprété la pièce?
13. Selon Ionesco, qu'est-ce qui caractérise le petit bourgeois universel?
14. Qu'est-ce que le texte de *La Cantatrice chauve* révèle?
15. Que sait-on des Smith et des Martin d'après leur langage?

Appréciation du texte

1. Ionesco s'est étonné que certains aient interprété sa pièce comme une comédie. Cependant, ne voyez-vous pas déjà dans son essai un mélange de tons? Relevez les endroits dans le texte où Ionesco, tout en traitant la tragédie du langage, emploie un ton comique, ironique, ou même moqueur.

2. Expliquez, avec vos propres mots, comment Ionesco est parvenu à écrire *La Cantatrice chauve.*

3. Le titre de l'essai d'où on a tiré cet extrait est «La Tragédie du langage.» Qu'est-ce que Ionesco entend par la *tragédie* du langage? Pourquoi a-t-il prêté ce titre à son essai?

Jean-Paul Sartre

The name of Jean-Paul Sartre (1905–80) is linked intimately with the philosophy of existentialism, which stirred a great deal of interest in the years following World War II. Sartre started his career as a philosopher and teacher, but in 1944 he decided to devote himself completely to his writing. The year before, he had published his important philosophical treatise, *L'Être et le Néant.* Sartre gained a broad exposure for his ideas through his fiction (*La Nausée*, 1938; *Le Mur*, 1939) and his plays (*Les Mouches*, 1942; *Huis clos*, 1944; *Les Mains sales*, 1948), all of which made his philosophy accessible to the layman. Sartre's existentialism stresses the absolute freedom of human beings, who have no preconceived essence but rather must define themselves through their acts. Sartre's philosophy is activist in outlook, emphasizing *engagement*, the necessity for people to act, to become involved and never to give up, despite the difficult choices confronting them.

Jean-Paul Sartre

Sartre's one-act play *Huis clos (No Exit)* was first presented in 1944 and has remained popular ever since. The plot, such as it is, involves two women and a man who have died and are now in the process of defining their individual essence, i.e., assessing the sum total of their actions. Although these developments unfold in hell (*l'enfer*), the afterlife portrayed here is merely the abode of the dead, a place where the quality and value of one's life are assessed, and not the place where an eternal God punishes the sinners who have been unfaithful to his commandments. (Sartre's existentialist philosophy was rooted in atheism.) The setting in fact consists of a drawing room with a couch for each of the three residents. There is also a fireplace with a bronze on the mantle. In his play Sartre reveals the initial bad faith of each of his protagonists as they refuse to acknowledge the real motivation behind their past deeds. He shows what happens when a mindless coquette, who exists only to be loved by men, a jealous, hardheaded lesbian, and an intellectual racked by self-doubt are locked up in a room, each involved in the impossible task of trying to justify his or her existence to the others. This scene helps to shed light on Sartre's famous phrase, "L'enfer, c'est les autres," which underlines the ambivalence of others in the Sartrean universe: we need others, for they help us to define our essence, but at the same time we resent them, because they judge us on the basis of our past acts and not for what we might do in the future. Once one has died, however, (the case in *Huis clos*), there is no hope in the future.

L'enfer, c'est les Autres

Inès: Eh bien, Garcin? Allez-vous-en.

Garcin, lentement: Je me demande pourquoi cette porte s'est ouverte.

Inès: Qu'est-ce que vous attendez? Allez, allez vite!

Garcin: Je ne m'en irai pas.

Inès: Et toi, Estelle? (*Estelle ne* bouge *pas; Inès* éclate de rire.) Alors? Lequel? Lequel des trois? La *voie* est libre, qui nous retient? Ha! c'est à mourir de rire! Nous sommes inséparables.

Estelle bondit *sur elle par-derrière.*

Estelle: Inséparables? Garcin! Aide-moi. Aide-moi vite. Nous la *traîne-rons* dehors et nous fermerons la porte sur elle; elle va voir.

Inès, se débattant: Estelle! Estelle! Je t'en supplie, garde-moi. Pas dans le couloir, ne me jette pas dans le couloir!

Garcin: Lâche-la.

Estelle: Tu es fou, elle te hait.

Garcin: C'est à cause d'elle que je suis resté.

Estelle lâche Inès et regarde Garcin avec stupeur.

Inès: À cause de moi? (*Un temps.*) Bon, eh bien, fermez la porte. Il fait dix fois plus chaud depuis qu'elle est ouverte. (*Garcin va vers la porte et la ferme.*) À cause de moi?

Garcin: Oui. Tu sais ce que c'est qu'un *lâche,* toi.

Inès: Oui, je le sais.

Garcin: Tu sais ce que c'est que le mal, la honte, la peur. Il y a eu des jours où tu t'es vue jusqu'au coeur—et ça te *cassait* bras et jambes. Et le lendemain, tu ne savais plus que penser, tu n'*arrivais* plus à *déchiffrer* la révélation de la *veille.* Oui, tu connais le prix du mal. Et si tu dis que je suis un lâche, c'est *en connaissance de cause,* hein?

Inès: Oui.

Garcin: C'est toi que je dois convaincre: tu es de ma race. T'imaginais-tu que j'allais partir? Je ne pouvais pas te laisser ici, triomphante, avec toutes ces pensées dans ta tête; toutes ces pensées qui me concernent.

Inès: Tu peux vraiment me convaincre?

Garcin: Je ne peux plus rien d'autre. Je ne les entends plus,[1] tu sais. C'est sans doute qu'ils en ont fini avec moi. Fini: l'affaire est *classée,* je ne suis plus rien sur terre, même plus un lâche. Inès, nous voilà seuls: il n'y a plus que vous deux pour penser à moi. Elle ne compte pas. Mais toi, toi qui me hais, si tu me crois, tu me sauves.

Inès: Ce ne sera pas facile. Regarde-moi: j'ai la tête dure.

Garcin: J'y mettrai le temps qu'il faudra.

Inès: Oh! tu as tout le temps. *Tout* le temps.

Garcin, la prenant aux épaules: Écoute, chacun a son *but,* n'est-ce pas? Moi, je *me foutais de* l'argent, de l'amour. Je voulais être un homme. Un dur. J'*ai* tout *misé* sur le même cheval. Est-ce que c'est possible qu'on soit un lâche quand on a choisi les chemins les plus dangereux? Peut-on juger une vie sur un seul acte?

Inès: Pourquoi pas? Tu as rêvé trente ans que tu avais *du cœur;* et tu *te passais* mille petites faiblesses parce que tout est permis aux héros. Comme c'était commode! Et puis, à l'heure du danger, *on t'a mis au pied du mur* et . . . tu as pris le train pour Mexico.[2]

Garcin: Je n'ai pas rêvé cet héroïsme. Je l'ai choisi. On est ce qu'on veut.

Inès: Prouve-le. Prouve que ce n'était pas un rêve. Seuls les actes décident de ce qu'on a voulu.

Garcin: Je suis mort trop tôt. On ne m'a pas laissé le temps de faire *mes* actes.

Inès: On meurt toujours trop tôt—ou trop tard. Et cependant la vie est là, terminée; *le trait est tiré,* il faut faire la somme. Tu n'es rien d'autre que ta vie.

Garcin: Vipère! Tu as réponse à tout.

Inès: Allons! allons! Ne perds pas courage. Il doit t'être facile de me persuader. Cherche des arguments, fais un effort. (*Garcin* hausse *les épaules.*) Eh bien, eh bien? Je t'avais dit que tu étais vulnérable. Ah! comme tu vas payer à présent. Tu es un lâche, Garcin, un lâche parce que je le veux. Je le veux, tu entends, je le veux! Et pourtant, vois comme je suis

[1] Garcin avait essayé d'entendre ses anciens collègues au journal lorsqu'ils parlaient de sa mort.

[2] Garcin a été exécuté parce qu'il avait quitté Rio plutôt que d'obéir aux ordres du général. Il explique son évasion en disant qu'il allait à Mexico pour ouvrir un journal pacifiste.

faible, un *souffle;* je ne suis rien que le regard qui te voit, que cette pensée incolore qui te pense. *(Il marche sur elle, les mains ouvertes.)* Ha! elles s'ouvrent, ces grosses mains d'homme. Mais qu'espères-tu? On n'attrape pas les pensées avec les mains. Allons, tu n'as pas le choix: il faut me convaincre. Je te tiens.

Estelle: Garcin!

Garcin: Quoi?

Estelle: Venge-toi.

Garcin: Comment?

Estelle: Embrasse-moi, tu l'entendras chanter.

Garcin: C'est pourtant vrai, Inès. Tu me tiens, mais je te tiens aussi.

Il se penche sur Estelle. Inès pousse un cri.

Inès: Ha! lâche! lâche! Va te faire consoler par les femmes.

Estelle: Chante, Inès, chante!

Inès: Le beau couple! Si tu voyais sa grosse *patte* posée *à plat* sur ton dos, *froissant* la *chair* et l'*étoffe.* Il a les mains *moites;* il *transpire.* Il laissera une marque bleue sur ta robe.

Estelle: Chante! Chante! *Serre*-moi plus fort contre toi, Garcin; elle en *crèvera.*

Inès: Mais oui, serre-la bien fort, serre-la! Mêlez vos *chaleurs.* C'est bon l'amour, hein Garcin? C'est *tiède* et profond comme le sommeil, mais je t'empêcherai de dormir.

Geste de Garcin.

Estelle: Ne l'écoute pas. Prends ma bouche; je suis à toi tout entière.

Inès: Eh bien, qu'attends-tu? Fais ce qu'on te dit. Garcin le lâche tient dans ses bras Estelle l'infanticide.[3] Les *paris* sont ouverts. Garcin le lâche l'embrassera-t-il? Je vous vois, je vous vois; à moi seule je suis une foule, la foule, Garcin, la foule, l'entends-tu? *(Murmurant.)* Lâche! Lâche! Lâche! En vain tu me fuis, je ne te lâcherai pas. Que vas-tu chercher sur ses lèvres? L'oubli? Mais je ne t'oublierai pas, moi. C'est moi qu'il faut convaincre. Moi. Viens, viens! Je t'attends. Tu vois, Estelle, il *desserre son étreinte,* il est docile comme un chien . . . Tu ne l'auras pas!

Garcin: Il ne fera donc jamais nuit?

Inès: Jamais.

Garcin: Tu me verras toujours?

Inès: Toujours.

Garcin abandonne Estelle et fait quelques pas dans la pièce. Il s'approche du bronze.

Garcin: Le bronze . . . *(Il le caresse.)* Eh bien, voici le moment. Le bronze est là, je le contemple et je comprends que je suis en enfer. Je vous dis que tout était prévu. Ils avaient prévu que je me tiendrais devant cette cheminée, pressant ma main sur ce bronze, avec tous ces regards sur moi. Tous ces regards qui me mangent . . . *(Il se retourne brusquement.)* Ha! vous

---

[3] Estelle avait noyé dans un lac un enfant qu'elle ne voulait pas.

n'êtes que deux? Je vous croyais beaucoup plus nombreuses. (*Il rit.*) Alors, c'est ça l'enfer. Je n'aurais jamais cru . . . Vous vous rappelez: *le soufre, le bûcher, le gril* . . . Ah! quelle plaisanterie. Pas besoin de gril: l'enfer, c'est les Autres.

Estelle: Mon amour!

Garcin, la repoussant: Laisse-moi. Elle est entre nous. Je ne peux pas t'aimer quand elle me voit.

Estelle: Ha! Eh bien, elle ne nous verra plus.

Elle prend le coupe-papier sur la table, se précipite sur Inès et lui porte plusieurs coups.

Inès, se débattant et riant: Qu'est-ce que tu fais, qu'est-ce que tu fais, tu es folle? Tu sais bien que je suis morte.

Estelle: Morte?

Elle laisse tomber le couteau. Un temps. Inès ramasse le couteau et s'en frappe avec rage.

Inès: Morte! Morte! Morte! Ni le couteau, ni le poison, ni la corde. C'est *déjà fait*, comprends-tu? Et nous sommes ensemble pour toujours.

Elle rit.

Estelle, éclatant de rire: Pour toujours, mon Dieu que c'est drôle! Pour toujours!

Garcin rit en les regardant toutes deux: Pour toujours!

Ils tombent assis, chacun sur son canapé. *Un long silence. Ils cessent de rire et se regardent. Garcin se lève.*

Garcin: Eh bien, continuons.

Vocabulaire

bouger = se mouvoir, changer de place
éclater de rire = commencer à rire avec grand bruit
la **voie** = la route, la sortie
bondir = se jeter, se précipiter
traîner = tirer, forcer à aller
se **débattre** = offrir de la résistance
lâcher = cesser de tenir
le **lâche** = le couard, personne qui manque de courage
casser = mettre en pièces, détruire
arriver à = réussir à
déchiffrer *to decipher*
la **veille** = le jour avant
en connaissance de cause = avec discernement
classé mis à sa place, fixé définitivement

le **but** = l'objectif
se **foutre de** (vulg.) *not to give a damn about*
miser = jouer, risquer
du cœur = du courage
se **passer** = se permettre
on t'a mis au pied du mur = on t'a donné l'occasion de montrer ton courage
le **trait est tiré** = la ligne est tracée, la chose est faite
hausser = lever (en signe d'indifférence)
le **souffle** *breath*
la **patte** = la main (lit., le pied d'un animal)
à plat *flat*
froisser *to rumple*
la **chair** *flesh*
l' **étoffe** (f) *fabric*
moite = humide

transpirer *to perspire*
serrer = presser
crever = mourir
la **chaleur** = la passion
tiède = doux et agréable
le **pari** *bet*

desserrer l'étreinte (f) = cesser d'embrasser
le **soufre**, le **bûcher**, le **gril** the *brimstone, the stake, the rack*
ramasser = prendre ce qui est par terre
le **canapé** = le sofa

Intelligence du texte

1. Qu'est-ce qui arrive lorsque la porte s'ouvre brusquement? Pourquoi est-ce que personne ne sort?
2. Pourquoi Garcin refuse-t-il d'aider Estelle à traîner Inès dehors? Pourquoi faut-il que Garcin reste auprès d'Inès? Pourquoi ne peut-il pas la laisser là?
3. Selon Inès, qu'est-ce que Garcin a fait pendant trente ans? A-t-il fait des actes héroïques?
4. Quelle est la seule chose, selon Inès, qui prouve ce qu'on a voulu?
5. Comment Garcin explique-t-il l'absence d'actes dans sa vie? Est-ce qu'Inès accepte son explication?
6. Comment Inès caractérise-t-elle Garcin?
7. Qu'est-ce qu'Estelle propose? Comment est-ce une vengeance?
8. Comment Inès se défend-elle?
9. Qu'est-ce que l'enfer, selon Garcin? Comment se l'était-il imaginé d'abord?
10. Qu'est-ce qu'Estelle essaie de faire dans sa frustration? Pourquoi ne réussit-elle pas?
11. Qu'est-ce qui reste à faire pour Garcin, Inès et Estelle?

Appréciation du texte

1. Jean-Paul Sartre a su propager l'existentialisme par son théâtre. Grâce à ses pièces, beaucoup de spectateurs et de lecteurs ont connu ses grandes idées sans avoir étudié des manuels de philosophie. Quelles sont les notions les plus importantes qui se dégagent (*stand out*) de *Huis clos*? Expliquez ce qu'elles signifient.
2. Peut-on parler d'action dans cette pièce? Si oui, en quoi consiste cette action? Si non, en quoi consiste l'intérêt de la pièce?

Jean Anouilh

Jean Anouilh[1] (b. 1910) is one of the foremost figures in twentieth-century theater. He is well-known not only in France but throughout the world: several of his plays have been produced in the United States (*Le Voyageur sans bagages*, *Antigone*, *Pauvre Bitos*, *Becket*, among others) and several have been adapted as motion pictures.

[1] /anuj/

In his theater Anouilh has developed several themes rather consistently, but the one which summarizes all the others is man's loyalty to his mission in life. Anouilh's heroes are uncompromising in their decisions: they do their duty in whatever circumstance, however absurd that duty may be since in most cases it cannot bring them happiness. Anouilh's view of the world is basically pessimistic: the hero struggles alone in opposition to the vast majority who pursue happiness frantically and pay whatever price they must to achieve it, often compromising their values in the process. The Anouilh hero is absolutely above corruption, refusing even life's legitimate pleasures in his determination to stay pure and not accept mediocrity. He is a thoroughly committed individual, *engagé* in the true existentialist[L] sense of the word. He knows that the battle is futile and will probably end in his death, yet what matters is the way he plays the role which destiny has assigned him. This course of action constitutes the sole value of his existence.

These concepts are nowhere better illustrated than in Anouilh's 1959 play, *Becket,*[2] the story of the friendship between Thomas à Becket, who was Archbishop of Canterbury from 1162 to 1170, and Henry Plantagenet, King of England. Close friends at first, the two young men share life's pleasures, working and playing together. Then one day Henry has Becket named archbishop, hoping thus to curb the power of the clergy. Almost at once a conflict arises between Church and State. Becket has taken on a new duty to which he devotes himself tirelessly and wholeheartedly: to defend the honor of God and His Church (the subtitle of the play is *L'Honneur de Dieu*). In order not to compromise this new duty, he even forsakes his allegiance to the King of England and so is forced into exile in France.

In the following scene Henry and Becket, recalling the depth of their friendship and hoping to use it for the reconciliation of Church and State, meet alone one winter's night on an icy plain in France.

[2] *Becket* was produced in New York in 1960, with Laurence Olivier as Thomas à Becket and Anthony Quinn as Henry Plantagenet. The subsequent film featured Richard Burton and Peter O'Toole.

L'Église et l'État

Le Roi: Je m'ennuie, Becket!

Becket, grave: Mon prince. Je voudrais tant pouvoir vous aider.

Le Roi: Qu'est-ce que tu attends? Tu vois que je suis en train d'en *crever!*

Becket, doucement: Que l'honneur de Dieu et l'honneur du roi *se confondent.*

Le Roi: Cela risque d'être long!

Becket: Oui. Cela risque d'être long.

Il y a un silence. On n'entend plus que le vent.

Le Roi, soudain: Si on n'a plus rien à se dire, il vaut autant aller *se réchauffer!*

Becket: On a tout à se dire, mon prince. L'occasion ne se présentera peut-être pas deux fois.

Le Roi: Alors, fais vite. Sinon, c'est deux statues de glace qui se réconcilieront dans un froid définitif. Je suis ton roi, Becket! Et *tant que* nous sommes sur cette terre, tu me dois le premier pas. Je suis prêt à oublier bien des choses, mais pas que je suis roi. C'est toi qui me l'as appris.

Becket, grave: Ne l'oubliez jamais, mon prince. *Fût-ce* contre Dieu! Vous, vous avez autre chose à faire. Tenir la *barre* du bateau.

Le Roi: Et toi, qu'est-ce que tu as à faire?

Becket: J'ai à vous résister de toutes mes forces, quand vous *barrez* contre le vent.

Le Roi: Vent en *poupe*, Becket? Ce serait trop beau! C'est de la navigation pour petites filles. Dieu avec le roi? Ça n'arrive jamais. Une fois par siècle, au moment des croisades, quand toute la chrétienté crie: «Dieu le veut!» *Et encore!* Tu sais comme moi quelle *cuisine* cela cache une fois sur deux, les croisades. Le reste du temps, c'est *vent debout*. Et il faut bien qu'il y en ait un qui se charge des *bordées!*

Becket: Et un autre qui se charge du vent absurde—et de Dieu. La *besogne* a été, une fois pour toutes, *partagée*. Le malheur est qu'elle l'ait été entre nous deux, mon prince, qui étions amis.

Le Roi crie, avec humeur: Le roi de France—je ne sais pas encore ce qu'il y gagne—m'a sermonné pendant trois jours pour que nous fassions notre paix. À quoi te servirait de *me pousser à bout?*

Becket: À rien.

Le Roi: Tu sais que je suis le roi et que je dois agir comme un roi. Qu'espères-tu? Ma faiblesse?

Becket: Non. Elle m'*atterrerait*.

Le Roi: Me *vaincre* par force?

Becket: C'est vous qui êtes la force.

Le Roi: Me convaincre?

Becket: Non plus. Je n'ai pas à vous convaincre. J'ai seulement à vous dire non.

Le Roi: Il faut pourtant être logique, Becket!

Becket: Non. Cela n'est pas nécessaire, mon roi! Il faut seulement faire, absurdement, ce dont on a été chargé—jusqu'au bout.

Le Roi: Je t'ai bien connu *tout de même!* Dix ans, petit Saxon! À la *chasse*, au *bordel*, à la guerre; tous les deux des nuits entières derrière des pots de vin; dans le lit de la même fille quelquefois—et même au *conseil* devant la besogne. Absurdement. Voilà un mot qui ne te ressemble pas.

Becket: Peut-être. Je ne me ressemble plus.

Le Roi, ricane: Tu as été touché par la grâce?

Becket, grave: Pas par celle que vous croyez. J'en suis indigne.

Le Roi: Alors?

Becket: Je me suis senti chargé de quelque chose tout simplement, pour la première fois, dans cette cathédrale vide, quelque part en France, où vous m'avez ordonné de prendre ce *fardeau*. J'étais un homme sans honneur. Et, *tout d'un coup*, j'en ai eu un, *celui que je n'aurais jamais imaginé devoir devenir mien*, celui de Dieu. Un honneur incompréhensible et fragile, comme un enfant-roi *poursuivi*.

Le Roi, qui se fait *plus brutal:* Si nous parlions de choses précises, Becket, avec des mots *à ma portée!* Sinon, *nous n'en finirons plus.* J'ai froid. Et les autres nous attendent à chaque bout de cette plaine.

Becket: Je suis précis.

Le Roi: Alors, c'est moi qui suis un imbécile. Parle-moi comme à un imbécile! C'est un ordre. Lèveras-tu l'excommunication de Guillaume d'Aynesford et les autres que tu as prononcées contre *des hommes à moi?*

Becket: Non, mon roi, car je n'ai que cette arme pour défendre cet enfant *à moi confié,* qui est nu.

Le Roi: Accepteras-tu les douze propositions qu'ont admises mes *évêques* en ton absence à Northampton, et *notamment* de renoncer à la protection abusive des *clercs* saxons, qui *se font tonsurer* pour *fuir la glèbe?*

Becket: Non, mon roi. Car mon rôle est de défendre mes *brebis* et ils sont mes brebis. *(Après un temps, il dit enfin:)* Je n'accepterai pas non plus que le choix des *curés échappe à l'Épiscopat,* ni qu'aucun clerc soit *justiciable* d'une autre juridiction que d'Église. Ce sont là mes devoirs de pasteur *qu'il ne m'appartient pas* de résigner. Mais j'accepterai les neuf autres articles, par esprit de paix, et parce que je sais qu'il faut que vous restiez le roi—*fors* l'honneur de Dieu.

Le Roi, froid, après un temps: Eh bien, *soit.* Je t'aiderai à défendre ton Dieu, puisque c'est ta nouvelle vocation, en souvenir du compagnon que tu as été pour moi—fors l'honneur du royaume! Tu peux rentrer en Angleterre, Thomas.

Becket: Merci, mon prince. Je comptais *de toute façon* y rentrer et *m'y livrer* à votre pouvoir, car sur cette terre, vous êtes mon roi. Et pour ce qui est de cette terre, je vous dois obéissance.

Le Roi, embarrassé, après un temps: Eh bien, retournons, maintenant. Nous avons fini. J'ai froid.

Becket, sourdement *aussi:* Moi aussi, maintenant, j'ai froid.

Un silence encore. Ils se regardent. On entend le vent.

Le Roi, demandant soudain: Tu ne m'aimais pas, n'est-ce pas, Becket?

Becket: Dans la mesure où j'étais capable d'amour, si, mon prince.

Le Roi: Tu t'es mis à aimer Dieu? *(Il crie:)* Tu es donc resté le même, *sale tête,* à ne pas répondre quand on te pose une question?

Becket, doucement: Je me suis mis à aimer l'honneur de Dieu.

Le Roi, sombre: Rentre en Angleterre. Je te donne ma paix royale. Puisses-tu avoir la tienne. Et ne pas t'être trompé sur toi-même. Je ne te *supplierai* jamais plus. *(Il crie, soudain:)* Je n'aurais pas dû te revoir! Cela m'a fait mal!

Il est soudain secoué *d'un* sanglot *qui le* casse *sur son cheval.*

Becket, ému, s'approche et murmure: Mon prince.

Le Roi, hurlant: Ah! non, pas de pitié! C'est sale. *Arrière!* Rentre en Angleterre! Rentre en Angleterre! On a trop froid ici!

Becket, grave, faisant tourner son cheval et se rapprochant du roi: Adieu, mon prince. Me donnez-vous le baiser de paix?

Le Roi: Non. Je ne puis plus t'approcher. Je ne puis plus te voir. Plus tard! Plus tard! Quand je n'aurai plus mal!

Becket: Je m'embarquerai demain. Adieu, mon prince. Je sais que je ne vous reverrai plus.

Le Roi lui crie, défiguré, haineux: Pourquoi oses-tu me dire cela après ma parole royale? Me prends-tu pour un traître?

(*Becket le regarde encore un instant, grave, avec une sorte de pitié dans son regard. Puis, il détourne lentement son cheval et s'éloigne. Le vent redouble. Le roi crie soudain:*) Thomas!

Mais Becket n'a pas entendu. Il s'éloigne et le roi ne crie pas une seconde fois. Il cabre son cheval et part au galop dans la direction opposée.

Vocabulaire

crever = mourir

se **confondre** = coïncider, devenir indistinct l'un de l'autre

Cela risque d'être long! Cela prendra du temps!

se **réchauffer** = se rendre chaud

tant que = aussi longtemps que

Fût-ce = Même si c'était

la **barre** *helm*

barrer = naviguer

la **poupe** *stern*

Et encore! *And even then!*

la **cuisine** = l'intrigue, le subterfuge

le **vent debout** *head wind*

la **bordée** *tack, course*

la **besogne** = le travail

partager = diviser

avec humeur = irrité

pousser à bout = exaspérer

atterrer = jeter à terre, faire tomber

vaincre = conquérir

tout de même = après tout

la **chasse** *hunt*

le **bordel** *bordello*

le **conseil** = l'assemblée de ministres

ricaner = rire avec malice

le **fardeau** = l'obligation fatigante

tout d'un coup = soudain, brusquement

celui que je n'aurais jamais imaginé devoir devenir mien *the one which I never would have imagined was to become mine*

poursuivi = persécuté

se **faire** = devenir

à ma portée = que je suis capable de comprendre

nous n'en finirons plus = nous ne finirons jamais

des hommes à moi = certains de mes hommes

à moi confié = donné à mes soins

l' **évêque** (m) *bishop*

notamment = particulièrement

le **clerc** = le religieux

se **faire tonsurer** = se faire raser la tête pour devenir religieux

fuir la glèbe = quitter l'état d'être serf

la **brebis** *sheep*

le **curé** *pastor*

échapper à l'Épiscopat = sortir de la juridiction des évêques

justiciable = sujet à

qu'il ne m'appartient pas de = que je n'ai pas le droit

fors = excepté

soit *so be it*

de toute façon = en tout cas

se **livrer** = se soumettre

sourdement indistinctement

sale tête = personne obstinée

supplier = prier avec insistance, implorer

secoué = agité fortement

le **sanglot** *sob*

casser détruire
hurler = crier
Arrière! *Stand back!*

défiguré *disfigured*
haineux = plein de haine (aversion)
cabrer *to rear (a horse)*

Intelligence du texte

1. Qu'est-ce que Becket attend pour aider le roi? Est-ce qu'il devra attendre longtemps?
2. Selon le roi, pourquoi est-ce que c'est Becket qui doit le premier pas? Est-ce que Becket est d'accord?
3. D'après Becket, qu'est-ce que le roi a à faire? Et qu'est-ce que Becket a à faire?
4. Est-ce que le roi pense que l'honneur de Dieu et l'honneur du roi se confondent souvent? Expliquez.
5. Selon Becket, qu'est-ce que lui et le roi doivent faire?
6. Quel événement a transformé la vie de Becket? Comment?
7. Quelles sont les trois propositions que Becket refuse d'accepter? Pourquoi refuse-t-il de les accepter? Pourquoi accepte-t-il les neuf autres?
8. Quelle est finalement l'attitude de Becket envers le roi?
9. Pourquoi le roi dit-il qu'il n'aurait jamais dû revoir Becket?
10. Comment Becket et le roi se quittent-ils?
11. Croyez-vous que ces deux adversaires finissent par résoudre leur conflit? Deviendront-ils amis de nouveau? Pourquoi ou pourquoi pas?

Appréciation du texte

1. Cette scène illustre le conflit essentiel entre la bonne volonté de l'amitié et l'exigence du devoir. Relevez les paroles et les situations qui se rapportent à l'un et à l'autre côté de ce dilemme. Est-ce qu'un des deux personnages semble plus prêt à trouver un accommodement que l'autre? Si oui, quelle est l'attitude de l'autre?
2. Est-ce que le cadre de cette scène est important? Qu'est-ce qu'il contribue? Met-il en valeur (*enhance*) le thème principal? Quelle importance attachez-vous au fait que pendant toute cette scène les deux personnages restent montés sur leur cheval? Quel rôle le vent et le froid jouent-ils? Quelle métaphore Anouilh développe-t-il en se servant du vent?

Exercices de grammaire

I. *Complétez les phrases suivantes en indiquant la* **possession** *comme il convient.*

1. _____ (*An Englishman's house*) est _____ (*his*) vrai palais.

2. Ionesco voulait communiquer à _____ (*his*) contemporains certaines vérités essentielles.

3. « _____ (*My*) ambition était devenue plus grande.»

4. _____ (*Mrs. Smith's affirmations*) étaient d'un caractère indubitable.

5. Mme Smith faisait connaître à M. Smith que _____ (*their*) nom était Smith.

6. Garcin doit convaincre Inès parce qu'elle est de _____ (*his*) race.

7. Il ne sera pas facile de convaincre Inès parce qu'elle a _____ tête dure.

8. Chacun a _____ (*his*) but.

9. Garcin hausse _____ (*his*) épaules.

10. Estelle dit à Garcin qu'elle est _____ (*his*) tout entière.

11. Estelle appelle Garcin « _____ (*my*) amour.»

12. À la fin de la pièce, tous les trois tombent assis sur _____ (*their*) canapé.

13. Becket a à résister de toutes _____ (*his*) forces. Cependant, il dit au roi qu'il n'espère pas _____ (*his*) faiblesse.

14. «Sire, mon rôle est de défendre _____ (*my*) brebis. C'est là _____ (*my*) devoir de pasteur.»

15. «Je t'aiderai à défendre _____ (*your*) Dieu, puisque c'est _____ (*your*) nouvelle vocation.»

16. Le roi dit à Becket qu'il lui donne _____ (*his*) paix royale. Il souhaite que Becket puisse avoir _____ (*his*).

17. Henri Plantagenet a donné _____ (*his*) parole royale à Thomas à Becket.

18. Beaucoup de _____ (*my*) contemporains n'aiment pas _____ (*my*) actrice favorite; chacun préfère _____ (*his*).

II. *Complétez les phrases suivantes en faisant très attention à l'emploi des* **prépositions.**

1. Les phrases du manuel l'ont aidé _____ (*to*) apprendre l'anglais.

2. _____ (*According to*) la pendule, il était neuf heures du soir, heure anglaise.

3. Ionesco essaie _____ (*to*) attirer l'attention du lecteur sur ces vérités fondamentales.

4. La littérature encourage le lecteur _____ (*to*) s'intéresser _____ (*in*) idées.

5. Estelle et Garcin ne bougent pas; Inès éclate _____ rire.

6. Garcin s'approche _____ bronze. Il comprend qu'il est _____ (*in*) enfer.

7. Il se tient _____ (*before*) la cheminée, pressant sa main sur le bronze.

8. Finalement ils cessent _____ (*to*) rire et se regardent.
9. Le roi dit qu'il est prêt _____ (*to*) oublier bien des choses.
10. Dieu avec le roi? Cela n'arrive qu'une fois _____ (*per*) siècle.
11. Une fois _____ (*out of*) deux, les croisades cachent autre chose.
12. Becket se charge _____ l'honneur de Dieu tandis que le roi se charge _____ soins du royaume.
13. La besogne a été partagée _____ (*between*) le roi et l'archevêque.
14. Le roi de France a sermonné le roi d'Angleterre _____ (*for*) trois jours.
15. _____ quoi servirait-il de faire la paix?
16. Il faut seulement faire _____ (*until*) bout ce dont on a été chargé.
17. C'est le roi qui avait ordonné _____ Becket _____ (*to*) prendre ce fardeau.
18. Becket a prononcé une excommunication _____ (*against*) les hommes du roi.
19. Le roi demande _____ Becket _____ (*to*) renoncer _____ la protection abusive des clercs saxons.
20. Le roi dit à Becket qu'il peut rentrer _____ (*to*) Angleterre. Becket comptait _____ (*in*) toute façon y rentrer.
21. Becket aimait Henri mais il s'est mis _____ (*to*) aimer l'honneur de Dieu.

Vocabulaire satellite: La scène et les lettres

l' **auteur dramatique** (m) *playwright*
le **dramaturge** *dramatist*
la **pièce (de théâtre)** *play*
le **chef-d'œuvre** *masterpiece*
le **personnage** *character (in a play, a novel)*
l' **intrigue** (f) *plot*
le **dénouement** *ending, outcome*
les **indications scéniques** (f) *stage directions*

la **mise en scène** *staging, production*
le **metteur en scène** *director*
   monter une pièce de théâtre *to stage a play*
l' **interprète** (m, f) *player, actor*
le **comédien** *stage actor*
la **scène** *stage, scene*
le **décor** *scenery*
la **représentation** *performance*

le **bureau de location** *ticket office*
la **place** *seat*
l' **entracte** (m) *intermission*

le **public** *audience*
le **spectateur** *spectator*
le **critique** *critic*
la **critique** *criticism*
les **applaudissements** (m) *applause*
  applaudir *to applaud*
  siffler *to boo, to hiss*
  louer *to praise*

critiquer *to criticize*
le **succès** *hit*
le **four** *flop*
l' **éditeur** (m) *publisher*
la **maison d'édition** *publishing house*
la **librairie** *bookstore*
la **bibliothèque** *library*
l' **exemplaire** (m) *copy (of a book)*
la **lecture** *reading*
le **livre de poche** *pocket book*
le **livre de chevet** *bedside book*

Pratique de la langue

1. Aimez-vous connaître la pensée d'un auteur sur son œuvre? Voudriez-vous voir, devant chaque œuvre, une préface d'auteur qui en révèle le thème central?
2. Préférez-vous la lecture à la conversation? Pourquoi ou pourquoi pas?
3. Les propos gaillards (*spicy talk*) qui sont permis dans une pièce de théâtre se trouvent interdits à la télévision. Comment expliquez-vous cette différence dans la censure? Est-ce qu'on a raison de faire cette distinction? Pourquoi ou pourquoi pas?
4. Avez-vous lu un roman récemment que vous avez beaucoup aimé ou beaucoup détesté? Expliquez votre réaction.
5. À débattre: «Ce n'est pas la peine de s'éreinter (*work oneself to death*) pour apprendre à lire le français: tous les bons livres français ont été traduits en anglais.»
6. Si vous viviez dans un pays où chaque citoyen n'a droit qu'à trois livres, quels livres garderiez-vous? Pourquoi?

Sujets de discussion ou de composition

1. Imaginez que vous êtes critique pour une revue littéraire. Faites la critique soit de *La Cantatrice chauve*, soit de la dernière pièce de théâtre que vous avez vue.
2. Le livre et la scène se voient concurrencés (*competed with*) aujourd'hui par la télévision. Divisez la classe en trois groupes de partisans qui, dans un débat, se chargeront de démontrer les avantages de leur choix ainsi que les inconvénients des deux autres.

3. Si vous aviez le loisir d'écrire le livre de votre choix, quel genre de livre écririez-vous et pourquoi? Voudriez-vous, par exemple, faire de la littérature de la plus haute qualité, ou accepteriez-vous de vous compromettre ignoblement (faire des livres de mauvais goût, même choquants et obscènes) pour obtenir de l'argent? Expliquez votre distinction ou votre bassesse littéraire.

11 : Chanson et cinéma

Georges Brassens

French song is as old as French literature itself, tracing its origins to the medieval troubadours[L] who composed the first poems to be sung to the accompaniment of a simple stringed instrument. In their time poetry and song constituted one and the same form, without distinction. These artful expressions covered a broad range of themes from the lyrical to the satirical, from celebrations of love and *joie de vivre* to mild and not so mild attacks on both Church and State.

Georges Brassens

The poet-singer Georges Brassens[1] (1921–81) recalled that era of the early troubadours. In concert he simply strolled out onto the stage, guitar in hand, seemingly
oblivious of the audience, put his foot up on a chair, and with no formal introduction
began to communicate in song. The deep, rich tones emanating from this physically
imposing man, combined with the unique interpretation of his own expressive lyrics,
soon captured his listeners. Like the troubadours, Brassens was as much poet as
song writer; the Académie Française awarded him the poetry prize in 1967. His choice
of subjects showed a predilection for rebellion against the established order. He
particularly enjoyed portraying society's underprivileged or outcasts, but with no
apologetic intent, and without attempting to gloss over their apparent shortcomings.
He delighted in disturbing, shocking, or even scandalizing the comfortable middle
classes. He used sarcasm, irony,[L] disrespect, ribaldry, and laughter, though he could
be quite tender and moving when the subject called for it.

Brassens' colorful language affords a fascinating study in contrasts. Ever preoccupied with the honest, lucid, natural phrasing of thought, the poet does not recoil
from popular, even obscene, words. It is not unusual to find crude and refined language side by side.

[1] The final s is also pronounced: bras$\tilde{\varepsilon}$s

Dans l'eau de la claire fontaine

Dans l'eau de la claire fontaine
Elle se baignait toute nue
Une *saute de vent* soudaine
Jeta ses habits dans les *nues.*

5 En détresse elle me fit signe
Pour la *vêtir* d'aller chercher
Des *monceaux* de feuilles de vigne
Fleurs de *lis* et fleurs d'oranger.

Avec des pétales de roses
10 Un bout de *corsage lui fis*
La belle n'était pas bien grosse
Une seule rose a suffi.

Avec le *pampre* de la vigne
Un bout de *cotillon* lui fis
15 Mais la belle était si petite
Qu'une seule feuille a suffi.

Ell'[1] me tendit ses bras, ses lèvres
Comme pour me remercier
Je les pris avec tant de fièvre
20 Qu'ell' fut toute déshabillée.

Le jeu dut plaire à l'ingénue
Car à la fontaine souvent
Ell' s'alla baigner toute nue
En priant Dieu qu'il fît du vent
25   Qu'il fît du vent.

[1] Il y a élision du second **e** parce que la prononciation de cette voyelle donnerait une syllabe de trop dans ce vers.

Chanson pour l'Auvergnat

Elle est à toi cette chanson
Toi l'*Auvergnat* qui *sans façon*
M'as donné quatre *bouts* de bois
Quand dans ma vie il faisait froid
5 Toi qui m'as donné du feu quand
Les *croquantes* et les croquants
Tous les gens bien intentionnés
M'avaient fermé la porte au nez
Ce n'était rien qu'un feu de bois
10 Mais il m'avait chauffé le corps
Et dans mon âme il brûle encore
À la manièr' d'un feu de joie.

Toi l'Auvergnat quand tu mourras
Quand le *croqu'mort* t'emportera
15 Qu'il te conduise à travers ciel
      Au père éternel.

Elle est à toi cette chanson
Toi l'hôtesse qui sans façon
M'as donné quatre bouts de pain
20 Quand dans ma vie *il faisait faim*
Toi qui m'ouvris ta *huche* quand
Les croquantes et les croquants
Tous les gens bien intentionnés
S'amusaient à me voir *jeûner*

25 Ce n'était rien qu'un peu de pain
Mais il m'avait chauffé le corps
Et dans mon âme il brûle encore
À la manièr' d'un grand *festin*.

Toi l'hôtesse quand tu mourras
30 Quand le croqu'mort t'emportera
Qu'il te conduise à travers ciel
    Au père éternel.

Elle est à toi cette chanson
Toi l'étranger qui sans façon
35 D'un air malheureux m'as souri
Lorsque les gendarmes m'ont pris
Toi qui n'as pas applaudi quand
Les croquantes et les croquants
Tous les gens bien intentionnés
40 Riaient de me voir emmener
Ce n'était rien qu'un peu de *miel*
Mais il m'avait chauffé le corps
Et dans mon âme il brûle encore
À la manièr' d'un grand soleil.

45 Toi l'étranger quand tu mourras
Quand le croqu'mort t'emportera
Qu'il te conduise à travers ciel
    Au père éternel.

La chasse aux papillons

Un bon petit diable à la fleur de l'âge,
La jambe légère et l'œil *polisson*,
Et la bouche plein' de joyeux *ramages*,
Allait à la chasse aux papillons.

5 Comme il atteignait l'*orée* du village,
Filant sa quenouille il vit *Cendrillon*.
Il lui dit: «Bonjour, que Dieu te *ménage*,»
J' t'emmène à la chasse aux papillons.

Cendrillon *ravie* de quitter sa cage,
10 Met sa robe neuve et ses *bottillons*;
Et *bras d'ssus bras d'ssous* vers les frais *bocages*
Ils vont à la chasse aux papillons.

Ils ne savaient pas que sous les *ombrages*
Se cachait l'amour et son *aiguillon;*
15 Et qu'il transperçait les cœurs de leur âge.
Les cœurs des chasseurs de papillons.

Quand il se fit entendre, ell' lui dit j' *présage*
Qu' c'est pas *dans les plis de mon cotillon*
Ni dans l'*échancrure* de mon corsage,
20 *Qu'on va t'à la chasse* aux papillons.

Sur sa bouche en feu qui criait: «Sois sage!»
Il posa sa bouche *en guis' de bâillon.*
Et c' fut l' plus charmant des *remue-ménage*
Qu'on ait vu *d' mémoir' de* papillons.

25 Un volcan dans l'âme ils r'vinr'nt au village,
En se promettant d'aller des millions
Des *milliards* de fois et mêm' davantage,
Ensemble à la chasse aux papillons.

Mais tant qu'ils s'aim'ront, tant que les nuages
30 Porteurs de chagrins les *épargneront,*
I' f'ra bon voler dans les frais bocages
I' n' f'ront pas la chasse aux papillons.

Vocabulaire

Dans l'eau de la claire fontaine

une **saute de vent** *a brisk change in the wind*
la **nue** *cloud*
  vêtir = habiller
le **monceau** *pile*
le **lis** *lily*
le **corsage** *blouse*
  lui fis = je lui fis
le **pampre** *vine branch*
le **cotillon** *petticoat*
  ell' s'alla baigner = elle alla se baigner

Chanson pour l'Auvergnat

l' **Auvergnat** = l'habitant de la province d' Auvergne
  sans façon = sans cérémonie
le **bout** = le morceau
le **croquant,** la **croquante** = le paysan, la paysanne
le **croque-mort** *undertaker*
  il faisait faim *This unusual construction parallels* il faisait froid *in the first stanza*
la **huche** *bin*

jeûner = s'abstenir de nourriture, ne pas manger
le **festin** = le banquet
le **miel** *honey*

La chasse aux papillons

le **papillon** *butterfly*
un **bon petit diable à la fleur de l'âge** *a fiery lad in the prime of his youth*
polisson = trop libre, indécent
le **ramage** *warble, yodel*
l' **orée** (f) = la limite
filant sa quenouille *spinning her distaff; note the inversion in this verse*
Cendrillon *Cinderella*
ménager = préserver
ravi = charmé

le **bottillon** = la petite botte
bras dessus bras dessous *arm in arm*
le **bocage** = le petit bois
l' **ombrage** (m) *shade (from trees)*
l' **aiguillon** (m) goad
présager = prédire
dans les plis de mon cotillon *in the pleats of my skirt*
l' **échancrure** (f) = l'ouverture
qu'on va t'à la chasse *The* **t** *is there for euphonic purposes only, to avert the hiatus* va à.
en guise de bâillon *as a gag*
le **remue-ménage** *bustle, stir*
de mémoire de *within memory of*
le **milliard** = mille millions
épargner = ne pas faire mal a
l' f'ra = Il fera

Intelligence des textes

Dans l'eau de la claire fontaine
1. Quel problème se présente à la jeune fille?
2. Quelle solution propose-t-elle?
3. Est-ce que tout finit bien? Expliquez votre réponse.

Chanson pour l'Auvergnat
1. En quoi consiste la charité de l'Auvergnat, de l'hôtesse et de l'étranger?
2. Qu'est-ce que les croquantes et les croquants ont fait?
3. Qu'est-ce que le poète souhaite, dans le refrain, à chacun de ses bienfaiteurs?
4. Comment vous représentez-vous le narrateur?

La chasse aux papillons
1. Racontez la rencontre de Cendrillon et de son petit ami.
2. Est-ce que la chasse aux papillons est menacée? Comment?
3. Qu'est-ce que Cendrillon et son petit ami se proposent de faire à la fin?

Appréciation des textes

1. Brassens est poète et chansonnier. Ses œuvres se lisent bien, même sans musique. Lisez à haute voix, par exemple, les vers de «la Chanson pour l'Auvergnat» ou de «Dans l'eau de la claire fontaine.» Appréciez la régularité des octosyllabes et la justesse remarquable de la rime.
2. Un bon nombre des chansons de Georges Brassens semblent ranimer l'ancienne tradition de l'esprit gaulois, c'est-à-dire que le poète s'y ex-

prime avec cette gaieté un peu libre qui caractérisait une partie de la littérature du moyen âge (les fabliaux) et de la Renaissance (François Rabelais). En fait, on appelle Brassens «le polisson (*scamp, rascal*) de la chanson.» Quels éléments de sa polissonnerie avez-vous remarqués dans les trois chansons?

3. Ces trois chansons illustrent plusieurs thèmes favoris de Brassens: l'amour, la nature, les pauvres types, l'humour, etc. Citez quelques exemples qui vous ont plus particulièrement frappé dans le texte.

Georges Moustaki

The other well-known Georges in contemporary French song is Georges Moustaki (b. 1934), born in Egypt but a resident of France. Although Moustaki was to develop along somewhat different lines, he was encouraged by Brassens early in his career, and like him refused to accept the dictates of society. Without leading a personal crusade of protest against prevailing social conditions, he rejected any notion of a routine existence that might compromise his freedom. He was intent on living his life according to his own terms: «Je fais les choses parce qu'elles sont dans le présent.»

Moustaki did not start out immediately as a performer; at first he wrote songs for others. The most notable of these compositions—one that greatly influenced his own career—was «Milord,» written for the legendary Édith Piaf in the late 1950s. He then accompanied Piaf on an extensive one-year tour that included the United States. Moustaki also wrote music for television and the movies (*Le Temps de vivre*), and during the student uprisings of May 1968 was often seen singing his songs in the streets of Paris. The song that launched his recording career in 1969, and brought him to the attention of the public as a singer, was «Le Métèque,» whose title is a term used pejoratively to designate someone like Moustaki, a native of a Mediterranean country who resides in France.

Moustaki's poetry strikes the reader by its extreme simplicity. This uncomplicated, informal approach perfectly complements the artist's favorite theme, the sweet life. In many of his songs Moustaki extols the merits of a carefree existence where there are no rules or restrictions. A native of Alexandria, he seems to have nothing but fond memories of his early life on the Nile delta. He enjoys creating a dream atmosphere where daily cares can be avoided as one nonchalantly pursues one's pleasures. In this poet's world one need never worry; everything will work itself out sooner or later. It is not hard to understand the attraction of such a theme when phrased poetically, stated simply, and enhanced by melodies in the artist's own alluring, low-key presentation.

Il est trop tard

Pendant que je dormais
Pendant que je rêvais
Les *aiguilles* ont tourné
Il est trop tard
5 Mon enfance est si loin

On est déjà demain
Passe passe le temps . . .
Il n'y en a plus pour très longtemps.

Pendant que je t'aimais
10   Pendant que je t'avais
L'amour s'en est allé
Il est trop tard
Tu étais si jolie
Je suis seul dans mon lit
15   Passe passe le temps . . .
Il n'y en a plus pour très longtemps.

Pendant que je chantais
Ma chère liberté
D'autres l'ont enchaînée
20   Il est trop tard
Certains se sont battus
Moi je n'ai jamais su
Passe passe le temps . . .
Il n'y en a plus pour très longtemps.

25   Pourtant je vis toujours
Pourtant je fais l'amour
M'arrive même de chanter
Sur ma guitare
Pour l'enfant que j'étais
30   Pour l'enfant que j'ai fait
Passe passe le temps . . .
Il n'y en a plus pour très longtemps.

Pendant que je chantais
Pendant que je t'aimais
35   Pendant que je rêvais
Il était encore temps.

Le temps de vivre

Nous prendrons le temps de vivre
D'être libre mon amour
Sans projets et sans habitudes
Nous pourrons rêver notre vie.

5 Viens je suis là
Je n'attends que toi
Tout est possible
Tout est permis.

Viens écoute ces mots qui vibrent
10 Sur les murs du mois de mai[1]
Ils nous disent la certitude
Que tout peut changer un jour.

Viens je suis là
Je n'attends que toi
15 Tout est possible
Tout est permis.

[1] Pendant les manifestations des étudiants en mai 1968 les murs étaient couverts de graffiti.

Dire qu'il faudra mourir un jour

Dir' qu'il faudra mourir un jour
Quitter sa vie et ses amours
Dire qu'il faudra laisser tout ça
Pour Dieu sait quel *au-delà*.

5 Dir' qu'il faudra mourir un jour
C'est dur à penser il faut bien le dire.

Dir' qu'il faudra rester tout seul
Dans la tristesse d'un *linceul*
Sans une fille pour la nuit
10 Sans une goutte de whisky.

Dir' qu'il faudra mourir un jour
C'est dur à penser il faut bien le dire.

Dir' qu'il faudra *bon gré mal gré*
Finir dans d'éternels regrets
15 Moi qui voudrais plus d'une vie
Pour passer toutes mes *envies*.

Dir' qu'il faudra mourir un jour
C'est dur à penser il faut bien le dire.

Dir' qu'il faudra mourir d'ennui
20 En enfer ou en paradis
Passer toute une éternité
Sans jamais pouvoir *s'évader.*

Dir' qu'il faudra mourir un jour
C'est dur à penser il faut bien le dire.

25 Dir' qu'il faudra mourir encor
Moi qui suis souvent déjà mort
Oui mort d'amour et de plaisir
De quoi pourrais-je mieux mourir?

Dir' qu'il faudra mourir un jour
30 C'est dur à penser mon amour.

Ma solitude

Pour avoir si souvent dormi
Avec ma solitude
Je m'en suis fait presque une amie
Une douce habitude
5 Elle ne me quitte pas d'un pas
Fidèle comme une ombre
Elle m'a suivi çà et là
Aux quatre coins du monde.

Non je ne suis jamais seul
10 Avec ma solitude.

Quand elle est au *creux* de mon lit
Elle prend toute la place
Et nous passons de longues nuits
Tous les deux face à face
15 Je ne sais vraiment pas jusqu'où
Ira cette *complice*
Faudra-t-il que j'*y prenne goût*
Ou que je *réagisse?*

Non je ne suis jamais seul
20 Avec ma solitude.

Par elle j'ai autant appris
Que j'ai *versé de larmes*
Si parfois je la répudie
Jamais elle ne désarme
25 Et si je préfère l'amour
D'une autre courtisane
Elle sera à mon dernier jour
Ma dernière compagne.

Non je ne suis jamais seul
30 Avec ma solitude.

Vocabulaire

Il est trop tard

l' **aiguille** (f) *hand (on a clock)*
il n'y en a plus pour très longtemps
there isn't much left
M'arrive = Il m'arrive

Dire qu'il faudra mourir un jour

l' **au-delà** (m) *other world, beyond*
le **linceul** *shroud*

bon gré mal gré = volontairement ou non
l' **envie** (f) = le désir
s' **évader** = se libérer, s'échapper

Ma solitude

le **creux** hollow
le, la **complice** *accomplice*
prendre goût à = commencer à aimer
réagir = résister
verser des larmes = pleurer

Intelligence des textes

Il est trop tard
1. Qu'est-ce qui est arrivé pendant que le poète rêvait?
2. Que s'est-il passé pendant qu'il aimait?
3. Qu'est-ce qui a eu lieu pendant qu'il chantait? Expliquez.
4. En quoi consistent les activités actuelles du poète?
5. Quelle est la conclusion sous-entendue du poème?

Le temps de vivre
1. Comment le poète propose-t-il de vivre?
2. Que signifie «sans projets et sans habitudes»?
3. Trouvez-vous optimiste le thème de cette chanson? Pourquoi ou pourquoi pas?

Dire qu'il faudra mourir un jour
1. Quelles sont les choses qu'il faut quitter un jour?
2. Pour quelles raisons est-ce dur à penser?
3. Pourquoi faudra-t-il finir dans d'éternels regrets?
4. De quoi le poète est-il souvent mort?

Ma solitude
1. Pourquoi le poète considère-t-il la solitude comme une amie?
2. A-t-il des sentiments équivoques envers sa solitude? Quels sont ces sentiments?
3. Comment va sûrement se terminer cette liaison?

Appréciation des textes

1. Moustaki, pour plusieurs, c'est d'abord le grand insouciant (insouciant = *carefree, heedless*). Dans quelles chansons trouve-t-on des éléments de nonchalance, de disponibilité (*openness to new adventures*)? Quels sont ces éléments?
2. La simplicité extraordinaire des paroles de Moustaki crée une atmosphère de confidence, d'intimité. La majorité des phrases, en effet, sont écrites à la première ou à la deuxième personne. Relisez les chansons à haute voix pour remarquer comment, étant donné le style simple, il y a très peu d'inversions et comment, malgré le manque de ponctuation, l'expression de la pensée reste claire.

François Truffaut

François Truffaut (b. 1932) was destined for the cinema seemingly from birth. He himself estimates that, as an adolescent, in six or seven years he viewed two thousand films. While still in his mid-teens he founded his own ciné-club, which went bankrupt, landing the young entrepreneur in jail for debt. At this point fate intervened in the person of film critic André Bazin, who probably saw in Truffaut a reincarnation of his own enthusiastic youth. Bazin took a personal interest in Truffaut, serving as both his surrogate father and mentor.

Sponsored by Bazin, Truffaut became affiliated with the *Cahiers du Cinéma,* an important critical review founded in 1951. In January 1954 Truffaut contributed the review's most important article, "Une certaine tendance du cinéma français." This article, which became the manifesto of the *Nouvelle Vague* (New Wave), assailed the classic French cinema and argued for a *cinéma d'auteur* in which the film director was an author in his own right, creating visually through images just as the writer uses words. Truffaut deplored the then current practice in film making of assembling teams of specialists, each one working in his own narrow area. He likewise opposed the use of studio sets and advocated filming on location. As for scripts, he rejected dialogue supplied by a *littérateur* in favor of natural conversation. The New Wave director was to be an artist totally responsible for every facet of his work. All the critical creative decisions were to be his; no longer was he merely to oversee a team of experts.

François Truffaut

Truffaut's criticism was elaborated in very specific terms in the many articles which he wrote over the next five or six years. He left no doubt as to which directors he admired and which he disliked, and why. Finally, in the late 1950s, Truffaut took the big step from theory and criticism to film making. His first public film, *Les Mistons* (The Mischief Makers) appeared in 1957. A great career was thus launched, one which was to yield films such as *Les Quatre Cents Coups, Tirez sur le pianiste, Jules et Jim, Fahrenheit 451, L'Enfant sauvage, La Nuit américaine, Adèle H,* and *Le Dernier Métro.*

In the course of his career, one of Truffaut's consistent fascinations has been with youth. He has always enjoyed filming children because «tout ce que fait un enfant sur l'écran, il semble le faire pour la première fois.» He at first conceived of *L'Argent de poche* (1976) as a collection of short stories, but then decided instead to use the material as a scenario for a film on the transition from childhood to adolescence.

The following episode exemplifies the type of painful discovery that young people must make during this difficult developmental stage. They always recover of course from such distressing incidents because, as Truffaut's film illustrates, "l'enfance est souvent en danger mais . . . elle a la grâce et . . . elle a aussi la peau dure."

Patrick pousse son pion

Ce soir, comme souvent, Patrick est venu chez les Riffle pour faire travailler le petit Laurent: aujourd'hui mathématiques modernes.

Mais, pour une fois, Patrick ne semble pas avoir toute sa tête, ou tout son cœur à l'ouvrage. Et Laurent doit souvent rappeler à la réalité son jeune maître qui rêve en regardant une photo de la belle Mme Riffle.

Dans l'heure qui suit, Patrick passe à l'action. À un *carrefour* de la ville, il n'hésite qu'un instant avant de se diriger d'un pas ferme vers la boutique de fleurs située de l'autre côté de la rue.

Une fois dans la boutique, il *précise* qu'il veut des fleurs pour *offrir*, mais ne sait pas vraiment ce qu'il doit choisir.

La fleuriste vient à son secours:

—C'est pour offrir? Eh bien, écoutez, prenez des roses.

Patrick lève la tête pour lire le *panneau* que lui indique la fleuriste et lit:

«Rose blanche . . . amour fragile.»
«Rose rose . . . amour caché.»
«Rose rouge . . . amour ardent.»

Sa décision est vite prise:

—Je crois que je vais prendre des roses rouges. Il dépose alors sur la *caisse* deux grosses *poignées* de pièces de monnaie qui *témoignent de* la patience et du temps qu'il a fallu pour réunir la somme.

Patrick se hâte dans la rue. Il n'est plus très loin du salon de coiffure des Riffle. Il *presse le pas*, jette un regard vers l'intérieur du salon, et *recule* précipitamment pour *se dissimuler* dans le couloir d'une maison voisine. De qui peut-il bien se cacher ainsi? Eh bien, c'est de son camarade Laurent qui sort presque *aussitôt* du magasin. Patrick surveille le départ de Laurent et, dès que celui-ci s'est éloigné, il sort de sa *cachette* et avance vers le salon de coiffure. Sa conduite ressemble à celle d'un *malfaiteur*: voilà que, au lieu d'entrer dans le salon de coiffure, il *emprunte* la porte voisine, celle qui *donne sur* le couloir qui permet de se rendre directement à l'appartement. Dans le couloir, Patrick s'arrête une seconde: le temps de jeter un coup d'œil dans le salon et de vérifier que M. Riffle s'y trouve ainsi que les deux employées et quelques clientes.

À présent, il commence à monter l'escalier *en colimaçon* qui mène à l'appartement. À mi-hauteur, il stoppe un moment, comme quelqu'un qui hésiterait au bout d'un *plongeoir*, il surmonte cette dernière hésitation et reprend son ascension.

Dans l'appartement, assise devant une *glace*, la belle Mme Riffle est en train de se passer de la *laque* rouge sur les *ongles*. Elle est tellement absorbée par cette occupation que Patrick doit *se gratter la gorge* avant qu'elle s'aperçoive de sa présence. Lorsque, enfin, elle tourne son visage vers lui, elle l'*accueille* d'un grand sourire:

—Ah, c'est toi, Patrick? Bonjour. Dépêche-toi si tu veux *rattraper* Laurent, il vient de partir.

Patrick *se jette à l'eau* et, regardant Nadine Riffle bien en face, il répond:

—C'est pas Laurent que je veux voir, madame, c'est vous.

—Moi? s'étonne Mme Riffle.

Patrick perd un peu de sa belle assurance et, *bafouillant* un peu:

—Oui, j'ai pensé . . . je veux . . . enfin voilà (il lui *tend* le bouquet), c'est pour vous.

—C'est pour moi! Oh, ce que c'est gentil! Oh, elles sont superbes! Ça me fait très plaisir!

Mme Riffle a pris les roses et les regarde, les respire, avec un réel plaisir. Tout ému, Patrick *attend tout*, sauf la phrase qui vient:

—Tu remercieras bien ton papa!

Vocabulaire

le **pion** *pawn (in chess)*
le **carrefour** = lieu où se croisent plusieurs rues
préciser = dire d'une manière précise
offrir = donner comme un cadeau
le **panneau** *sign*
la **caisse** *cash register*
la **poignée** *handful*
témoigner de = confirmer
presser le pas = aller plus vite
reculer = aller en arrière
se **dissimuler** = se cacher
aussitôt = au moment même
la **cachette** lieu où on se cache
le **malfaiteur** = le criminel
emprunter = faire usage de

donner sur = avoir accès sur
en colimaçon = en spirale
le **plongeoir** *diving board*
la **glace** = le miroir
la **laque** *lacquer*
l' **ongle** (m) *fingernail*
se **gratter la gorge** to *clear one's throat*
accueillir = recevoir
rattraper = rejoindre
se **jeter à l'eau** = se précipiter (à l' aventure)
bafouiller = parler d'une manière peu intelligible
tendre = présenter en avançant
attend tout is *ready for anything*

Intelligence du texte

1. Qu'est-ce que Patrick est venu faire chez les Laurent?
2. Pourquoi ne peut-il pas le faire?

3. Comment Patrick passe-t-il du rêve à l'action? Vers quelle boutique se dirige-t-il? Qu'est-ce qu'il y cherche?
4. Qu'est-ce que Patrick choisit chez la fleuriste? Comment prend-il sa décision?
5. Comment Patrick paye-t-il son achat? Qu'est-ce que cela prouve?
6. Pourquoi Patrick n'entre-t-il pas tout de suite chez les Riffle?
7. Expliquez comment sa conduite ressemble à celle d'un malfaiteur. Qu'est-ce qu'il doit vérifier avant de commencer à monter l'escalier?
8. A-t-il un dernier moment d'hésitation? À qui ressemble-t-il alors?
9. Où est Mme Riffle et que fait-elle? Que doit faire Patrick pour se faire apercevoir?
10. Qu'est-ce que Mme Riffle présume dès qu'elle aperçoit Patrick? Que lui suggère-t-elle?
11. Décrivez comment se passe la présentation des fleurs. Patrick est-il confiant? Comment présente-t-il les roses?
12. Mme Riffle est-elle contente? Et Patrick?

Appréciation du texte

1. Imaginez que vous êtes la personne derrière la caméra. Sur quels éléments visuels de ce scénario tourneriez-vous l'œil de la caméra?
2. Relevez dans le texte les endroits où Truffaut révèle son appréciation du monde des enfants.
3. Soulignez l'emploi de l'allitération dans le dernier paragraphe du texte. Remarquez la richesse des *r* dans la phrase qui se rapporte à Mme Riffle et la prépondérance des *t* qui indique l'attente incertaine du timide Patrick.

Exercices de grammaire

I. *Écrivez les phrases suivantes à* **la voix active.**

1. Quatre bouts de bois lui ont été donnés.
2. L'Auvergnat sera conduit au père éternel par le croque-mort.
3. Les croquants ont ri quand il a été pris par les gendarmes.
4. Il a été emmené en prison.
5. Au moment où le pauvre type avait besoin d'aide, la porte lui a été fermée au nez.
6. Les mots sur les murs étaient écoutés par les étudiants.
7. Toute la place est prise, au creux de son lit, par la solitude.
8. Sa chère liberté a été enchaînée pendant qu'il la chantait.
9. La solitude a souvent été répudiée comme une courtisane.
10. Jamais le poète n'a été désarmé par elle.

II. *Complétez les phrases suivantes par un* **infinitif** *ou un* **participe présent,** *selon le cas. Faites les accords nécessaires.*

1. Après _____ (faire) la chasse aux papillons, ils revinrent au village.
2. Il l'a aidée en lui _____ (faire) un bout de corsage avec des pétales de roses.
3. Ils rentrèrent en se _____ (promettre) de retourner souvent à la chasse aux papillons.
4. Le poète vit Cendrillon _____ (filer) sa quenouille.
5. L'amour et son aiguillon ont fini par _____ (transpercer) les amoureux.
6. Il faudra passer toute une éternité sans jamais _____ (pouvoir) s'évader.
7. Le poète, qui est souvent déjà mort d'amour et de plaisir, croit qu'il devra passer une éternité à _____ (mourir) d'ennui.
8. Même après _____ (répudier) la solitude, le poète la retrouve toujours à ses côtés.
9. En _____ (écouter) les mots qui vibrent sur les murs du mois de mai, on apprend que tout peut changer.
10. Le poète veut prendre le temps de vivre avant de _____ (songer) au quotidien.
11. Le poète s'est aperçu, tout en _____ (chanter), qu'il était trop tard.
12. Patrick rêve en _____ (regarder) une photo de la belle Mme Riffle.
13. Il n'hésite qu'un instant avant de _____ (se diriger) vers la boutique de fleurs.
14. Patrick veut des fleurs pour _____ (offrir).
15. Au lieu d' _____ (entrer) dans le salon de coiffure, il emprunte la porte voisine.
16. Mme Riffle est en train de _____ (se passer) de la laque rouge sur les ongles.
17. Patrick perd un peu sa belle assurance et, _____ (bafouiller) un peu, il dit: «C'est pour vous, madame!»

III. *Complétez les phrases suivantes en employant une forme de* **faire.** *Traduisez vos réponses.*

1. Patrick est venu chez les Riffle pour _____ travailler le petit Laurent.
2. Mais Patrick rêve et c'est Laurent qui _____ revenir Patrick à la réalité.
3. Patrick ne savait pas ce qu'il voulait mais la fleuriste lui _____ choisir des roses.
4. Elle lui _____ lever la tête et lui _____ lire le panneau.
5. Ayant choisi les fleurs qu'il voulait, Patrick _____ voir tout son argent à la fleuriste.
6. Si M. Riffle connaissait les intentions de Patrick, il ne le _____

pas entrer dans le magasin; au contraire, il le _____ sortir tout de suite.

7. Lorsque Mme Riffle a aperçu Patrick, elle l'a accueilli mais elle ne l' _____ pas _____ asseoir.
8. Si M. Riffle ou Laurent avaient été là, ils _____ perdre à Patrick sa belle assurance.
9. Lorsque Patrick présentera les roses à Mme Riffle, il les lui _____ respirer.
10. Patrick craint que Mme Riffle _____ venir son mari.

Vocabulaire satellite: Chanson et cinéma

Chanson

la **musique classique (sérieuse)** *classical music*
l' **opéra** (m) *opera*
la **musique folklorique** *folk music*
la **musique légère (populaire)** *popular music*
le **jazz** *jazz*
le **rock** *rock-and-roll*

le **compositeur** *composer*
le **chansonnier** *writer-performer of satirical songs*
l' **interprète** (m,f) *artist (singer, actor)*
le **chanteur**, la **chanteuse** *singer*
la **cantatrice** *opera singer*

l' **air** (m) ⎤
la **mélodie** ⎦ *tune, melody*
les **paroles** (f) *song lyrics*

enregistrer *to record*
l' **enregistrement** (m) *recording*

le **disque** *phonograph record*
le **microsillon** *long-playing record*
le **tourne-disque** *record player*
la **bande magnétique** *tape (for recording)*
le **magnétophone** *tape recorder*

Cinéma

le **film parlant** *talking picture*
le **film muet** *silent film*
le **film en couleur** *film in color*
le **long métrage** *full-length feature film*
le **court métrage** *short-subject film*
le **dessin animé** *cartoon*
les **actualités** (f) *newsreel*
le **navet** *flop (a film)*
le, la **cinéaste** *film maker*
le **producteur** *producer*

le **réalisateur** *film maker, director*
le **metteur en scène** *director*
le **scénariste** *script writer*
la **vedette** *star*

le **scénario** *scenario, script*

la **caméra** *movie camera*
le **cadre** *setting*
le **décor** *scenery*
la **bande sonore** *sound track*
le **montage** *film editing*
l' **écran** (m) *screen*

Pratique de la langue

1. À débattre: «Le cinéma a eu une influence funeste (*disastrous*) sur les mœurs américaines, surtout sur celles de la jeunesse.»
2. Les Français ont tendance à attribuer le mérite d'un film au réalisateur (c'est un film de Resnais, de Godard, de Truffaut, etc.). Aux États-Unis, on est porté à parler plutôt des vedettes du film (c'est un film de Bogart, de Brando, de Redford, etc.) À votre avis, lequel est le plus important: le réalisateur ou la vedette?
3. Pour quelles raisons allez-vous voir un film? Qu'est-ce que vous désirez y trouver?
4. Que pensez-vous de la classification des films? Devrait-on les classer? Si oui, approuvez-vous le système actuel (G, PG, R, X)?
5. Quel genre de musique préférez-vous? Pourquoi?
6. Imaginez le dialogue suivant: un père de famille fatigué, qui ne veut qu'un peu de repos, affronte ses enfants, des passionnés du rock, qui n'arrêtent pas de passer (*play*) leurs disques à un volume assourdissant (*deafening*). Improvisez les protestations du père, les ripostes (*retorts*) des jeunes.

Sujets de discussion ou de composition

1. Quel est le rôle du chanteur folklorique aujourd'hui? Doit-il tout simplement amuser les gens comme le font les autres artistes? Doit-il plutôt faire de la satire[L] sociale à la manière des chansonniers français? Ou doit-il s'engager totalement dans l'activité politique? Qu'en pensez-vous? Donnez des exemples à l'appui (*in support*).
2. Quelle pourrait être, pensez-vous, l'attitude d'un(e) féministe envers les chansons gaillardes (risquées) de Georges Brassens? Est-ce que cette personne en ferait une critique sévère? Quelles objections pourrait-elle soulever? Est-ce que, d'après vous, ces critiques seraient justifiées? Y a-t-il de la place pour ce genre de chanson ou devrait-on l'abolir?
3. Comparez le cinéma au théâtre en appréciant les avantages et les inconvénients de chaque genre.
4. Préparez le compte rendu d'un film que vous avez vu. N'en mentionnez pas le titre mais essayez de le faire deviner aux autres étudiants qui liront votre critique.
5. Vous est-il jamais arrivé d'avoir le béguin (*a crush*) pour quelqu'un? Comment présenteriez-vous la scène pour le cinéma? Écrivez un scénario à la manière de Truffaut.

Index littéraire

Classicism The French classical period covered the reigns of Louis XIII (1610–43) and Louis XIV (1643–1715), but the term classicism is normally used more narrowly to designate the literature produced between 1660 and 1690. Inspired by the writers of antiquity, who were taken as models of perfection, the seventeenth-century French writers studied universal man in an impersonal manner. They remained very attentive to form, ever aware of the literary laws regulating each genre as well as the unwritten tenets of propriety and good taste. The major writers of this age of reason were Molière, Racine, La Fontaine, La Bruyère, La Rochefoucauld, and Pascal.

Comédie-Française Also known as *Le Théâtre Français,* it was France's first state theater. Some still refer to it as *La Maison de Molière* because it was created after his death by a merger of his old troupe with two others in 1680. Today its repertoire remains essentially classical and it continues to be state-supported. The repertoire is by no means confined to comedy: the *comédie* of its name retains the word's older meaning of "theater"; still today the term *comédien* is synonymous with "actor," although it can be used in a narrower sense to designate the opposite of a tragedian or actor of tragedies.

Comedy A play whose purpose is to amuse and that has a happy ending. Whereas farce relies on gross buffoonery and physical action, comedy presents fully developed characters and derives its action from them. The greatest of all French comedy writers was Molière (1622–73), who brought to its peak both comedy of character (*comédie de car-*actère), with its emphasis on the leading character's psychology (usually, some particular vice or folly), and comedy of manners (*comédie de mœurs*), which satirizes contemporary society. *Le Bourgeois gentilhomme* is an example of comedy of manners.

Engagement This term which came into wide usage at the conclusion of World War II, denotes the attitude of an artist or writer who is conscious of his social role and commits his talents to serve a particular cause. Philosophically, this outlook is in direct opposition to art for art's sake (*l'art pour l'art*). Jean-Paul Sartre and Simone de Beauvoir are *écrivains engagés,* although such committed writers existed long before 1945, as witness Voltaire and Zola.

Existentialism A philosophical system asserting that existence precedes essence: man has no predetermined essence, but rather defines himself through his actions (his *engagement*) in a meaningless world. Man is completely free to act—there are no preestablished value systems—but he is also responsible for what he does, whence his anxiety in this absurd world. This philosophy gained popular recognition in France in the 1940s due to its literary expression in the works of Jean-Paul Sartre.

Fabliau A popular genre of the Middle Ages. A short tale in verse calculated to provoke laughter, it was sometimes serious, often bawdy, and usually told a mocking story of human beings in a realistic setting. Not to be confused with the *fable*, a short moralizing tale whose characters are usually animals.

Farce A light humorous play that provokes laughter through situation, caricature, gestures, and clowning, rather than through character. In France it was especially popular in the late Middle Ages. It influenced Molière, and has continued as a genre to the present day.

Humour noir The use of grotesque and morbid situations for comic purposes, characterized by a tone of aggressive bitterness or anger. Black humor can be found in the works of Charles Baudelaire and in the Theater of the Absurd.

Hyperbole A figure of speech in which the words go beyond the thought; conscious exaggeration. To call a large man "a giant," or to say that someone is "as strong as an ox," are examples of hyperbole.

Irony Figure of speech whereby an effect is obtained by stating the opposite of the intended meaning, as for instance when one refers to "the joys of winter" while thinking about boots and shoveling and the flu. The use of irony usually implies a certain emotional detachment.

Metaphor An implied comparison in which only one of the two terms is stated and the qualities of one are ascribed to the other by analogous substitution: e.g., the root of the problem; a storm of protest; "All the world's a stage." The metaphor differs from the simile (*comparaison*), which makes its comparison explicit: "My love is like a red, red rose."

Moralistes Writers who observe and comment on *les mœurs,* the mores of their time. This term is not to be confused with "moralist" in English: a *moraliste* may simply observe, without any attempt to moralize or to correct the behavior of others (cf. La Rochefoucauld).

Le Mot juste A French stylistic tradition that dates back to the formal preoccupations of the classical writers, who sought to say the most with the least. This obsession for finding the one word that will adequately convey one's meaning characterized the works of many writers, but perhaps most particularly the novelist Gustave Flaubert (1821–80).

Naturalism A literary doctrine, prevalent in the last third of the nineteenth century, defined and illustrated in their novels by the Goncourt brothers and Émile Zola (1840–1902). Naturalism took a deterministic view of nature, describing man and his environment as the products of specific biological, social, and economic laws. In the *roman expérimental,* a new genre of fiction that he set out to create, Zola sought to apply to the novel the empirical methods of clinical observation and scientific experimentation by studying the behavior of his characters in varying circumstances.

Les Philosophes Writers of the eighteenth-century Age of Enlightenment, and thinkers who were interested in any and all questions—economic, moral, political, religious, or social—affecting man's earthly happiness. They had great faith in human progress through the use of reason. The prominent *philosophes* expressed their beliefs through various literary genres: Montesquieu wrote *L'Esprit des lois,* a study of law and government, and the satirical *Lettres persanes*; Diderot directed the publication of the *Encyclopédie,* a vast collective enterprise; and Voltaire wrote *contes philosophiques* such as *Candide.*

Poème en prose A work incorporating the essential features of poetry but written in prose. The genre was best illustrated by Charles Baudelaire (1821–67).

Realism A literary outlook born in the mid-nineteenth century, partly in reaction to the excessive fancy and lyricism of romanticism. It advocated the minute and objective description of life, presenting an accurate portrait of reality that was neither idealized nor exaggerated. The foremost name in realism is that of Gustave Flaubert, although the works of Balzac and Stendhal also in many ways display strong realistic traits.

Roman A term used originally to designate the popular language of the early Middle Ages, intermediate between Latin and Old French (cf. the term "romance language"). In the twelfth century, it referred to tales told in such a romance dialect: heroic tales in verse depicting marvelous adventures, extraordinary experiences, the loves of imaginary or idealized heroes (for instance, the Arthurian romances). By the later Middle Ages such tales were also told in prose and became the forerunner of the modern *roman,* the novel.

Romanticism   A literary movement that prevailed in the first half of the nineteenth century, partly in reaction to classicism and eighteenth-century rationalism. Romanticism (*romantisme*) stressed the freedom of individual expression, and the primacy of emotion, sensitivity, and imagination over cold reason. It delighted in mystery, fantasy, exoticism, dream, the past. Among the best-known Romantic writers in France were the poets Lamartine, Hugo, Vigny, Musset, and the novelist George Sand.

Satire   A literary work, in verse or prose, in which an author exposes, denounces, and holds up to derision the vices, abuses, and follies of his contemporaries; also, more broadly, this kind of derision itself. The mocking criticism of satire is generally not meant to destroy human institutions, but rather to amend them in a positive way. The satirist censures public mores with the full realization that they are the manifestations of human frailty; characteristically, he employs humor, irony, and wit. Montesquieu's *Lettres persanes* and Voltaire's *Candide* are good examples of satire. The comedies of Molière are also satirical in nature.

Théâtre de l'absurde   An avant-garde theater that came into prominence in the 1950s. As the name implies, such productions focused on the absurdity of the human condition. Their most interesting aspect, from the literary standpoint, was the nonconventional means used to formulate the problems of mankind. This revolutionary theater deprived the spectators of their usual points of reference in order to have them experience the absurdity of life. Well-constructed plot lines, careful character development, realistic portrayal of everyday life—all were discarded in favor of disconcerting scenes calculated to keep the audience off balance and uneasy. Eugène Ionesco's *La Cantatrice chauve* (1950) marked the first success of the Theater of the Absurd. Other prominent absurdist playwrights are Jean Genet, Arthur Adamov, and Samuel Beckett, whose *En attendant Godot* (1953) has perhaps proven the most popular of all absurdist plays.

Théâtre de boulevard   Light, escapist theater fare, roughly comparable to America's Broadway stage. It derives its name from the location of many of the theater houses on or near the great boulevards of Paris.

Tragedy   A dramatic work of serious character, evoking pity or terror, and having an unhappy ending. In France the genre reached its height in the classical tragedies of Pierre Corneille and Jean Racine, contemporaries of Molière.

Troubadours   Medieval poets of southern France who composed in the *langue d'oc* as opposed to the *trouvères* of the North who composed in the *langue d'oïl*. Some of these poets were also *jongleurs:* wandering minstrels who recited or sang their verses to the accompaniment of a stringed instrument. Twentieth-century *chansonniers* like Georges Brassens and Jacques Brel were often referred to as modern-day troubadours.

Vocabulaire

This vocabulary contains all words and expressions that appear in the text except articles and identical cognates. Irregular verbs are included, as are feminine forms of adjectives.

A

abaisser to lower, bring down
abandonner to abandon
abasourdi(e) taken aback, stunned
l' **abécédaire** *m* primer
abîmer to damage, ruin
l' **ablatif** *m* ablative
abonder to abound
s'**abonner** to subscribe
abord: d'— first of all, at first
aborder to approach, tackle
abriter to shelter
abrutissant(e) stupefying, degrading
abuser de to misuse
l' **acceptation** *f* acceptance
l' **accès** *m* fit
l' **accommodement** *m* accommodation
s'**accommoder de** to make the best of
l' **accompagnement** *m* accompaniment
accompagner to accompany
accomplir to accomplish
l' **accord** *m* agreement; **être d'—** to concur
accorder to grant; **s'—** to agree
accourir to come running
accrocher to hook, catch; **s'—** to hang on
accueillir to welcome, to greet
accumuler to accumulate
l' **accusation** *f* prosecution
l' **achat** *m* purchase
acheter to buy
achever to finish, complete
l' **acteur (actrice)** *m, f* actor, actress
l' **actualité** *f* topical question; **—s** *pl.* newsreel; **d'—** current
actuel(le) present
actuellement at present
l' **addition** *f* bill, check (restaurant)
l' **adieu** *m* farewell
admettre to admit, accept
adorablement adorably
adoucir to alleviate
l' **adversaire** *m* adversary
affaiblir to weaken
l' **affaire** *f* deal, matter; **les —s** business

affairé(e) busy
afficher to display
affirmer to assert
affranchir to set free
affreux (affreuse) horrible, awful
affronter to face
afin de in order to
afin que so that
l' **Afrique** *f* Africa
agacer to annoy, bother
l' **âge** *m* age; **le grand —** old age
âgé(e) old
s'**agenouiller** to kneel
l' **agent** *m* agent; **— de police** police officer
agir to act; **il s'agit de** it is a question of
agité(e) agitated
agiter to agitate
s'**agripper à** to cling to
ahuri(e) dumbfounded
l' **ahurissement** *m* bewilderment
l' **aide** *f* help; **porter —** to lend assistance; **venir en — à** to help
l' **aiguille** *f* needle, hand (on a clock)
l' **aiguillon** *m* goad
ailleurs elsewhere; **d'—** besides, moreover; **par —** on the other hand
aimable kind
aîné(e) older, oldest; l'**aîné** *m* eldest son
ainsi likewise, thus; **— que** as well as, as
l' **air** *m* air, appearance; melody; **avoir l'—** to seem, appear, look like
l' **aise** *f* comfort; **à l'—** comfortable
aisé(e) well-to-do
aisément easily
ajouter to add
l' **allée** *f* alley, walk
allemand(e) German
aller to go, suit, fit; **— chercher** to fetch; **— de soi** to be a matter of course; **s'en —** to go away; **Allez ouste!** Off you go!

l' **aller-retour** *m* round trip
allié(e) allied
allonger to stretch out
allumer to light
l' **allumette** *f* match
l' **allure** *f* gait, appearance
alors at that time, then, so;
— **que** while
alourdi(e) heavy-set
l' **amant(e)** lover
ambitieux (ambitieuse) ambitious
l' **ambre** *m* amber
ambulatoire ambulatory
l' **âme** *f* soul, spirit
l' **amélioration** *f* improvement
amener to bring, lead
amèrement bitterly
américaniser to Americanize
l' **ameublement** *m* furnishing
l' **ami(e)** *m, f* friend; **petit(e) ami(e)** *m, f* boy (girl) friend
l' **amitié** *f* friendship
amollir to soften
l' **amour** *m* love; **par** — out of love
amoureux (amoureuse) amorous; *m, f* lover; **être** — **de** to be in love with
amuser to amuse, interest; **s'** — to have a good time, enjoy oneself
l' **an** *m* year
ancien(ne) ancient, former
ancrer to anchor
l' **âne** *m* donkey
anéantir to wipe out
l' **Angleterre** *f* England
angliciser to Anglicize
l' **angoisse** *f* anguish
l' **année** *f* year
anonyme anonymous
l' **anse** *f* handle
antagoniste antagonistic
apaiser to appease
apercevoir to catch sight of; **s'** — **de** to notice, realize
aplatir to flatten
l' **apôtre** *m* apostle
apparaître to appear
apparamment apparently
l' **apparence** *f* appearance
l' **appartement** *m* apartment
appartenir to belong
l' **appel** *m* appeal; **faire** — **à** to appeal to
appeler to call; **en** — **à** to appeal to; **s'** — to be called
l' **appentis** *m* lean-to, shed
applaudir to applaud

les **applaudissements** *m pl.* applause
appliquer to apply
l' **apport** *m* contribution
apporter to bring
apprécier to appreciate; to take under advisement
apprendre to learn, teach
l' **apprenti(e)** apprentice
l' **apprentissage** *m* learning
apprivoiser to tame
l' **approbation** *f* approval
s'approcher de to come near
approfondir to go deeply into
approuver to approve
appuyer to rest, to support; **s'** — to rest on
après after; *adv.* afterward; **d'** — according to, next, following
l' **après-midi** *m, f* afternoon
aquilin hooked
l' **arbre** *m* tree; — **fruitier** fruit tree
l' **arc** *m* arch
l' **archevêque** *m* archbishop
l' **argent** *m* money, silver
l' **argile** *f* clay
l' **argot** *m* slang
l' **arme** *f* arm, weapon
l' **armoire** *f* wardrobe, closet
arracher to tear away, snatch, pull up
l' **arrêt** *m* stop; **sans** — unceasingly
arrêter to arrest, stop; **s'** — to stop
arrière rear; **en** — back
l' **arrivée** *f* arrival
arriver to arrive; — **à** to manage to; **en** — **là** to get to that point; **il arrive** there arrives, it happens
l' **arriviste** *m, f* go-getter
l' **arrondissement** *m* subdivision of a French department
l' **ascension** *f* ascent, climb
l' **asile** *m* home, refuge
l' **assassinat** *m* assassination
s'asseoir to sit down
asservir to enslave, subject to
assez enough, rather
l' **assiduité** *f* regularity
assis(e) seated
assoiffé(e) thirsty
l' **assommoir** *m* low tavern
assortir to match
s'assoupir to doze off
assoupli(e) made flexible, supple
l' **assouvissement** *m* fulfillment
l' **atomium** *m* model of an atom
l' **âtre** *m* hearth

attacher to attach, tie; **s'— à** to apply oneself
attaquer to attack; **s'— à** to grapple with
atteindre to attain, reach
atteint(e) affected
attendre to wait for, await; **en attendant** meanwhile; **s'— à** to expect
s'**attendrir** to grow tender, be moved
l' **attentat** *m* attempt
l' **attente** *f* wait, expectation
attentivement attentively
atténuant(e) extenuating
atterré(e) overwhelmed, felled
atterrer to bowl over
attifer to dress up, deck out
attirer to attract
l' **attrait** *m* attraction
attraper to catch
attribuer to attribute
l' **aube** *f* early dawn
aucun . . . ne no, not any, none
l' **audace** *f* boldness
audacieux (audacieuse) bold
l' **au-delà** *m* life beyond
l' **audience** *f* session
augmenter to increase
auparavant before
auprès de beside, next to, at the side of
aussi as, also; and so
aussitôt immediately
autant as much, as many; **— que** as much as; **pour —** on that account
l' **auteur** *m* author; **— dramatique** playwright
l' **autobus** *m* bus
l' **automatisme** *m* automatism
autour de around
autre other
autrefois in the past
autrement differently, otherwise
l' **Autriche** *f* Austria
autrui others, other people
l' **avance** *f* advance, start; **par —** beforehand
avancer to advance, put forward
avant before; *adv.* deep; **— de** before; **— que** before
l' **avantage** *m* advantage
avant-dernier next to the last
l' **avant-propos** *m* foreword
avare miserly
l' **avenir** *m* future
l' **aventure** *f* adventure

averti(e) well-informed
avertir to inform
aveugle blind
avidement eagerly
l' **avidité** *f* eagerness
l' **avion** *m* plane
l' **avis** *m* opinion
s'**aviser** to take it into one's head to
l' **avocat** *m* lawyer; **— général** prosecutor
l' **avoir** *m* property, possessions
avoir to have; **— besoin de** to need; **— d'autres chiens à fouetter** to have other fish to fry; **— envie de** to feel like; **— l'air de** to appear, seem; **— lieu** to take place; **— peur** to be afraid; **— raison** to be right; **— tort** to be wrong; **y —** to be
avouer to admit
axiomatique axiomatic
l' **axiome** *m* axiom

B

bafouiller to stammer
le **bagne** penitentiary
le **bahut** wardrobe
baigner to soak, steep; **se —** to bathe, go swimming
bailler to give
bâiller to yawn
le **bâillon** gag
le **bain** swim, bath
le **baiser** kiss
baisser to lower, sink
le **bal** dance
balbutier to stammer
le **balcon** balcony
ballotter to toss about
banal(e) trite
la **banalité** triteness
le **banc** bench, seat
la **bande** gang, reel; **— magnétique** tape; **— sonore** soundtrack
la **banlieue** suburbs
bannir to banish
la **banquette** bench
le **banquier** banker
la **baraque** booth, stall
baratter to churn
la **barbe** beard
barbouiller to smear
barbu(e) bearded
le **barrage** dam

la **barre** helm
barrer to steer
le **bas** bottom; **en —** below; **bas** *adv.* low, quietly
se **baser** to be founded
le **bassin** pond, ornamental lake
la **bataille** battle
le **bateau** boat
le **bâton** stick
la **batterie** set; **— de cuisine** set of kitchen utensils
battre to beat, strike; **se —** to fight
battu(e) beaten
le **baudet** donkey
le **baume** balm
beau (belle) handsome, beautiful; **il a — croire** in vain does he believe; **il fait —** the weather is beautiful
le **beau-frère** brother-in-law
le **beau-père** father-in-law
les **beaux-arts** fine arts
le **bébé** baby
bégayer to stutter, stammer
le **béguin: avoir le — pour quelqu'un** to have a crush on someone
la **belle-fille** daughter-in-law
la **belle-mère** mother-in-law
bénéficier to benefit
bénir to bless
le, la **benjamin(e)** the youngest child
le **berceau** cradle
bercer to rock, to sway
la **berceuse** lullaby
la **berge** bank
le **berger** shepherd
la **besogne** task
besogner to work
le **besoin** need; **avoir — de** to need
la **bête** fool, animal; *adj.* stupid, foolish
la **bibine** bad wine
la **bibliothèque** library
la **bicyclette** bicycle
bien well, indeed; **— des** many; **— que** although; **si — que** so that; **— sûr** of course; **ou —** or else
le **bien** good; *pl.* belongings
le **bien-être** well-being
le **bienfait** benefit
le **bienfaiteur** benefactor
bientôt soon
bienvenu(e) welcome
bigarré(e) motley, varied
le **bijou** jewel
bilingue bilingual
le **billet** ticket, note

la **bise** north wind
bizarrement strangely
la **blague** joke, story
blanc (blanche) white, clean
blanchir to turn white
blanchissant(e) turning white
le **blason** coat of arms
le **blé** wheat
blesser to wound, injure, hurt, offend
bleu(e) blue
bleuâtre bluish
bleuté(e) bluish
blinder to armor-plate
le **bocage** sparse, shady woods
boire to drink
le **bois** wood
la **boîte** box
bon(ne) good; **il fait bon** it is good; **pour de bon** for good
bondir to leap, spring
le **bonheur** happiness
la **bonhomie** good nature
la **bonne** maid
le **bord** edge
la **bordée** tack, course
le **bordel** bordello
borgne one-eyed
borner to limit
la **bosse** hump
le **bottillon** little boot
la **bottine** ankle boot
la **bouche** mouth
le **boucher** butcher
bouder to sulk
la **bouderie** sulkiness
boudhique Buddhistic
la **boue** mud
bouger to stir, budge
la **bougie** candle
bouillir to boil
la **boule** ball; **— de neige** snowball
le **boulet** cannonball
le, la **bouquiniste** second-hand bookseller
bourgeois(e) *adj.* middle-class
la **bourgeoisie** middle class
la **bourse** purse
la **bousculade** scuffle, jostling
bousculer to jostle
le **bout** end, tip, bit, tag, piece; **au — de** at the end of
la **bouteille** bottle
la **boutique** shop
le **bouton** button; **— de rose** rosebud
boutonner to button
la **boutonnière** buttonhole

le **boxeur** boxer
le **bras** arm; **— dessus — dessous** arm in arm
le **brasier** coal
brave good, decent, brave
la **brebis** sheep
la **bribe** fragment
la **bride** bridle
brièvement briefly
briser to break, shatter
la **brousse** bush
la **bru** daughter-in-law
le **bruit** noise, sound
brûler to burn
la **brume** fog
brun(e) brown
brusque sudden
brusquement abruptly, suddenly
la **brusquerie** abruptness
bruyamment loudly
la **bruyère** heather
le **bûcher** stake
le **buisson** bush, thicket
le **bureau** office
le **buste** bust
le **but** goal, aim

C

ça et là here and there
la **cabane** hut, shanty
le **cabaret** tavern
le **cabinet** small room
cabrer to rear (a horse)
cacher to hide, conceal
la **cachette** hiding place
le **cadeau** gift
le **cadet** younger brother
la **cadette** younger sister
le **cadre** setting, frame
le **café-concert** cabaret
le **cahier** notebook
le **caïlcédrat** shade tree (African mahogany)
la **caisse** cash register
la **calebasse** calabash, gourd
le **caleçon** drawers, pants
le **calembour** pun
calmé(e) calmed
calomnier to slander
le, la **camarade** friend, chum: **— de chambre** roommate; **— de classe** classmate
la **caméra** movie camera

le **camion** truck
le **camp** camp; **ficher le —** to clear out
le **campagnard** country dweller
la **campagne** country (rural district)
la **canaille** rabble
le **canapé** couch
la **canne** cane
canoter to go boating
la **cantatrice** classical singer, vocalist
le **cantique** hymn
la **capacité** capability
car for, because
la **carcasse** frame
caresser to caress
carré(e) *adj.* square
le **carrefour** crossroad
la **carrière** career
la **carte** card, map, menu
cartésien(ne) Cartesian
le **cas** case; **c'est le — de le dire** now's the time to say it; **en tout —** in any case; **faire — de** to pay attention to; **le — échéant** should the occasion arise
la **case** hut, cabin
la **caserne** barracks
cassé(e) broken
casser to break
cause: à — de because of
causer to chat, converse
la **cave** cellar
ce this, that; **— disant** in saying this;
c'est-à-dire that is to say
céder to yield
cela that; **par — même** by that very fact
la **cendre** ash(es)
le **cendrier** ashtray
Cendrillon Cinderella
le **censeur** study supervisor in French secondary schools
la **censure** censorship
cent (one) hundred
la **centaine** about a hundred
centième hundredth
le **centre** center
cependant however, meanwhile, nevertheless
le **cercle** circle
certainement certainly
certains (certaines) some
la **certitude** certainty
cesse, (sans) unceasingly
cesser to cease
chacun(e) each one
chagrin(e) *adj.* glum, bitter; **le —** grief, worry

chagriner to annoy, grieve
la **chaînette** small chain
la **chair** flesh
la **chaire** rostrum
la **chaise** chair; **— de poste** post chaise; **— électrique** electric chair
la **chaleur** warmth, heat
la **chambre** room; **— à coucher** bedroom; **— des députés** lower house of French parliament
la **chambrée** barracks room
le **champ** field
la **chance** chance, luck; **avoir de la —** to be lucky
le **changement** change
la **chanson** song
le **chansonnier** writer of satirical songs
le **chant** song
chantant(e) sing-song
chanter to sing
le, la **chanteur (chanteuse)** singer
chantonner to hum
le **chapeau** hat
le **chapitre** chapter; **sur ce —** on this subject
chaque each
le **charbon** coal
la **charge** load, burden; **être à —** to be a burden
charger to load, lay it on thick, exaggerate; **se — de** to take upon oneself
la **charité** charity
charmant(e) charming
la **chasse** hunting, chase, hunt
chasser to hunt, drive away
le **chasseur** hunter
le **chat** cat; **donner sa langue au —** to give up guessing
chaud(e) hot; **avoir —** to be hot; **il fait —** the weather is hot
le **chaudron** caldron
chauffer to heat, warm
la **chaussée** pavement, roadway
la **chaussette** sock
chauve bald
le **chef** leader; **— de famille** head of the family
le **chef-d'œuvre** masterpiece
le **chemin** road; **— de fer** railroad
la **cheminée** fireplace
le **chêne** oak
cher (chère) *(before the noun)* dear; *(after the noun)* expensive; *adv.* dearly

chercher to look for, seek; **aller —** to fetch; **— querelle** to try to pick a fight
le **cheval** horse
le **chevalier** knight
le **chevet** headboard, bedside
le **cheveu** hair
chez among, at, in the house of
le **chien** dog
le **chiffon** material, cloth
chinois(e) Chinese
chirurgical(e) surgical
le **choc** impact
choisir to choose
le **choix** choice
le **chômage** unemployment
le **chômeur** unemployed person
choquer to offend
la **chose** thing
le **chou** cabbage
choyer to pamper
chrétien(ne) Christian
la **chrétienté** Christianity
la **chute** fall; **— des reins** small of the back
le **ciel** sky, heaven
la **cigogne** stork
le **cinéaste** film maker
cinquième fifth
la **circonstance** circumstance
la **circulation** traffic
les **ciseaux** *m* scissors
le, la **citadin(e)** city dweller
la **cité** housing development
citer to cite, mention
la **cithare** cithara, kithara
le, la **citoyen(ne)** citizen
clair(e) clear; **le — de lune** moonlight
claquer to snap
la **clarté** light
classé(e) filed, settled
classer to classify, to rank
la **clé** key
le **clerc** cleric, scholar
le **cliché** hackneyed expression
le, la **client(e)** customer
le **clochard** bum
la **cloche** bell
la **clôture** fence
clouer to nail
le **cocotier** coconut tree
le **cœur** heart, courage; **par —** by heart
cogner to bang, drive in
la **cohue** crowd
coiffer to fix someone's hair
le **coiffeur** hairdresser

la **coiffure** headdress, hair style
le **coin** corner
la **colère** anger; **se mettre en —** to become angry
colérique irascible
le **colimaçon** snail; **escalier en —** spiral staircase
le **collège** secondary school
le **collégien** schoolboy
coller to stick; **— une blague à quelqu'un** to put one over on someone; **être collé(e)** to flunk
le **collier** necklace
la **colline** hill
la **colombe** dove
le **colon** colonist
le **combat** fight
combattre to fight, battle with
combien how much
le **comble** top, height; **au —** filled
combler to fill
la **Comédie Française** French National Theater
le **comédien** theater actor
comestible edible
comme as, since; **comme si** as if
commencer to begin
comment How? What? What!
la **commère** godmother
commettre to commit
le **commis voyageur** traveling salesman
le **commissaire** commissioner
le **commissariat** police station
commode convenient, easy
les **commodités** *f* conveniences
commun(e) common
communiquer to communicate
la **compagne** female companion
la **compagnie** company
le **compartiment** compartment
le **compère** old friend
complaisant(e) obliging
complet (complète) total, full
complexe complex
le, la **complice** accomplice
compliquer to complicate
le **comportement** behavior
se **comporter** to behave
le **compositeur** composer
le **compotier** fruit stand
la **compréhension** understanding
comprendre to understand
compris(e) understood; **y —** including
compromettre to compromise
le **compromis** compromise

le **compte** account, count; **pour mon —** for my part; **se rendre — de** to realize; **tenir — de** to take into consideration
le **compte rendu** report
compter to intend, count
le **comptoir** counter
le **comte** count
la **comtesse** countess
concevoir to conceive, to comprehend
le, la **concierge** doorkeeper, caretaker
le, la **concitoyen(ne)** fellow citizen
conclure to conclude
le **concours** contest, examination
la **concurrence** competition
concurrencer to threaten by competition
le **concurrent** contestant
condamner to condemn
la **condoléance** condolence
conduire to lead, to drive; **se —** to behave
la **conduite** conduct, behavior
la **confiance** confidence, trust; **faire — à** to trust
confiant(e) confident
confier to entrust
le **conflit** conflict
confondre to blend, mistake; **se —** to coincide, to confuse
se **conformer à** to conform to, comply with
conformiste conformist
le **congé** leave; **donner — à** to dismiss, tell someone to leave
congédier to dismiss, send away
conjurer to avert, to exorcize
la **connaissance** knowledge, acquaintance; **en — de cause** with full knowledge
connaître to know
connu(e) known
le **conquérant** conqueror
consacrer to confirm
la **conscience** conscience, consciousness, awareness
consciencieusement conscientiously
la **consécration** acknowledgment
le **conseil** piece of advice, council; **tenir un —** to hold a council
conseiller to advise
consentir to consent
la **conséquence** consequence; **en —** consequently
conservateur (conservatrice) conservative

consolant(e) consoling
la **consonne** consonant
la **constatation** statement, observation, discovery
constater to ascertain, verify, observe
le **conte** story, short story
contempler to contemplate
contemporain(e) contemporary
content(e) pleased
se **contenter de** to be satisfied with, to be content
le **contenu** contents
conter to tell, narrate
la **contiguïté** contiguity
contraindre to force
le **contraire** contrary
contre against
la **contre-allée** side alley
le **contresens** mistranslation
contribuer to contribute
convaincant(e) convincing
convaincre to convince
convaincu(e) convinced, convicted
convenable suitable
convenablement decently
la **convenance** propriety
convenir to be fitting; **— de** to agree
convertir to convert
la **convoitise** desire, covetousness
le, la **copain (copine)** chum, pal
copier to copy
le **coq** cock
la **coquine** hussy
la **corbeille** basket, round flower bed
la **corde** rope
cordialement cordially
le **cordon bleu** expert cook
le **cordonnier** shoemaker
la **Cornouailles** *f* Cornwall
le **coron** housing project for miners
corporel(le) corporal, physical
le **corps** body, institution
corriger to correct, chastise
le **corsage** blouse
le **cortège** procession
la **corvée** drudgery, hard task
la **côte** coast; **— à —** side by side
le **côté** side; **à — de** next to; **de —** to the side; **de son —** for his part; **du — de** in the direction of
le **cotillon** petticoat, skirt
le **cou** neck
le **couchant** setting sun
couché(e) lying
coucher to put to bed; **— à la belle étoile** to sleep under the stars; **se —** to lie down; to go to bed
couler to flow; **se —** to slip by
la **couleur** color
le **couloir** corridor, passage
le **coup** blast, blow, stroke; **— de foudre** thunderbolt, love at first sight; **— d'œil** glance; **du —** all of a sudden; **du premier —** with the first attempt; **tout à —** all of a sudden; **tout d'un —** all at once
coupable guilty
la **coupe** cup
le **coupe-papier** paper cutter
couper to cut; **— court à** to put an end to
la **coupure** cutout
la **cour** court, playground
couramment fluently
courant(e) current; **mettre au —** to bring someone up to date
courbé(e) curved, bent
courir to run
le **courrier** mail
le **courroux** wrath, anger
le **cours** course; **au — de** in the course of
la **course** run, errand, race
court(e) short
le **courtisan** courtier
la **courtisane** courtesan, prostitute
courtois(e) courteous, polite
la **courtoisie** courtesy
le **coût** cost; **— de la vie** cost of living
le **couteau** knife
coûter to cost
la **coutume** custom
la **couture** needlework; **haute —** high fashion
le **couvent** convent
la **couverture** blanket
couvrir to cover
le **crabe** crab
le **crachat** spit
cracher to spit
la **craie** chalk
craindre to fear
la **crainte** fear
craintif (craintive) fearful, timid
le **crâne** skull
le **crapaud** toad
la **crasse** filth, squalor
la **cravate** tie
crédibiliser to make credible
la **crédulité** credulity
créer to create

le **crépuscule** dusk, twilight
la **crête** crest
creux (creuse) hollow, sunken; **le —** hollow, hole
le **crève-cœur** heartbreak
crever to burst, die, split, puncture, put out
le **cri** cry, shout
crier to shout
la **critique** criticism
le **critique** critic
critiquer to criticize
le **crochet** hook, rack
croire to think, believe
la **croisade** crusade
le **croisé** crusader
le **croisement** meshing
croiser to cross
le, la **croquant(e)** peasant
le **croque-mort** undertaker
croquer to crunch, devour
la **croupe** croup, hindquarters
la **cruauté** cruelty
cueillir to pick
la **cuiller** spoon
cuire to cook
la **cuisine** kitchen; **faire la —** to cook
le, la **cuisinier (cuisinière)** cook
la **cuisse** thigh
la **culpabilité** guilt
le **cultivateur** farmer, grower
cultiver to grow something, cultivate
le **curé** pastor
curieux (curieuse) curious, odd
la **curiosité** peculiarity

D

daigner to deign, to condescend
la **dame** lady
danser to dance
le **datif** dative
davantage any further, more
débarqué(e) detrained
se **débarrasser de** to get rid of
le **débat** debate
débattre to debate, discuss; **se —** to struggle
débiter to tell
débonnaire good-natured
le **débouché** opening
debout standing
le **déboutonnage** unbuttoning
déboutonner to unbutton

se **débrouiller** to get out of trouble; to manage to
le **début** beginning
le **débutant** beginner
le **décès** demise, death
décevoir to disappoint
décharné(e) skinny
déchiffrer to decipher
déchirer to tear up
décider to decide; **se — à** to make up one's mind
déclamer to declaim
la **déclinaison** declension
se **décolleter** to wear a low-cut gown
le **décor** scenery
découper to carve, cut out
la **découverte** discovery
découvrir to discover, uncover
décrire to describe
déçu(e) disappointed
dédaigner to scorn
dédaigneusement scornfully
le **dédain** disdain
le **défaut** fault
défendre to protect, defend, prohibit
défiguré(e) disfigured
défiler to march past
défoncer to burst, smash
défricher to clear the land
défunt(e) deceased
le **dégel** thaw
dégeler to thaw
dégoiser to blab, rattle on
le **dégoût** loathing
déguster to sample
le **dehors** exterior, outside; *adv.* outside; **en —** outward; **en — de** outside of
déjà already, as it is
délaisser to forsake
délasser to refresh, relax
la **délation** informing
délibéré(e) deliberate, purposeful
la **délicatesse** considerateness, delicacy
délicieux (délicieuse) delightful, delicious, sweet
le **délire** madness, delusion
délirer to rave, be delirious
délivrer to free, release
demain tomorrow
la **demande** request
demander to ask; **se —** to wonder; **— pardon** to beg pardon
la **démarche** step, move, action, approach, walk, bearing
le **démêlé** quarrel

déménager to move
démentir to contradict
démesuré(e) extraordinary, immoderate
la **demeure** dwelling
demeurer to remain, live
demi(e) half
démissionner to resign
la **démocratie** democracy
démolir to demolish
démontrer to demonstrate, prove
dénicher to unearth
dénigrer to denigrate, discredit
dénoncer to denounce
le **dénouement** ending, outcome
la **dent** tooth
le **départ** departure, start
dépasser to go beyond, surpass, pass
dépayser to disconcert
se **dépêcher** to hurry
dépersonnalisé(e) depersonalized
déplaire à to displease
déployer to unfold
déposer to put down
dépouiller to strip, plunder
dépourvu(e) devoid, bereft
déprimer to depress
depuis since, from, for; **— que** since
déraisonnable unreasonable
déranger to disturb
déridé(e) smoothed over, cheered up
dernier (dernière) last
se **dérober** to escape, avoid
derrière behind
dès from; **— que** as soon as
le **désabusement** disillusion
le **désaccord** disagreement, variance
désapprouver to disapprove
désarmer to disarm
descendre to go down, bring down, get off
désert(e) deserted
désespéré(e) desperate, hopeless
le **désespoir** despair
déshabiller to undress
déshérité(e) disinherited
désigner to designate, show
désintéressé(e) unselfish
désobéir à to disobey
le **désœuvrement** idleness; **par —** for want of something to do
désolant(e) distressing
la **désolation** grief
le **désordre** disorder
désormais henceforth

le **despote** despot
le **dessein** intention, purpose
desserrer to loosen
le **dessin** drawing; **— animé** cartoon
dessiner to draw
le **dessous** bottom; **au — de** below
le **dessus** top; *adv.* on it; **au — de** above; **prendre le —** to gain the upper hand
le **destin** destiny, fate
la **destinée** fate, destiny, fortune
se **détendre** to relax
le **détour** turning, bend
détourner to turn away, divert; **se —** to turn aside
la **détresse** distress
détromper to put right; **détrompe-toi** get that out of your head
détruire to destroy
le **deuil** mourning
deuxième second
devant before (in space), in front of
devenir to become
deviner to guess, foresee
le **devoir** duty; **—s** homework; *v.* must, to have to
dévorer to devour
le **dévouement** devotion
dévouer to devote
le **diable** devil
la **diablerie** mischievousness
le **diagnostic** diagnosis
le **diamant** diamond
le **dictateur** dictator
la **dictature** dictatorship
dicter to dictate
le **dicton** saying
le **dieu** god; le **bon D—** God
diffuser to broadcast
digne worthy
le **dimanche** Sunday
diminuer to diminish
dire to say, tell; **— vrai** to speak the truth; **vouloir —** to mean
le **directeur** director
diriger to direct; **se —** to make one's way, proceed; be directed
discordant(e) harsh, grating
discourir to discourse, hold forth
le **discours** speech
discuter to discuss
disparaître to disappear
la **disponibilité** availability, openness
disposer de to have at one's disposal
se **disputer** to quarrel
le **disque** phonograph record

dissimuler to hide
distinguer to distinguish, discriminate
les **distractions** *f* recreation, diversion, entertainment
se **distraire** to amuse oneself
distrait(e) absent-minded
distribuer to distribute
diversement diversely, differently
le **divertissement** entertainment
diviser to divide
divorcer d'avec quelqu'un to divorce someone
docile manageable
documenté(e) informed
le **dodo** sleep; **faire —** to go to sleep
le **doigt** finger
le, la **domestique** servant
dominer to dominate
le **dommage** harm, pity
donc therefore, then
donner to give; **— sur** to open onto; **— du bout de la langue** to strike with the tip of the tongue; **— sa langue au chat** to give up guessing; **étant donné** given, in view of
dont whose, of whom, of which
doré(e) golden
dormir to sleep
le **dos** back
doucement softly, gently
la **douceur** sweetness, gentleness
douer to endow
la **douleur** suffering, sorrow; **dans les —** in labor
douloureux (douloureuse) painful, sorrowful
le **doute** doubt
douter to doubt; **se — de** to suspect
doux (douce) sweet, gentle, quiet, soft, pleasant
le **dramaturge** dramatist
la **dramaturgie** dramaturgy
le **drap** cloth, sheet
drapé(e) draped
dresser to raise, draw up; **se —** to rise
droit straight; **tout —** straight ahead; le **—** right, law
la **droite** right (opposite of left)
drôle funny, odd; **un — de type** an odd fellow
drôlement oddly, strangely
le **dû** due
le **duc** duke
la **duchesse** duchess

dur (dure) harsh, hard
la **durée** duration
durer to last
dus, dut *passé simple of* **devoir**
duveteux (duveteuse) downy, fluffy

E

l' **eau** *f* water
écailleux (écailleuse) scaly
écarlate scarlet
écarter to spread apart; **s'—** to step away
échancrer to cut low
l' **échancrure** *f* opening
l' **échange** *m* exchange
échanger to exchange
échapper à to escape
échauffé(e) irritated
l' **échec** *m* failure
échouer to fail
l' **éclair** *m* lightning, flash
éclairer to enlighten, shed light on, light
l' **éclat** *m* gleam, brilliancy
éclatant(e) resounding
éclater to burst
écœuré(e) disgusted
l' **école** *f* school
économiser to save (money)
écorcher to skin; **— la langue** to murder the language
écouter to listen to
l' **écran** *m* screen
l' **écrasement** *m* crushing defeat
écraser to crush
s'**écrier** to cry out
écrire to write; **par écrit** in writing
l' **écriture** *f* writing
l' **écrivain** *m* writer
s'**écrouler** to collapse
l' **écu** *m* crown (money)
éculé(e) worn out
l' **écume** *f* foam
édifier to erect
l' **éditeur** *m* publisher
l' **édredon** *m* quilt
l' **éducation** *f* upbringing
s'**effacer** to fade
l' **effarement** *m* alarm
effectivement as a matter of fact
l' **effet** *m* effect; **en —** in fact, indeed
efficace efficacious, effective
efficacement effectively
l' **efficacité** *f* effectiveness

effrayer to frighten
égal(e) equal, same; **c'est —** it's all the same
également equally, as well
l' **égard** *m* consideration; **à l'— de** with regard to
s'**égarer** to go astray, digress, get lost
l' **église** *f* church
l' **églogue** *f* eclogue
l' **égoïsme** *m* selfishness
égoïste selfish
Eh bien! Well!
l' **élan** *m* outburst, burst, impulse
s'**élancer** to spring forward
élargir to widen; **— ses perspectives** to broaden one's horizons
l' **électeur** *m* voter
élémentaire elementary
l' **élève** *m,f* pupil
élevé(e) elevated, brought up
élever to raise, elevate; **s'—** to rise, raise
élire to elect; **élu(e)** *p.p.* elected
éloigné(e) distant
éloigner to send away; **s'—** to withdraw
l' **élongation** *f* elongation
l' **élu** *m* the chosen one
s'**embarquer** to embark
l' **embarras** *m* obstruction
embarrasser to embarrass, obstruct
embêter to annoy
l' **embouteillage** *m* traffic jam
emboutir to stamp
embrasser to kiss, embrace
embroussaillé(e) disheveled, bushy
embusqué(e) under cover
émerveillé(e) amazed
l' **émerveillement** *m* amazement
emmailloter to swaddle
emmener to lead away
émotif (émotive) emotional
s'**émouvoir** to be moved, be agitated
s'**emparer de** to seize, get a hold of
empêcher to prevent; **s'—** to refrain
l' **emphase** *f* bombast, grandiloquence
emplir to fill
l' **emploi** *m* use, job; **— subalterne** unimportant post
l' **employé** *m* employee
employer to use
emporter to carry away
empressé(e) eager, attentive
emprisonner to imprison, confine
emprunter to borrow; **— la porte** to take the door

ému(e) moved, touched with emotion, excited
enceinte pregnant
l' **enchaînement** *m* series
enchaîner to chain
enchanté(e) delighted
l' **encolure** *f* neck and shoulders
encore still, again; **— que** although; **pas —** not yet
l' **encre** *f* ink
endormir to put to sleep; **endormi(e)** asleep; **s'—** to fall asleep
l' **endroit** *m* place, spot
énergiquement energetically
l' **énergumène** *m* madman
l' **enfance** *f* childhood
l' **enfant** *m,f* child
l' **enfer** *m* hell
enfermer to shut in
enfin finally
enfoncer to drive in; **enfoncé(e)** settled
s'**enfuir** to flee
engager to engage, enter into
l' **engin** *m* device, machine
engueuler to tell off
enjamber to step over
enjoué(e) lively, jovial
l' **enlacement** *m* embrace
enlever to take off, carry off
l' **ennui** *m* trouble, boredom
ennuyer to bother, bore; **s'—** to be bored
ennuyeux (ennuyeuse) dull, boring
l' **énoncé** *m* statement
énorme enormous, huge
l' **énormité** *f* enormity
l' **enquête** *f* investigation
enragé(e) mad, rabid, enthusiastic
l' **enregistrement** *m* recording
enregistrer to record
enrichir to enrich
l' **enseigne** *f* shop sign, emblem
ensemble together
ensuite then
entendre to hear, understand, mean, intend; **s'— bien ou mal** to get along well or badly
entendu(e) overheard, capable, shrewd
l' **entente** *f* understanding
l' **enterrement** *m* burial
enterrer to bury
entier (entière) whole, entire
entièrement entirely, completely
entourer to surround

l' **entracte** *m* intermission
s'**entraider** to help one another
entraîner to lead to, lead away
entre among, between
entreprendre to undertake
entrer to enter
entretenir to talk to, maintain, support, foster
l' **entrevue** *f* interview
envahir to spread over
envelopper to wrap, surround
envers toward
envi: à l'envi vying with one another
l' **envie** *f* urge, envy, desire; **avoir — de** to feel like, want to
environ approximately; *m pl.* vicinity
environné(e) surrounded
s'**envoler** to take flight
envoyer to send
épais(se) thick
s'**épanouir** to bloom
épargner to spare
l' **épaule** *f* shoulder
l' **épave** *f* jetsam, wreckage, waif, stray person
l' **épée** *f* sword
éphémère ephemeral
épier une proie to lie in wait for prey
l' **épine** *f* thorn
l' **épiscopat** episcopate
l' **éponge** *f* sponge
l' **époque** *f* epoch, time
épouser to marry
épouvantable terrifying, dreadful
épouvanter to terrify
l' **époux, épouse** *m,f* spouse
éprouver to experience, feel
épuiser to exhaust; **épuisé(e)** exhausted, tired out
l' **équipage** *m* crew
équivoque equivocal, ambiguous
s'**éreinter** to work oneself to death
l' **erreur** *f* error
l' **érudition** *f* scholarship
l' **escalier** *m* staircase, stairs
l' **escapade** *f* adventure, prank
l' **escargot** *m* snail
l' **esclavage** *m* slavery
l' **esclave** *m,f* slave
l' **espace** *m* space, interval
espagnol(e) Spanish
l' **espèce** *f* kind, species, type
espérer to hope
l' **espoir** *m* hope
l' **esprit** *m* mind, spirit, wit; **— de**

famille family spirit; **— étroit** narrow-mindedness
esquisser to sketch
s'**esquiver** to slip away
l' **essai** *m* essay
essayer to try
essentiel(le) essential
l' **essoufflement** *m* breathlessness
essuyer to wipe
l' **estime** *f* esteem, regard
estimer to think, find, to esteem
l' **estomac** *m* stomach
l' **étable** *f* stable
établir to establish
l' **étage** *m* floor
étalé(e) displayed
s'**étaler** to sprawl
l' **étang** *m* pond
l' **état** *m* state
l' **état-major** *m* headquarters
l' **été** *m* summer
éteindre to extinguish; **s'—** to go out
étendre to extend, stretch out; **—ses vues** to extend one's sights; **étendu(e) par terre** stretched out on the ground; **s'—** to extend
éternuer to sneeze
étinceler to sparkle
étirer to stretch
l' **étoffe** *f* fabric
étonnant(e) amazing, astonishing
l' **étonnement** *m* astonishment
s'**étonner** to be surprised; **étonné(e)** amazed
étouffer to stifle, smother
étrange strange
étranger (étrangère) foreign, unfamiliar; **l'—** stranger; **à l'—** abroad
l' **être** *m* being
l' **étreinte** *f* embrace
étroit(e) narrow
l' **étroitesse d'esprit** *f* narrowmindedness
l' **étude** *f* study
étudier to study
l' **eunuque** *m* eunuch
eus *passé simple of* **avoir**
s'**évader** to escape
l' **évangile** *m* gospel
s'**évanouir** to faint, disappear
l' **évasion** *f* escape
éveillé(e) awake
éveiller to awaken, to arouse
l' **événement** *m* event
l' **éventaire** *m* flat wicker basket

l' **évêque** *m* bishop
évidemment obviously
l' **évidence** *f* obviousness
évoluer to evolve
évoquer to evoke
exaspérer to exasperate
exclure to exclude
l' **excuse** *f* apology
s'**excuser** to apologize
exécrer to execrate, to abhor
exécutif (exécutive) executive
l' **exemplaire** *m* copy of a book
l' **exemple** *m* example; **par —** for example
exercer to exert, to exercise
l' **exigence** *f* demand
exiger to demand, insist, require
expédier to dispatch, to send off
l' **expérience** *f* experience, experiment
l' **explication de texte** *f* textual analysis
expliquer to explain
exploiter to develop, exploit
l' **exportateur** *m* exporter
exprès expressly, on purpose
exprimer to express
extatique ecstatic
extérioriser to exteriorize
extraire to extract
extraordinaire extraordinary; **par —** exceptionally

F

la **face** face; **en — de** opposite; **faire — à** to face, confront
fâché(e) angry
se **fâcher** to get angry
la **facilité** fluency
la **façon** manner, way; **de toute —** in any case; **sans —** simply, without ceremony
le **facteur** postman
la **faculté** faculty
fade insipid, stale
faible weak
la **faiblesse** weakness
faillir to fail; **j'ai failli te perdre** I almost lost you
la **faim** hunger
faire to make; **— mal** to hurt; **— confiance à** to trust; **— un enfant** to beget a child; **— partie de** to belong to, be part of; **— voir** to show; **se —** to become; **se — une idée** to form an idea; **Pourquoi —?** What for?

le **fait** fact, deed; **en —** in fact; **— divers** news item
la **falaise** cliff
falloir to be necessary; **comme il faut** suitably, properly; suitable, proper; **il ne faut pas** one must not
familial(e) family
familier (familière) familiar
la **famille** family
la **fanfare** band
la **fantaisie** fancy, imagination
fantastique fanciful, fantastic, eerie
le **farceur** practical joker
le **fardeau** burden
farder to put on make-up
le **fascicule** fascicle, installment
fasciné(e) fascinated
fatigué(e) tired
le **faubourg** outskirts
faussé(e) falsified
la **faute** lack, fault, mistake
le **fauteuil** armchair
faux (fausse) false
le **faux-bourdon** drone
la **faveur** favor
favori (favorite) favorite
favoriser to favor
fécond(e) fertile
la **fée** fairy
féliciter to congratulate
la **femme** woman, wife; **— de ménage** housekeeper
fendre to split, break into pieces
la **fenêtre** window
le **fer** iron
ferme firm; *f* farm
fermer to close
le **fermier** farmer
fesser to whip
le **festin** banquet, feast
la **fête** feast, holiday
le **fétiche** fetish
le **feu** fire; **à petit —** slowly, cruelly
le **feuillage** foliage
la **feuille** leaf, sheet
le **feuillet** sheet
feuilleter to leaf through
le **feutre** felt hat
ficeler to tie up
la **fiche** index card
ficher: — le camp to clear out; **s'en —** not to give a damn
fidèle faithful
la **fidélité** loyalty
fier (fière) proud

se **fier à** to trust
fièrement proudly
la **fierté** pride
la **fièvre** fever
fiévreux (fiévreuse) feverish
la **figure** face
figurer to represent
la **file** file; **à la —** one after another
filer to buzz off, spin, to go
le **filet** luggage net; trace, drop
la **fille** girl, daughter, streetwalker
la **fillette** little girl
le **fils** son
fin (fine) fine, delicate; *f* end; **à la —**
finally
finalement finally
finir to finish; **— par** to end up; **en —**
avec to have done with
fis *passé simple of* **faire**
fixe fixed
fixement fixedly, steadily
fixer to fix, establish
la **flamme** flame
le **flanc** side
flâner to dawdle, stroll
la **flânerie** idling
flanquer to flank
flasque flabby
flatteur (flatteuse) flattering; *m*
flatterer
la **flèche** arrow
la **fleur** flower, blossom, bloom
fleurir to flower, blossom, bloom
le, la **fleuriste** florist
le **fleuve** river that empties into the
ocean
le **flot** surge, flood, wave
flotter to float
flou(e) hazy
le **fluide** fluid
la **foi** faith; **ma — oui** yes indeed
la **fois** time; **à la —** at one and the same
time; **une —** once; **une — de plus** once
again
la **folie** folly
folklorique folk
follement crazily
le **fonctionnaire** civil servant
le **fond** bottom, depth, far end; **à —**
thoroughly; **au — de** at the bottom of,
at the end of
fondamental(e) fundamental
fonder to base
fondre to melt, to dissolve; **se —** to
melt away

la **fontaine** fountain
la **force** strength; **de —** by force
la **forêt** forest
le **forfait** crime
le **formalisme** formalism
la **formation** training
la **forme** form
la **formule** formula
fors except
fort(e) strong, shocking, large; *adv.*
very, hard
fortifier to fortify
fortuit(e) fortuitous
le **fossé** ditch, moat
la **fossette** dimple
fou (folle) foolish, crazy
la **foudre** lightning, thunderbolt; **coup de**
— love at first sight
foudroyant(e) overwhelming
foudroyer to strike down (as by
lightning)
fouetter to whip
fouiller to search
la **foule** crowd
fouler to tread on
le **four** (theater) flop
la **fourmi** ant
fournir to furnish
le **fourreur** furrier
la **fourrure** fur
se **foutre de** *(vulg.)* not to give a damn
about
le **foyer** hearth, home
le **fracas** crash
fracasser to smash
la **fraîcheur** coolness
frais (fraîche) fresh
franciser to Frenchify
franco-américain(e) Franco-American
francophone French-speaking
le **franglais** highly Anglicized French
frappant(e) striking
frapper to strike, knock
fredonner to hum
frelaté(e) adulterated
frémir to quiver
la **fréquentation** frequenting
fréquenter to frequent
froid(e) cold; **il fait —** the weather is
cold
froidement coldly
froisser to rumple
frôler to graze, brush against
le **fromage** cheese
froncer les sourcils to frown, scowl

le **front** forehead, brow
fuir to flee
la **fuite** flight, escape
la **fumée** smoke
fumer to smoke
funèbre dismal, sad; **pompes —s**
funeral ceremony
funeste disastrous, deadly
la **fureur** furor, anger, fury
fut *passé simple of* **être**

G

la **gaffe** blunder, *faux pas*
gagner to win, gain; **— sa vie** to earn
one's living
gai(e) gay, happy
gaillard(e) spicy
galant(e) gallant, amatory
la **galerie** gallery, arcade
galeux (galeuse) mangy
Galles: le pays de Galles Wales
le **gallicisme** gallicism
le **galon** band, braid
le **galop** gallop; **partir au —** to gallop off
garantir to guarantee
le **garçon** boy
la **garde** guard
garder to keep; **— son sang-froid** to
keep one's cool; **se — de** to be careful
not to
le **gardien** guardian, keeper
la **gare** railroad station
garni(e) garnished, trimmed
gâter to spoil
la **gauche** left; *adj.* awkward
se **gaver** to gorge
le **gaz** gas
le **gazon** grass
le **géant** giant
geindre to whimper
geler to freeze
gémir to moan, wail
le **gendarme** policeman
le **gendre** son-in-law
la **gêne** embarrassment
gêner to bother, inconvenience, disturb
le **génie** genius
le **genou** knee
le **genre humain** mankind
les **gens** *m* people; **les jeunes —** young
men, young people
gentil(le) nice
le **gentilhomme** nobleman
la **gentillesse** graciousness, kindness

gentiment nicely
la **gerbe** spray, shower
gésir to lie
le **geste** gesture, act, deed
la **glace** mirror; ice
glacé(e) freezing, chilling
la **glaise** clay
le **gland** acorn; tassel
la **glèbe** land, soil
la **glissade** slide
glisser to slide, glide
le **godillot** boot
goguenard(e) mocking, joking
gonfler to swell
la **gorge** throat, breast
gorge-de-pigeon variegated
le **gourmet** epicure
le **goût** taste; **prendre —** to get to like
goûter to taste, enjoy
la **goutte** drop
le **gouvernement** government
la **grâce** grace, mercy
gracieux (gracieuse) graceful
la **grammaire** grammar
grand(e) tall, great, large; **une — heure**
a good hour
grand-chose much; **pas —** not much
grandement greatly
grandir to grow up
la **grand-mère** grandmother
grand-peine: à — with great difficulty
le **grand-père** grandfather
la **grange** barn
le **gratte-ciel** skyscraper
gratter to scratch; **se — la gorge** to
clear one's throat
grave serious, solemn
les **gravois** *m* plaster
le **gré** liking, taste, will; **bon — mal —**
willy-nilly
grec (grecque) Greek
le **grelot** bell
grelotter to shiver
la **grève** strike; **faire la —** to be on strike
le **gréviste** striker
la **griffe** claw
le **gril** rack
la **grimace** grimace
grimacer to make faces
grimper to climb
gris(e) grey, intoxicated
grisonnant(e) greying
grogner to grumble
gronder to scold
gros(se) big

grossir to swell, grow bigger
les **guenilles** *f* rags
guère: ne ... — hardly
le **guéridon** pedestal table
guérir to cure, heal
la **guérison** healing
la **guerre** war; **faire la —** to wage war;
première, deuxième — mondiale First,
Second World War
guetter to be on the lookout
le **guichet** ticket window
la **guipure** lace
la **guise** way, manner; **en — de** as
la **Guyane Française** French Guiana

H

habile skillful, clever
habilement ably, skillfully
l' **habillement** *m* dress, wearing apparel
habiller to dress
l' **habit** *m* suit; les **—s** clothes
l' **habitant** *m* inhabitant
habiter to live in; **— la**
campagne to live in the country
l' **habitude** *f* habit; **d'—** usually
habituer to accustom
la **haie** hedge
la **haine** hatred, hate
haineux (haineuse) hateful
haïr to hate
l' **haleine** *f* breath; **reprendre —** to catch
one's breath
la **halle** marketplace
la **halte** stop
le **hamac** hammock
le **hameau** hamlet
harcelé(e) harassed
les **hardes** *f* old clothes
harnaché(e) harnassed
le **hasard** chance, luck, accident; **au — de**
according to
se **hâter** to hurry
hausser to raise; **— les épaules** to
shrug one's shoulders
haut(e) lofty, high; *m* top; **en —** above,
upstairs; **en — de** at the top of; *adv.*
aloud
hautain(e) haughty
la **hauteur** height
le **haut-parleur** loudspeaker
héberger to lodge
Hein! Eh!
Hélas! Alas!
l' **herbe** *f* grass

hériter de to inherit
la **hernie** rupture
le **héros** hero
hésiter to hesitate
l' **heure** *f* hour; **de bonne —** early; **une**
grande — a good hour
heureusement fortunately
heureux (heureuse) happy, fortunate
heurter to knock against; **se —** to run
into
le **hibou** owl
hideux (hideuse) hideous
l' **hirondelle** *f* swallow
l' **histoire** *f* story, history
hocher to nod
hollandais(e) Dutch
homogène homogeneous
honnête honest, decent, cultivated
l' **honneur** *m* honor
la **honte** shame; **avoir — de** to be
ashamed of
honteux (honteuse) ashamed
l' **hôpital** *m* hospital
l' **horloge** *f* clock
l' **horreur** *f* horror, abhorrence; **avoir**
— de to detest
hors de outside of; **— soi** beside
oneself
l' **hôte** *m* host, guest
l' **hôtel** *m* hotel, townhouse
l' **hôtesse** *f* hostess
la **housse** horse blanket
le **houx** holly
la **huche** bin
l' **huissier** *m* usher, bailiff
l' **huître** *f* oyster
humain(e) human
l' **humeur** *f* humor, mood; **avec —**
testily, crossly
l' **humour** *m* humor
hurlant(e) howling, screaming
le **hurlement** howling, shriek
hurler to howl
l' **hyène** *f* hyena
l' **hypothèse** *f* hypothesis

I

ici here, now; **d' — là** between now
and then
l' **idée** *f* idea; **aux —s larges** broad-
minded; **se faire une —** to form an idea

l' **idiotisme** *m* idiom
ignorer to be ignorant of
l' **île** *f* isle
illustrer to illustrate
l' **image** *f* picture, image
s'**imaginer** to imagine, fancy
imbiber to imbue, saturate
l' **immeuble** *m* tenement, apartment
building
impatienté(e) at the end of one's
patience; made impatient
impersonnel(le) impersonal
l' **imperméabilité** *f* impermeability,
insensitivity
impitoyable pitiless, ruthless
impliquer to involve
implorer to implore, entreat
importer to matter; **n'importe** it
doesn't matter; **n'importe quel** any;
n'importe qui anyone; **n'importe quoi**
anything; **Qu'importe?** What does it
matter?
importuner to importune, to pester
s'**imposer** to force oneself upon
impressionné(e) impressed
l' **imprimé** *m* printed matter
imprimer to imprint
l' **impuissance** *f* impotence, powerlessness
impuissant(e) powerless
inachevé(e) unfinished
inattendu(e) unexpected
incertain(e) uncertain
l' **incertitude** *f* uncertainty
incolore colorless
incommoder to inconvenience
incompris(e) misunderstood, not
appreciated
inconfortable uncomfortable
inconnu(e) unknown; l'— stranger
l' **inconvénient** *m* disadvantage
incrusté(e) encrusted
inculpé(e) accused, indicted
indéfini(e) indefinite; le **passé** —
compound past
les **indications** *f* directions
indigène native
indigne unworthy
s'**indigner** to become indignant
indiquer to indicate
indiscutablement indisputably
l' **individu** *m* individual
indulgent(e) lenient
l' **industriel** *m* industrialist,
manufacturer
l' **inégalité** *f* inequality

inépuisable inexhaustible
inerte lifeless
infaillible infallible
l' **infanticide** *m,f* child-murderer
inférieur(e) lower, inferior
infidèle unfaithful
infirme crippled
l' **infortune** *f* misfortune
infortuné(e) unfortunate, ill-fated
l' **ingéniosité** *f* ingenuity, cleverness
ingénu(e) ingenuous, innocent, simple
l' **ingénuité** *f* ingenuousness, naiveté
initier to initiate
injuste unjust
innombrable innumerable
inoffensif (inoffensive) harmless
inquiéter to worry (someone); **s'— de**
to worry
l' **inquiétude** *f* anxiety, worry
l' **insensibilité** *f* insensitivity
insensiblement imperceptibly
insolite unusual
insouciant(e) carefree, heedless
inspirer to inspire
s'**installer** to settle down
instantanément instantaneously
l' **instar: à — de** like
instituer to institute
l' **instruction** *f* education, pre-trial
inquiry
instruit(e) educated
l' **insu** *m:* **à notre** — without our
knowledge
insuffisamment insufficiently
insupportable intolerable, unbearable
intarissable unceasing
intentionné(e) intentioned
interdire to prohibit, forbid
intéressant(e) interesting
intéressé(e) selfish, interested
s'**intéresser à** to be interested in
l' **intérêt** *m* interest, self-interest; **avoir**
— **à** to be in one's interest to
l' **internat** *m* boarding school
interpeller to summon, challenge, ask
for an explanation
l' **interprète** *m* player, actor, interpreter
(of song or role)
l' **interrogatoire** *m* interrogation
interroger to interrogate
interrompre to interrupt
intime close, intimate
intimer to notify, announce
l' **intimité** *f* intimacy
intrigant(e) scheming

l' **intrigue** *f* plot
introduire to introduce
inutile useless
inventer to invent
l' **invité** *m* guest
isoler to isolate
italien(ne) Italian
ivre drunk

J

jadis formerly
jaillir to spurt, leap
la **jalousie** jealousy
jaloux (jalouse) jealous
jamais ever; **à —** for ever; **ne . . . —** never; **— plus** never again
la **jambe** leg
le **jardin** garden
le **jardinier** gardener
jaune yellow
jauni(e) yellowed
jeter to throw away, fling, to cast
le **jeu** game, working; **— de mots** play on words
le **jeudi** Thursday
jeune young; **—s filles** girls; **—s gens** boys, young men, young people
jeûner to fast
la **jeunesse** youth
la **joie** joy
joindre to join, unite; **se — à** to join (an organization)
joli(e) pretty
le **jongleur** minstrel
la **joue** cheek
jouer to play, act out
le **joueur** gambler, player
joufflu(e) chubby
la **jouissance** pleasure, enjoyment
le **journal** newspaper
le **journaliste** newspaperman
joyeux (joyeuse) joyful
judiciaire judicial
le **juge** judge
le **jugement** judgment
juger to judge; **— de** to form an opinion of
juif (juive) Jewish
jumeau (jumelle) twin
le **juré** juror
jurer to swear
la **juridiction** jurisdiction
jusque until; **jusqu'à** as far as, up to; **jusqu'à ce que** until; **jusqu'ici** up to now

juste just, accurate; **au —** exactly; **tout —** barely
justement precisely
la **justesse** accuracy, exactness
justiciable under the jurisdiction of

L

là-bas over there
le **labour** tilling
le **lac** lake
le **lacet** lace (for shoe)
le **lâche** coward
lâcher to let go, to release
là-dessus on that subject
là-haut up there
laid(e) ugly
la **laideur** ugliness
laisser to leave, let; **— tomber** to drop
le **lait** milk
lancer to throw
le **langage** language
les **langes** *m* swaddling clothes
la **langue** tongue, language; **— courante** everyday speech; **— étrangère** foreign language; **— vivante** modern language; **donner sa — au chat** to give up guessing
le **lapin** rabbit
le **lapis-lazuli** lapis lazuli, a deep-blue stone
la **laque** lacquer
le **lard** fat
large large; **de long en —** up and down
largement broadly, widely
la **largeur** width
la **larme** tear
las(se) weary
se **lasser** to grow weary
la **lavandière** washerwoman
laver to wash
le **lecteur** reader
la **lecture** reading
léger (légère) light
légèrement slightly, lightly
législatif (législative) legislative
légitimer legitimize
léguer to bequeath, leave
le **légume** vegetable
le **lendemain** day after, next day
lentement slowly
lequel (laquelle) which
léser to injure, wrong
la **lettre** letter; *pl.* literature

lever to raise, to lift
se **lever** to get up
la **lèvre** lip
le **lézard** lizard
la **liaison** relationship, union
la **liasse** bundle
libérer to liberate
libertin(e) free-thinking
la **librairie** bookstore
libre free
le **libre-service** self-service restaurant
lier to link, to tie up
le **lieu** place; **au — de** instead of; **avoir —** to take place; **donner — à** to give rise to; **— commun** commonplace
la **ligne** line
le **lilas** lilac
limpide limpid, transparent
le **linceul** shroud
le **linge** linen, laundry
la **linguistique** linguistics
la **lippe** pout
lire to read
le **lis** lily
lisse smooth
le **lit** bed
le **livre** book; **— de chevet** favorite book; **— de poche** pocketbook
livrer to deliver, surrender
la **location** sale of tickets
la **loge** lodging
logé(e) housed
la **loi** law
loin far; **de —** by far; **au —** in the distance
lointain(e) distant
la **Londres** London
le **long** length; **au — de** along; **le — de** along; **de — en large** up and down
longer to run alongside
longtemps for a long time
longuement at length, for a long time
la **longueur** length
la **loque** rag
lors de at the time of
lorsque when
louer to rent, praise
le **louis** a gold coin
le **loup** wolf; **un froid de —** bitter cold
lourd(e) heavy
la **lueur** glow
la **lumière** light
la **lune** moon
lutter to struggle
le **luxe** luxury

le **lycée** secondary school
lyrique lyric

M

la **mâchoire** jaw
le **magasin** store; **grand —** department store
le **magnétophone** tape recorder
le **mai** May
maigre thin, skinny
la **main** hand
maint(e) many a
maintenant now
maintenir to maintain
la **maison** house; **à la —** at home; **— d'édition** publishing house; **— de repos** rest home
le **maître** master, schoolmaster, schoolteacher; **— d'hôtel** headwaiter
la **maîtresse** mistress, schoolmistress
maîtriser to master, overcome
majeur(e) of full legal age, adult
le **mal** evil, ill; **avoir —** to hurt; *adv.* badly
malade ill; *m* patient
maladif (maladive) unhealthy
le **malaise** uneasiness
la **malchance** bad luck
maléfique maleficent, harmful
malencontreux (malencontreuse) unfortunate, untimely
le **malfaiteur** evil doer, criminal
malgré in spite of, despite
le **malheur** misfortune, unhappiness
malheureusement unfortunately
malheureux (malheureuse) unhappy, unfortunate
malsain(e) unwholesome, corrupting
maltraiter to mistreat
malvenu(e) malformed
la **manche** sleeve
le **manège** trick
manger to eat
le **manguier** mango tree
la **manie** mania, idiosyncrasy
la **manière** manner, way, sort
le **manifestant** demonstrator
la **manifestation** demonstration
manifeste manifest, obvious
la **manne** manna
le **manque** lack
manqué(e) unsuccessful, missed
manquer to be lacking, missing, to fail; **elle me manque** I miss her; **— de** to lack

la **mante** mantle
le **manteau** cloak, coat; **— de pluie** raincoat
manuel(le) *adj.* manual; le — handbook
le **maquillage** make-up
la **marâtre** stepmother
le **marc** mark
le **marchand** shopkeeper, dealer
la **marche** step, march, walking; **en —** moving, in motion; **se mettre en —** to get going
le **marché** market; le **— Commun** Common Market
le **marchepied** running board
marcher to walk
la **mare** pool
la **margelle** edge
le **mari** husband
marier to give in marriage; **se — avec** to marry
le **marquis** marquis
la **marquise** marchioness, marquise
marseillais(e) from Marseilles
marteler to hammer out
la **massue** club, bludgeon
la **matière** matter
le **matin** morning
la **matinée** morning
maudire to curse
maure Moorish
maussade glum, sullen
mauvais(e) bad
la **mécanique** mechanics
méchant(e) wicked, nasty, vicious, bad, spiteful, ill-natured
méconnaître to misunderstand, fail to recognize
mécontent(e) discontented, dissatisfied
le **médecin** doctor
le **médicament** medicine, medication
médiocrement moderately
la **méduse** jellyfish
la **méfiance** suspicion
méfiant(e) mistrustful, cautious
se **méfier** to be suspicious
mêler to mingle, to mix
même very, same; *adv.* even; **de — que** just as; **quand —** nevertheless; **tout de —** all the same
la **mémoire** memory
menacer to menace, threaten
le **ménage** housework, household; la **femme de —** housekeeper

ménager to spare
la **ménagère** housewife, housekeeper
mener to lead, take
le **mensonge** lie
mentalement mentally
la **mentalité** mentality
le **menteur** liar
mentir to lie
le **menton** chin
le **mépris** scorn
mépriser to despise
la **mer** sea; **— des Antilles** Caribbean Sea
la **merci** mercy
le **mercier** dealer in small wares, notions, etc.
la **mère** mother
mériter to deserve
la **merveille** marvel, wonder
merveilleux (merveilleuse) marvelous
la **mesure** extent, measure; **à — que** as
la **métaphore** metaphor
méthodique methodical
le **métier** trade
le **métrage** length; **court —** short subject; **long —** full-length feature film
le **mètre** meter
le **métro** subway
la **métropole** mother country
le **mets** dish, food
le **metteur en scène** director
mettre to put, put on (a hat, etc); **— à la porte** to throw out; **— au courant** to bring someone up to date; **— en contraste** to contrast; **— en présence** to introduce; **— en relief** to bring out, emphasize; **— en scène** to produce; **se — à** to start, set about; **se — à table** to sit down to table; **se — dans l'idée** to put into one's head; **se — en marche** to get going
la **meule** grindstone
le **meurtrier** killer, murderer
mi- half, mid
le **microsillon** long-playing record
le **midi** noon; le **M—** southern France
le **miel** honey
le **mien** mine
le **milieu** middle
militaire military; *m* soldier
mille (one) thousand
le **mille** mile
le **milliard** billion
le **millier** thousand
minable seedy-looking
la **mine** appearance

le **mineur** miner; minor
le **ministère** ministry, government
le **minuit** midnight
minuscule tiny
se **mirer** to admire oneself
le **mirliton** reed pipe, flute
le **miroir** mirror
miroiter to gleam, sparkle
la **mise en scène** staging, production
miser to gamble
le **misérable** wretch
la **misère** misery, distress, proverty
la **miséricorde** mercy
mit *passé simple of* **mettre**
la **mitre** miter
le **mobile** motive
la **mode** fashion; **à la —** in fashion
modéré(e) moderate
modestement modestly
moelleux (moelleuse) soft
les **mœurs** *f* customs, manners, morals,
way of life
moindre slightest (*cf.* **petit**)
le **moine** monk
moins: à — que unless; **au —** at least;
du — at least
moite moist, clammy
la **moitié** half
la **monarchie** monarchy
le **monarque** monarch
le **monceau** heap, pile
le **monde** world, people, society
la **monnaie** change, coin
monotone monotonous, dull
le **monstre** monster
monstrueux (monstrueuse)
monstrous
le **montage** film editing
la **montagne** mountain
monter to climb, rise, get on, mount,
stage (a play)
montrer to show
le **montreur** showman
se **moquer de** to make fun of, laugh at
moqueur (moqueuse) mocking
la **morale** moral
le **morceau** piece
mordre to bite
le **morne** small mountain
mort(e) dead; *f* death
le **mortier** mortar
le **mot** word; **— à —** word for word
le **motif** motive
mou (molle) soft, limp
moucharder to inform on someone

la **mouche** fly; beauty spot
se **moucher** to blow one's nose
le **mouchoir** handkerchief
la **moue** pout; **faire la —** to pout
mouiller to wet
la **moule** mold
le **moulin** mill
mourir to die; **se —** to be dying
le **mouton** sheep
le **mouvement** movement
se **mouvoir** to move about, operate
le **moyen** means; **au — de** by means of
moyen(ne) medium, average; **la classe
—** middle class
muer to molt, cast skin or coat
muet(te) silent
mugir to bellow
le **mur** wall
mûr(e) mature
la **muraille** wall
mûrir to grow ripe, mature
murmurer to murmur
le **musée** museum
la **musique** music
la **mutation** mutation
le **mystère** mystery

N

nager to swim
la **naissance** birth
naître to be born
le, la **narrateur (naratrice)** narrator
natal(e) native
naturel(le) natural; **le —** nature,
disposition
le **navet** flop (film)
le **navire** ship
navré(e) distressed
né(e) born
néanmoins nevertheless
nécessairement necessarily
le **négociant** merchant
nègre Negro
la **neige** snow
net (nette) clear, distinct; plainly,
clearly
nettoyer to clean
neuf (neuve) new
le **nez** nose
la **niche** doghouse
le **nid** nest
nier to deny

la **noblesse** nobility
les **noces** *f* wedding
noir(e) black, dark
le **nom** name
le **nombre** number
nombreux (nombreuse) numerous
le **nombril** navel
nommer to name
non: — plus neither; **— seulement** not only
le **nord** North
notamment particularly
nourrir to nourish
la **nourriture** food
nouveau (nouvelle) new; **à —** anew; **de —** again
le **nouveau-né(e)** newborn
la **nouvelle** piece of news; short story
la **Nouvelle-Angleterre** New England
la **noyade** drowning
noyer to drown
nu(e) naked
le **nuage** cloud
la **nuance** shade, hue
nuancé(e) varied
nuancer to vary
la **nue** cloud
nuire à to harm
la **nuit** night
nul(le) no, not one, not a, no one
nullement in no way
le **numéro** number

O

obéir to obey
l' **obéissance** *f* obedience
objectif (objective) objective
l' **objet** *m* object
obligé(e) obliged, grateful
obliger to compel
obsédant(e) obsessive
obstruer to obstruct
obtenir to obtain
l' **occasion** *f* opportunity; **d'—** second-hand
s'**occuper de** to pay attention to, look after, take care of
l' **octosyllabe** *m* eight-syllable verse
l' **odeur** *f* smell, odor
l' **œil** *m* eye; **les yeux** eyes
l' **œuf** *m* egg
l' **œuvre** *f* work
offensé(e) offended
l' **office** *m* function

l' **officier** *m* officer
offrir to offer, to give
l' **oie** *f* goose; **les pattes d'—** *f* crow's-feet
l' **oiseau** *m* bird
l' **oiseau-lyre** *m* lyrebird
l' **oisiveté** *f* idleness
l' **ombrage** *m* shade
l' **ombre** *f* shade, shadow, darkness
l' **omnibus** *m* bus
l' **ondulation** *f* wave
l' **ongle** *m* nail (on fingers or toes)
onzième eleventh
opérer to effect, bring about, carry out
opposé(e) opposite
opprimé(e) oppressed
l' **or** *m* gold
l' **orage** *m* storm
l' **oranger** *m* orange tree
l' **orchestre** *m* orchestra
l' **ordinateur** *m* computer
ordonner to order
l' **ordre** *m* order
l' **orée** *f* limits, edge
l' **oreille** *f* ear
l' **oreiller** *m* pillow
l' **orfèvre** *m* goldsmith
orgueilleux (orgueilleuse) proud
originaire native
l' **origine** *f* origin; **à l'—** originally
orner to adorn, to deck
l' **orphelin** *m* orphan
l' **orthographe** *f* spelling
l' **os** *m* bone
osé(e) daring, bold
l' **oseille** *f* sorrel
oser to dare
ou: — bien or else
où where, when; **d'—** whence
l' **oubli** *m* oblivion, forgetfulness
oublier to forget
ouïr to hear
l' **ours** *m* bear
ouste: Allez —! Off you go!
outre: en — moreover
ouvert(e) open
ouvertement openly
l' **ouverture** *f* opening
l' **ouvrage** *m* work
ouvrer to work
l' **ouvrier** *m* worker, workman
ouvrir to open

P

la **paie** pay
la **paille** straw

le **pain** bread
le **pair** peer
paisible peaceful
paisiblement peacefully
la **paix** peace
le **palais** palace; palate
pâle pale
la **pâleur** pallor, paleness
le **palier** (stair) landing
pâlir to turn pale
la **palissade** fence
la **palme** palm, branch
le **palmier** palm tree
la **pampre** vine branch
le **panier** basket
le **panneau** sign
la **panse** paunch
le **pantalon** trousers
la **pantoufle** slipper; **raisonner —** to reason like a jackass
le **pape** pope
le **papillon** butterfly
le **paquet** bundle, package
paradoxal(e) paradoxical
paraître to appear, seem
le **parc** park
parcourir to cover
par-derrière from behind
par-dessus above, over; *m* overcoat
par-devant in front
le **pardon** forgiveness
pardonner to excuse
pareil(le) similar, same
le **parent** parent, relative
parer to adorn
la **paresse** laziness
paresseux (paresseuse) lazy
parfaire to complete
parfait(e) perfect
parfaitement perfectly
parfois sometimes, occasionally
le **parfum** perfume
le **pari** bet
se **parjurer** to perjure oneself
parler to speak; **— français comme une vache espagnole** to murder the French language
parmi among
la **parodie** parody
la **parole** word; *pl.* song lyrics; **avoir la —** to have the floor
le **parrain** patron
la **part** share, part; **d'autre —** on the other hand; **quelque —** somewhere
partager to share, divide

partant and so
le **parti** party; **— pris** preconceived notion
la **particularité** peculiarity
particulier (particulière) particular
la **partie** part, outing, party; **faire — de** to belong to, be part of
partir to leave; **à — de** starting with
le **partisan** supporter
partout everywhere
la **parure** adornment, finery
parvenir to arrive, reach; **— à** to manage to
le **parvenu** upstart
le **pas** step; **presser le —** to quicken one's pace
le **passage** passing; **au —** in passing
le **passant** passer-by
le **passé** past; **— indéfini** compound past
passer to pass, spend (time); to overlook, pass over; to put on; **— un film** to show a film; **se —** to take place, happen; **se — de** to do without
le **pasteur** shepherd
le **pastiche** parody
pathétique moving, touching
patiner to skate
le **patois** dialect
patriarcal(e) patriarchal
la **patrie** country, fatherland
le **patron** employer
la **patte** leg (of an animal), paw; **—s d'oie** crow's-feet
la **paupière** eyelid
pauvre poor
la **pauvresse** poor woman
la **pauvreté** poverty
payer to pay for
le **pays** country, land
le **paysan** country dweller, farmer, peasant
la **peau** skin
le **péché** sin
le **pêcheur** fisherman
le **peignoir** dressing gown, bathrobe
peindre to paint
la **peine** sorrow, trouble, difficulty; **à —** hardly, scarcely, barely; **— de mort** death penalty; **valoir la —** to be worth it
le **peintre** painter
la **peinture** painting
péjoratif (péjorative) pejorative
pelé bald
la **pelouse** lawn

pencher to bend, lean
pendable punishable by hanging
pendant during; **— que** while
pendre to hang
la **pendule** clock
péniblement painfully
le **pénitencier** penitentiary
la **pénombre** semidarkness
la **pensée** thought
penser to think
la **pension** boarding house, boarding school
le, la **pensionnaire** boarder
le **pensionnat** boarding school
la **pente** slope
perçant(e) piercing
percer to pierce, break through
perdre to lose; **— connaissance** to lose consciousness; **— de vue** to lose sight of; **se —** to get lost
perfidement treacherously
périr to perish
la **permanence** study hall
permettre to permit
permis(e) permitted, allowed
la **perpétuité** perpetuity; **à —** for life
la **perquisition** inquiry
le **perron** stoop, porch
le **perroquet** parrot
persan(e) Persian
le **personnage** character, individual
la **personne** person
personne . . . ne no one
personnel(le) personal
la **perte** loss; **à — de vue** as far as the eye can see
pesant(e) heavy
peser to weigh
la **peste** plague
le **pétale** petal
petit(e) small, little
le **petit-enfant** grandchild
le **petit-fils** grandson
peu little; **à — près** almost; **à — little by little; — s'en faut que** very nearly; **un —** a bit; **— importe** it matters little
le **peuple** people, nation
le **peuplier** poplar
la **peur** fear; **avoir —** to be afraid; **faire — to** frighten
peut-être perhaps
le **phare** headlight, lighthouse
le **philosophe** philosopher
philosophique philosophical

la **phonétique** phonetics
la **phrase** sentence
physique physical
le **Picon** aperitif
Pie Pius
la **pièce** room; play; coin
le **pied** foot; **à —** on foot; **au — levé** offhand, at a moment's notice; **P—s Nickelés** comic strip characters
le **piédestal** pedestal
le **piège** trap
la **pierre** stone
les **pierreries** *f* jewels, gems
le **piéton** pedestrian
pieux (pieuse) pious
le **pince-fesse** fanny-pinching
les **pinces** *f* forceps, tongs, tweezers, pliers
piocher to dig (with a pick)
le **pion** pawn (in chess)
piquer to prick
la **pitié** pity
le **pitre** clown; **faire le —** to clown around
la **place** seat, square; **sur —** on the spot
placer to place
le **plafond** ceiling
la **plage** beach
plaider to plead
la **plaie** wound
plaindre to pity; **se — de** to complain about
la **plainte** moan, groan, complaint
plaire to please; **se —** to take pleasure
le **plaisant** joker; **mauvais —** practical joker
la **plaisanterie** joking, joke
le **plaisir** pleasure; **faire —** to please
le **plan** plane
le **plancher** floor
la **plante** plant
plat: à — flat
le **plateau** tray
la **plate-forme** platform
platonicien(ne) Platonic
plein(e) full; **en — poitrine** right in the middle of the chest
pleinement fully
pleurer to cry
les **pleurs** *m* sobs
pleuvoir to rain
le **pli** fold, pleat
plier to fold
plissé(e) wrinkled
le **plongeoir** diving board

le **plongeon** dive, plunge
la **pluie** rain
la **plume** pen; feather
la **plupart** the majority, most
plus more; **de** — moreover, besides;
ne ... — no more, no longer
plusieurs several
plutôt rather, instead
la **poche** pocket
le **poème** poem
la **poésie** poetry
le **poids** weight
la **poignée** handful
le **poil** hair, coat
le **poing** fist, hand
point: ne ... — not at all
la **pointe** point, tip
pointu(e) pointed
la **poire** pear; oaf (fam.)
le **poireau** leek
le **poisson** fish
la **poitrine** chest, breast; **en pleine —**
right in the middle of the chest
le **policier** policeman, detective
polisson(ne) naughty, ribald
la **polissonnerie** naughtiness
la **politesse** politeness
le **politicien** politician
politique diplomatic, political; *f*
politics
pollué(e) polluted
la **Pologne** Poland
polonais(e) Polish
polyglotte polyglot
le **pomerol** a variety of Bordeaux wine
le **pommier** apple tree
les **pompes funèbres** *f* funeral ceremony
le **pont** bridge
le **porion** mine foreman
portant: être bien ou mal — to be in
good or bad health
la **porte** door, gate, portal; **mettre à la —**
to throw out
la **portée** reach, range
le **portefeuille** wallet
le **porte-plume** pen holder
porter to carry, bear, direct, induce,
lead, wear, give; **— aide** to lend
assistance; **— sur** to bear on
le **porteur** wearer, bearer
portugais(e) Portuguese
poser to put down, lay down; **— en
principe** to set up as a principle;
— une question to ask a question
posséder to possess

le **pot** pot, chamber pot
le **pot-de-vin** bribe
potelé(e) chubby
la **potence** gallows
la **poudre** powder
se **poudrer** to powder oneself
le **poulet** chicken
la **poupe** stern
pour in order to; **— que** in order that,
so that
la **pourpre** crimson cloth
pourquoi why; **— faire?** What for?;
— pas? Why not?
pourri(e) rotten, bad
pourrir to rot
le **poursuivant** pursuer
poursuivi(e) pursued
poursuivre to pursue, carry on; **se —**
to resume
pourtant however, yet
pourvu que provided that
le **pousse** rickshaw
la **poussée** push, shove
pousser to push, advance, utter; grow;
faire — to grow something
la **poutre** beam, girder
pouvoir to be able to; **il se peut** it is
possible, it may be
le **pouvoir** power
pratique practical; *f* practice
le **pré** meadow
le **précepte** precept
le **prêcheur** preacher
précipitamment hurriedly
se **précipiter** to rush
précis(e) specific
précisément just, precisely
préciser to specify
préconiser to advocate
prédominant(e) prevailing
préférer to prefer
le **préjugé** preconception
premier (première) first
le **premier venu** first comer, anybody
premièrement first of all
prendre to take, to get; **— du café** to
have some coffee; **— le dessus** to gain
the upper hand; **— part à** to take part
in; **— soin** to take care; **s'en — à
quelqu'un** to lay the blame on
someone
le **prénom** first name
près: — de near; **à peu —** almost,
approximately
présager to conjecture

prescrire to prescribe
présent: à — now, at present
présenter to present
le **président** president, presiding judge
présomptueux (présomptueuse)
presumptuous
presque nearly, almost
pressentir to sense
presser: — le pas to quicken one's
pace; **se —** to crowd, hurry
la **pression** pressure
prêt(e) ready
prétendre to claim
prétentieux (prétentieuse) pretentious
la **prétention** pretention; aspiration
prêter to lend; to assign (a role); **—
serment** to be sworn in
la **preuve** proof; **faire — de** to show,
display
prévenant(e) obliging, kind
prévenir to warn, inform, prevent
prévenu(e) prejudiced, biased
prévoir to foresee
prévu(e) foreseen, planned
prier to ask, beg, pray
la **prière** prayer
le **principe** principle
le **printemps** spring
pris(e) taken
privé(e) private
priver to deprive
privilégié(e) privileged
le **prix** price; prize, reward
le **procédé** process, method
le **procès** trial
prochain(e) approaching, next
proche near, close
les **proches** *m* relatives, loved ones
le **procureur** prosecutor
prodigieux (prodigieuse) prodigious
prodigue prodigal, lavish
le **producteur** producer
produire to produce
professionnel(le) professional
profiter de to take advantage of
profond(e) deep
profondément deeply, soundly
le **progrès** progress
la **proie** prey; **épier une —** to lie in wait
for prey
le **projet** project; **— de loi** bill
(prospective law)
la **promenade** walk, outing
promener to parade
se **promener** to go for a walk, stroll

la **promesse** promise
prometteur (prometteuse) promising
promettre to look promising, promise
la **prononciation** pronunciation
la **propagande** propaganda
propager to propagate
la **prophétie** prophecy
le **propos** remark; *pl.* talk; **à — de** about
se **proposer** to come forward
la **proposition** clause
propre own; clean
proprement properly
la **propreté** cleanliness
protéger to protect
la **prouesse** prowess
prouver to prove
provisoire temporary, provisional
prudemment prudently, carefully
le **prud'homme** wise and upright man
la **prunelle** pupil (of the eye)
la **puanteur** stench, foul atmosphere
le **public** audience
publier to publish
puéril(e) childish
puis then
puisque since
la **puissance** power
puissant(e) powerful
le **puits** well
punir to punish
la **punition** punishment
le **pupitre** desk
pur(e) pure
le **python** python

Q

le **quai** wharf
la **qualité** quality
quand when; **— même** nevertheless
quant à as for, as regards
la **quantité** quantity
la **quarantaine** about forty
quarante forty
le **quart** quarter
le **quartier** neighborhood
quatorze fourteen
que: ne . . . — only
quel(le) what; **— que** whatever
quelque some; **—s** some, a few; **—
chose** something; **— part** somewhere;
— peu somewhat
quelquefois sometimes, occasionally
quelqu'un someone; **quelques-uns** a
few

la **quenouille** distaff
la **querelle** quarrel; **chercher — à** to try
to pick a fight with
se **quereller** to quarrel
querelleur (querelleuse) quarrelsome;
m quarreler
la **queue** tail
qui que whoever, whomever
quinze fifteen
quitter to leave
quoi que whatever
quoique although
quotidien(ne) daily

R

rabaisser to lower
rabougri(e) stunted
le **raclement** scraping
raconter to tell, tell a story, relate,
narrate
le **raconteur** storyteller
rager to rage
raide stiff
se **raidir** to stiffen
la **raison** reason; **avoir —** to be right
le **raisonnement** reasoning, argument
raisonner to reason; **— pantoufle** to
reason like a jackass
ralentir to slow down
le **râleur** grumbler
le **ramage** warble, yodel
ramasser to gather, collect, pick up
ramener to bring back
la **rampe** railing
la **rancune** grudge
le **rang** row
rangé(e) correct, proper, well behaved
ranger to rank among, include
se **ranimer** to regain consciousness
le **rapide** express train
rapidement quickly
rappeler to recall; **se —** to remember
le **rapport** relationship; **par — à** with
regard to
rapporter to bring back; **se — à** to
refer to
le **rapprochement** comparison, parallel
rapprocher to bring together; **se —** to
draw nearer
ras: tondre à — to cut to the scalp
raser to shave, to skim
rassembler to gather together
rassurer to reassure
rater to fail, bungle

rattraper to catch up with, to reach
rauque raucous
ravi(e) delighted, enraptured
se **raviser** to change one's mind
réagir to react
le **réalisateur** film maker
réaliser to realize, achieve
le **rebord** edge, rim
reboutonné(e) buttoned up again
rebutant(e) repulsive
recevoir to receive; **— une
contravention** to get a traffic ticket
réchauffer to warm up
la **recherche** pursuit
rechercher to seek
le **récit** narration
réclamer to claim, call for, exact
la **récolte** harvest
récolter to harvest
récompenser to reward
le **réconfort** consolation
la **reconnaissance** gratitude
reconnaître to recognize
recopier to recopy
recouvert(e) covered over
se **récréer** to take recreation
recueillir to gather, take in; **se —** to
pause for reflection, collect oneself
(se) **reculer** to move back
récurer to scour
redevenir to become again
redire to repeat
redoubler to increase
redouter to dread, fear
redresser to set straight, correct; **se —**
to right oneself
réduire to diminish, reduce
réel(le) real; *m* reality
refaire to redo; **se —** to recuperate
refermer to close
réfléchi(e) reflexive
réfléchir to reflect, consider; **— à** to
think about, ponder
le **reflet** reflection
refléter to reflect (as in a reflection)
la **réforme** reform
se **réfugier** to take refuge
regagner to regain, return to
régaler to regale, to treat
le **regard** look, glance
regarder to look at, to concern
la **règle** rule
régler to settle, to control, to direct;
se — sur to model oneself on
la **réglisse** licorice

le **règne** kingdom
régner to reign
le **rein** kidney; **chute des —s** small of
the back
la **reine** queen
rejeter to reject, to throw back
rejoindre to reach again, overtake,
join
se **réjouir** to rejoice
relever to be dependent, raise again,
point out
le **relief** relief, prominence; **mettre en —**
to bring out, emphasize
relire to reread
reluire to glitter, shine
remarquable remarkable
remarquer to notice
remercier to thank
remettre to hand over; to restore; **se**
— à to begin again
remonter to go up again
le **remords** remorse
le **remplaçant** replacement, substitute
remplir to fill
le **remue-ménage** bustle, stir
renaître to be born again
le **renard** fox
la **rencontre** meeting
rencontrer to meet, to encounter
le **rendez-vous** meeting
rendre to render, make; **— visite** to
pay a visit; **se —** to go; **se — compte** to
realize
renfermer to shut up, lock up
renier to disown, repudiate
renoncer à to renounce
le **renouvellement** renewal
le **renseignement** piece of information
renseigner to inform
la **rente** pension
la **rentrée** return
rentrer to go back in, go home, go in
again
renversant(e) overwhelming,
astounding
renverser to reverse, knock over,
overturn
le **repaire** lair, den
répandre to spread
reparaître to reappear
repartir to set out again
le **repentir** repentance
repérer to spot
répéter to repeat
le **répit** respite

replier to fold, coil up
la **réplique** reply, response
répliquer to reply
répondre to respond, answer
la **réponse** answer
le **reportage** reporting
le **repos** rest
reposer to set down; **se —** to rest
repousser to repulse, to push aside
reprendre to take back, recover,
resume, take up again, reply; **—**
connaissance to regain consciousness;
— haleine to catch one's breath; **se —**
to correct oneself
le **représentant** representative
la **représentation** performance
la **reprise** revival; **à plusieurs —s** several
times; **à diverses —s** on diverse
occasions
reprocher to reproach
reproduire to reproduce
repu(e) satiated, stuffed
la **république** republic
répudier to repudiate, renounce
répugné(e) repulsed, disgusted
le **rescapé** survivor
résister à to resist
résolu(e) resolute
résoudre to resolve
respectueusement respectfully
respirer to breathe
la **responsabilité** responsibility
les **responsables** *m* officials
la **ressemblance** resemblance
ressembler à to resemble
ressortir à to belong to, come under
the heading of
le **reste** remainder; **au —** moreover; **du**
— moreover
rester to remain, stay
restreint(e) limited
le **résultat** result
résulter to result
résumer to summarize
le **retard** delay; **en —** late
le, la **retardataire** latecomer
retenir to retain, hold back
retentir to reverberate, echo
la **retenue** withholding, detention
retirer to take out, withdraw, remove
retomber to fall back
le **retour** return
retourner to turn over; **se —** to turn
around
rétrograde backward

retrouver to meet again, recover, regain
réunir to gather
réussir to succeed
la **réussite** success
revanche (en) on the other hand
le **rêve** dream
se **réveiller** to wake up
révéler to reveal
revenir to come back; — **à soi** to come to; **en** — to get over it
rêver to dream
le **réverbère** streetlight
revêtir to clothe
le **rêveur** dreamer
revoir to see again
se **révolter contre** to rebel against
la **revue** review
le **rez-de-chaussée** ground floor
ricaner to snicker, to sneer
riche rich
la **richesse** wealth
la **ride** wrinkle
le **rideau** curtain
ridicule ridiculous
ridiculiser to ridicule
rien nothing; — **que** nothing but; — . . . **ne** nothing
le **rieur** laugher
rigoler to laugh
rigoureusement rigorously, strictly
la **rigueur** strictness
la **rime** rhyme
rire to laugh; *m* laughter
risquer to risk; **se** — to venture
rivaliser to rival
la **rivière** river or stream
la **robe** dress, animal's coat
le **roi** king
se **roidir** see **se raidir**
le **roman** novel; — **policier** detective story
le **romancier** novelist
le **rond** ring, circle
le **ronflement** snore, snoring
ronfler to snore
rose pink; *f* rose
rôti(e) roasted, broiled
rouge red
rougir to blush
le **rouleau** roll
rouler to roll
la **route** road
rouvrir to reopen
roux (rousse) red-haired

le **royaume** kingdom
le **ruban** ribbon, band
la **rue** street
la **ruine** ruin
le **ruisseau** brook, stream, gutter
la **rumeur** noise, sound
rusé(e) sly, crafty, wily, artful
russe Russian
le **rythme** rhythm

S

le **sable** sand
le **sac** bag
sache *subj. of* **savoir**
sacrifier to sacrifice
sadique sadistic
la **safran** saffron
sage wise, well-behaved
le **sagesse** wisdom
saigner to bleed
saisir to seize; **se** — **de** to lay one's hands on
la **saison** season
le **salaire** wage, reward
le **salarié** wage earner
sale dirty
la **saleté** dirtiness
salir to soil, stain
la **salle** room; — **à manger** dining room; — **du tribunal** courtroom
le **salon** drawing room; — **de coiffure** barber shop
le **salut** greeting
le **samit** samite
le **sang** blood
le **sang-froid** composure
le **sanglot** sob
sans without; — **que** without
la **santé** health
le **satyre** satyr
sauf except; — **que** except that
saurait *cond. of* **savoir; on ne** — one couldn't
la **saute d'humeur** sudden change in mood
sauter to explode, blow up
sauvage wild
sauvagement wildly
sauver to save; — **les apparences** to save face; **se** — to be off, run off
savant(e) learned, scholarly
savoir to know; *m* knowledge, learning
le **scélérat** scoundrel

le **scénariste** script writer
la **scène** stage, scene; **— de ménage** family quarrel
scénique scenic, of the stage
scolaire scholarly, academic
scruter to scrutinize
sec (sèche) dry, lean
sécher to dry
la **seconde** second
secouer to shake, stir
le **secours** aid
la **secousse** jolt
le **seigneur** lord
le **sein** breast
seize sixteen
le **séjour** stay, residence
selon according to; **— que** according as
la **semaine** week
semblable similar; *m* fellow man
sembler to seem
la **semelle** sole (of a shoe)
semer to sow
le **sens** meaning, sense; **bon —** common sense; **— figuré** figurative meaning; **— propre** literal meaning
la **sensibilité** sensibility, sensitiveness, sensitivity
sensible sensitive
le **sentier** path
sentir to feel, smell; **se — bien ou mal** to feel good or bad
seoir to be fitting
séparément separately
séparer to separate
la **série** series
sérieusement seriously
sérieux (sérieuse) serious
le **serment** oath; **prêter —** to take an oath
sermonner to sermonize, to lecture
serrer to press, squeeze, clasp
servir to serve; **— à** to serve to; **se — de** to use
le **seuil** threshold
seul(e) alone, only, single
seulement only, however; **non —** not only
si if; yes (in answer to negative question); **— bien que** so that
le **siècle** century, age
le **siège** seat
la **sieste** nap
siffler to boo, hiss
le **sifflet** whistle

le **signalement** description
le **signe** signal, sign
signifier to signify, to mean
silencieusement silently
simplement simply
simplifier to simplify
le **singe** monkey
le **sinistre** catastrophe
sinon if not, otherwise
la **sirène** siren
situer to locate, situate
sixième sixth
sobre sober
la **société** company, society
la **sœur** sister
soi oneself
soi-disant supposedly
la **soie** silk
la **soif** thirst; **avoir — de** to thirst for
soigneusement carefully
le **soin** care
le **soir** night
la **soirée** evening, reception
Soit! Right! Agreed! So be it!
soixante sixty
le **sol** ground, floor
le **soleil** sun
solennel(le) solemn
la **solidarité** solidarity
le **solitaire** hermit
sombrer to sink, founder
la **somme** sum
somme toute in short
le **sommeil** sleep
le **son** sound
le **songe** dream
songer to think of, think about, dream
sonner to ring, sound, to ring for
sonore resounding
le **sort** destiny, fate
la **sorte** sort, kind; **de — que, en — que** so that
la **sortie** outing
le **sortilège** spell
sortir to leave, go out, come out, take out; **au — de** coming from
sot(te) foolish
le **soubresaut** jolt
le **souci** anxiety, care; *pl.* problems
soudain(e) sudden; *adv.* suddenly
le **souffle** breath
souffler to blow out, blow, recover one's breath
la **souffrance** suffering

souffrant(e) indisposed
souffrir to suffer
le **soufre** brimstone
souhaiter to wish
le **souillon** scrubwoman
soulever to stir, raise, lift
le **soulier** shoe
souligner to underline
soupçonneux (soupçonneuse) suspicious
la **soupe** soup
souper to have supper
le **soupir** sigh
soupirer to sigh
souple supple
la **source** spring (of water)
le **sourcil** eyebrow
sourdement with a dull hollow sound, indistinctly
la **sourdine** mute; **en —** with muted strings
souriant(e) smiling
sourire to smile; *m* smile
la **souris** mouse
sous under
sous-entendre to imply, understand
soutenir to sustain, defend, claim, maintain
le **soutien** support, sustenance
la **souvenance** remembrance
le **souvenir** memory, thought
souvenir to come to mind; **se —** to remember
souvent often
souverain(e) sovereign
le **spectateur** spectator
spirituel (spirituelle) witty
sportif (sportive) sporting
le **stoïcien** Stoic
la **strophe** stanza
stupéfait(e) astounded
stupéfiant(e) astounding; *m* drug
stupide stupid, stunned
subir to feel, sustain
subit(e) sudden
subitement suddenly
subjuguer to subjugate, to captivate
le **succédané** substitute
succéder to follow
le **succès** success, hit
sucer to suck
le **sucre** sugar
la **sucrerie** sugar refinery; *pl.* sweets
le **sud** south
la **sueur** perspiration

suffire to be sufficient; **se —** to be self-sufficient
la **suffisance** sufficiency, self-assurance
suggérer to suggest
la **suite** succession, series; **à la — de** following, as a result of; **de —** in succession; **tout de —** right away; **par la —** afterward
suivant(e) following
suivre to follow
le **sujet** subject; **au — de** about, with regard to, concerning
supérieur(e) superior, upper
supérieurement perfectly
suppliant(e) pleading
supplier to beg, to beseech
sûr(e) safe, secure, sure; **bien —** of course
sûrement surely
surmonter to surmount, to overcome
surprenant(e) surprising
surprendre to overhear
surprise(e) surprised
sursauter to start, jump
surtout especially, above all
surveiller to watch, look after, supervise
le **survivant** survivor
suspect(e) suspect, suspicious
la **syllabe** syllable
le **sylphe** sylph
le **symbole** symbol
sympathique likable
le **syndicat** labor union

T

le **tablier** apron
le **tabouret** stool
la **tâche** task
tacher to stain
tâcher de to try to
la **taille** figure, waist
le **tailleur** tailor
se taire to be silent, hold one's tongue
le **talon** heel
le **tambour** drum
tandis que while, whereas
tant so much, so; **— mieux** so much the better; **— de** so many, so much; **— bien que mal** somehow or other; **— que** as long as
la **tante** aunt
tantôt ... tantôt now ... now

taper to slap
le **tapis** carpet, cover
taquiner to tease
la **taquinerie** teasing
la **tare** defect
le **tas** heap
la **tasse** cup
tâtons: à — groping
le **taudis** slum
le **teint** complexion
tel(le) such
tellement so, so much
le **témoignage** testimony
témoigner de to testify to, to bear
witness to
le **témoin** witness; **— à charge**
prosecution witness; **— à décharge**
defense witness
la **tempe** temple (of the head)
tempérer to temper
la **tempête** storm
le **temps** time, weather; tense;
— couvert cloudy weather; **de — en
—** from time to time; **de — à autre**
from time to time
la **tendance** tendency
tendre tender
tendre to stretch, set, hold out
la **tendresse** tenderness
les **ténèbres** *f* darkness
tenez Look here!
tenir to hold; **— à** to hold to, be fond
of, to be intent on; **— compte de** to
take into consideration; **— un conseil**
to hold a council; **se —** to stand
la **tente** tent
tenter to tempt, try
terminer to finish
la **terre** land, earth, property; **par —** on
the ground
se **terrer** to take cover
terreux (terreuse) earthly, ashen, sallow
terrifié(e) terrified
la **tête** head; **faire — à** to stand up to
téter to suck
le **théâtre** theater
la **théorie** theory
tiède lukewarm
tiens Here!, Well!
le **timbre** clock chime
le **tintement** jingling
tinter to jingle, to toll
tirer to pull, tug, draw, shoot; **se —
d'affaire, s'en —** to get out of trouble,
manage

le **tiret** dash
Tite-Live Livy
le **titre** title
tituber to stagger, reel
la **toile** linen, cloth, canvas
la **toilette** dress
le **toit** roof
la **tombe** tomb
tomber to fall; **laisser —** to drop
le **ton** tone
tondre to mow; **— à ras** to cut to the
scalp
le **tonneau** barrel, cask
tonner to thunder
la **torche** torch
le **torchon** dishcloth
tordre to twist, distort
le **tort** fault, harm; **avoir —** to be wrong
la **tortue** tortoise
tôt soon; **au plus —** at the earliest
le **toucher** touch
toujours always, still; **à —** forever
le **toupet: avoir le —** to have the nerve
le **tour** trick, turn, circuit; **— à —** in
turn; trente-trois **—s** 33-1/3 speed
tourmenter to worry someone
le **tourne-disque** record player
tourner to turn, stir; **se —** to turn
la **tourterelle** turtledove
tousser to cough
tout all, every; **tous les deux** both;
adv. completely, quite; **— à coup** all
of a sudden; **— à fait** completely; **— à
l'heure** just now, a little while ago; **—
de même** all the same; **— de suite**
right away, immediately; **— d'un coup**
all at once; **— droit** straight ahead; **—
fait** ready-made; **— juste** barely
tout(e)-puissant(e) all-powerful
la **toux** coughing
tracer to sketch
la **traduction** translation
traduire to translate
la **tragédie** tragedy
train; le **— de vie** way of life, life-
style; **en — de** in the process of
traînant(e) drawling, droning (voice)
traîner to linger, to drag
le **trait** feature, trait; dash, line
le **traité** treatise
traiter to treat
le **traître** traitor
trancher to cut off
tranquille quiet, undisturbed, at ease
tranquillement quietly

la **tranquillité** peace, quiet
transmettre to transmit
transpercer to pierce
transpirer to perspire
le **transport** transportation
le **travail** work; **les travaux forcés** hard labor
travailler to work
la **travée** row
travers: à — through; **en — de** across
traverser to cross
trébucher to stumble
le **trèfle** clover
le **tremblement** trembling, quivering; **— de terre** earthquake
trembler to tremble, to shake
la **trempe** steeping, stamp
tremper to soak, drench
trente thirty
le **trésor** treasure
tressé(e) pleated
le **tribunal** court
le **tribut** tribute
tricher to cheat
la **tricherie** trickery
triompher de to master, triumph over
triste sad
tristement sadly
la **tristesse** sadness
troisième third
la **trompe** horn
tromper to deceive, cheat on someone; **se —** to be mistaken
la **tromperie** fraud, deception, deceit
le **tronc** trunk
trop too
le **trottoir** sidewalk
le **trou** hole
trouble dim, cloudy
la **troupe** theater troupe
trouver to find; **se —** to be located, be found; **se — mal** to faint
la **truite** trout
tuer to kill
turc (turque) Turkish
tutoyer to address as **tu**
le **type** guy, fellow

U

uni(e) united
unique single, only
urbain(e) urban
l' **usage** *m* use; **c'est l'—** that's usual, that's the way it is

user: en — avec to treat
l' **usine** *f* factory, mill
l' **ustensile** *m* utensil
utile useful
l' **utopie** *f* utopia

V

les **vacances** *f* vacation
la **vache** cow
vague empty
vaillamment valiantly
vaillant(e) valiant, brave
vaincre to overcome, conquer
vainement in vain
le **vainqueur** conqueror
valable valid, good
la **valeur** value
la **valise** suitcase, bag
valoir to be worth; **— mieux** to be better; **— la peine** to be worth it; **faire —** to assert, develop
se **vanter** to boast
la **vareuse** pea jacket
le **vautour** vulture
la **vedette** star
la **veille** the day (night) before
la **veillée** social evening
veiller to wake
la **veilleuse** night light
le **velours** velvet
velu(e) hairy
vendre to sell
se **venger** to take vengeance
venir to come; **— de** to have just; **en — à** to come to the point of; **mal venu(e)** malformed
le **vent** wind; **faire du —** to be windy
la **vente** sale
le **ventre** belly
venu *past participle of* **venir**; **le nouveau —** newcomer
le **ver** worm
verdir to turn green
vérifier to verify, check
véritable real, true
la **vérité** truth
vermeil(le) bright red
le **verre** glass
vers toward
le **vers** verse
verser to shed
la **version** translation
vert(e) green
vertu virtue

le **veston** jacket
le **vêtement** garment; *pl.* clothing
   vêtir to dress, clothe
   vêtu(e) attired
le **veuf** widower
la **veuve** widow
   viager (viagère) for life
   vibrer to vibrate, throb
le **vicomte** viscount
   vide empty
   vider to empty
la **vie** life; **gagner sa —** to earn one's living
le **vieillard** old man
   vieillir to grow old
la **vierge** virgin
   vieux (vieille) *m,f* old man, woman
   vif (vive) vivid, keen
la **vigne** vine
la **ville** city
le **vin** wine
la **vipère** viper
   vis-à-vis opposite; **— de** toward
le **visage** face
   visqueux (visqueuse) slimy
   vite fast, quickly
la **vitre** windowpane
le **vitrier** glazier, glassman
   vivant(e) living
   vive long live!
   vivement briskly
   vivre to live
la **vogue** vogue, fashion; **être en —** to be popular
la **voie** way
   voir to see; **faire —** to show
   voisin(e) neighboring, next; *m,f* neighbor
la **voiture** car, coach
la **voix** voice, sound; **à haute —** out loud

le **vol** theft, flight
la **voile** sail
le **volant** steering wheel
le **volcan** volcano
   voler to rob, steal; fly, soar
le **volontaire** volunteer
la **volonté** will; **—s** whims
   volontiers willingly
   voluptueux (voluptueuse) voluptuous
   vomir to vomit
   vouer to pledge
le **vouloir** will
   vouloir to want; **— dire** to mean; **en — à** to bear a grudge against, to have it in for
   voulu(e) intended, deliberate
   voûté(e) bent
   vouvoyer to address as **vous**
   voyager to travel
le **voyageur** traveler, passenger
la **voyelle** vowel
   vrai(e) true; **dire —** to speak the truth; **être dans le —** to be right; **à — dire** as a matter of fact
   vraiment really
la **vraisemblance** verisimilitude, probability
la **vue** sight
   vulgaire vulgar; *m* common people
la **vulgarisation** popularization

W

le **wagon** coach (of a train)
les **waters** *m* toilet

Y

les **yeux** eyes, *pl. of* **œil**

PERMISSIONS

We wish to thank the authors, publishers, and holders of copyright for their permission to reprint the following literary excerpts:

Marcel Pagnol: «La vie au lycée», from *Le Temps des Amours*, Éditions Julliard.

Jean Cocteau: «La boule de neige», from *Les Enfants terribles*, Éditions Bernard Grasset.

Simone de Beauvoir: «Le choix d'un mari», from *Mémoires d'une jeune fille rangée*, Éditions Gallimard.

Joseph Bédier: «Un geste d'amour», from *Le Roman de Tristan et Iseut*, Édition d'Art H. Piazza.

Jacques Prévert: «Premier jour», from *Paroles*, Éditions Gallimard.

Bernier: «Le vieillard rejeté», from *La housse partie*, Éditions Fernand Lanore.

Robert Desnos: «10 juin 1936», from *Fortunes*, Éditions Gallimard.

Antoine de Saint-Exupéry: «Victimes de la société», from *Terre des hommes*, Éditions Gallimard.

Albert Camus: «Avant-propos», from *L'Étranger*, 1955 (ed. Brée-Lynes), Prentice-Hall. «Le procès d'un étranger», from *L'Étranger*, Éditions Gallimard.

Pierre Daninos: «Le domaine sentimental», «La France au volant», «Le Français, exportateur de la France», and «Le Français méfiant», from *Les Carnets du major Thompson*, Éditions Hachette.

Yves Thériault: «Un père et son fils», from *La Fille laide*, 1971, Éditions l'Actuelle.

Guy Tirolien: le poème *Prière d'un petit enfant nègre* tiré des *Balles d'or* (Présence Africaine, Paris, 1961).

Birago Diop: «Khary-Gaye», extrait tiré des *Nouveaux Contes d'Amadou Koumba* (Présence Africaine, Paris, 1958).

Eugène Ionesco: «Les Bobby Watson» and «Les Martin», from *La Cantatrice chauve* and «Comment on devient auteur dramatique», from *Notes et contrenotes*, Éditions Gallimard.

Jean-Paul Sartre: «L'enfer, c'est les Autres», from *Huis clos*, Éditions Gallimard.

Jean Anouilh: «L'Église et l'État», from *Becket*, Les Éditions de la Table Ronde.

Georges Brassens: *Dans l'eau de la claire fontaine*, Éditions Musicales. *Chanson pour l'Auvergnat* and *La chasse aux papillons*, Intersong-Paris, Éditions Musicales.

Georges Moustaki: *Dire qu'il faudra mourir*, publié par les Éditions Métropolitaines. *Le temps de vivre*, Paroles et Musique de Georges Moustaki, Copyright © 1969 by Éditions Manèges. *Il est trop tard* and *Ma solitude*, Éditions Paille Musique.

François Truffaut: «Patrick pousse son pion», from *L'Argent de Poche*, Éditions Flammarion.